팔순기념 글모음

늙은 법학자의 세상걱정

양 승 규

三 知 院

책을 내면서...

질수(耋壽)라는 80고개에 들어섰다. 일제 식민살이에서 태어나 일본이 무모하게 미국을 상대로 치른 전쟁 중에는 어린 초등학생으로 광솔을 따는 등 노력동원을 하기도 했다. 그러다가 해방을 맞이했으나 남북 분단으로 6·25라는 민족전쟁을 겪으면서 제대로 공부를 하지 못하고 4년 1개월이란 세월을 해군사병으로 복무했다. 제2차 세계대전의 패전국 독일은 1990년 통일이 되기까지 동서로 분단되었으나, 일본은 분단의 아픔을 겪지 않고, 식민국가로 고통을 받은 우리나라가 오히려 남북으로 갈려 아직도 적대관계를 벗어나지 못하고 있음은 참으로 안타깝다.

이런 가운데, 일본은 독일과는 달리 식민지배로 이웃나라에 끼친 반인륜적인 범죄에 대해서조차 뉘우치거나 사과하지도 않고, 게다가 우리의 땅인 독도를 다케시마(竹島)라고 이름붙여 자신의 영토라고 주장하여 경제대국으로서 품위도 지키지 못하고 있다. 이는 역사를 왜곡하고 국가이익을 앞세워 자신들의 입지를 높이려는 정치인들의 치졸한 꿈에서 비롯된 것으로 보인다.

우리나라는 어떤가? 미국과 소련의 농간으로 남북분단의 고통을 겪고 있다고 원망할 수도 있다. 그러나 해방 이후 우리의 민족지도자로 나선 인물들이 나라나 민족의 장래보다는 자신들의 욕망을 앞세워 화합을 하지 못하고 다툰 결과라고 볼 수 있다. 종전 이후 4대국이 분할점령하고 있던 오스트리아가 하나의 나라로 통합하여 중립국으로 출범한 것과 견주어 보면 강대국에만 그 책임을 돌릴 수도 없다고 보기 때문이다.

1945년부터 70년 가까이 우리는 분단국가로서 전쟁의 상흔을 안고 남북교류도 제대로 못하고 있다. 오늘날 북한 지도부는 세계에서 가장 열악한 경제사정으로 국민들이 굶주리고 있음에도 남한에 대하여 핵위협을 서슴지 않고, 우리 정부는 어떠한 도발에도 단호하게 응징하겠다고 맞서는 등 전쟁위험이 감돌고 있다. 어떠한 경우에도 전쟁은 억제되어야 하고, 우리 민족과 세계의 평화를 위하여 남북의 지도자들이 대화와 타협으로 평화의 질서를 찾도록 힘써야 한다.

이를 위하여 우리는 먼저 도덕성을 회복하여 사회를 바로 세워야 한다. 국가권력이 윤리질서를 따라 과거의 잘못을 솔직히 인정하고 뉘우치며, 권력형 비리를 척결하여 공동선의 실현에 앞장서야 한다. 우리 스스로 역사를 왜곡하고 잘못을 숨기면서 일본이나 북한이 먼저 변화하라고 촉구할 수는 없다. 이 난국을 수습하기 위하여 하느님의 창조질서에 순응하며 윤리질서를 인정하고 존중하여야 한다.

나는 1960년대부터 사회현상에 대하여 짬짬이 글을 썼고, “상식이 통해야 사회가 바로 선다”(1993), “그래도 희망을…”(2003)이라는 책으로 묶어낸 바 있다. 이제 팔순이 되어 10년 동안 모았던 글과 ‘사회윤리의 타락과 도덕성의 회복’이라는 글을 새로 써서 “늙은 법학자의 세상걱정”이라는 이름으로 마지막 책을 내기로 하였다. 그러면서 1960년대에 비하여 엄청난 발전을 이루었으나, 그때 쓴 글이나 이 책에서 다루고 있는 글의 내용이 별로 달라지고 있지 않았고, 또 같은 말을 되풀이한 글을 보면서 마음이 무겁다.

우리는 물질적 욕구를 무시할 수는 없지만 사회공동체를 아름답게 가꾸고 인간의 존엄과 가치를 살리는 도덕적 가치를 중시하는 삶을 기원하면서, 이 책을 출간하는 데 애써 주신 삼지원 고덕환 사장과 알뜰하게 편집과 교정에 수고해 주신 임진숙 과장이 진정 고맙다.

끝으로 저를 여기까지 이끌어 주신 하느님을 찬미하며 감사드립니다.

2013. 4. 15.

양 승 규

차례

1 사회윤리의 타락과 도덕성 회복

1. 올바른 역사인식을 가져야

2. 사회윤리의 타락과 부조리현상

3. 도덕성 회복이 이루어져야

4. 맺으면서

사회윤리의 타락과 도덕성 회복

1. 올바른 역사인식을 가져야

일제의 식민살이에서 해방이 된 후 초등학교에서 우리나라는 동방의 예의의 나라(東方禮義之國)라고 배웠다. 나는 사람들이 염치를 알고 가난하지만 이웃과 정을 나누며 사는 푸근한 시골마을에서 자랐다. 어른을 공경하고 아이들이 잘못하면 어떤 어른이든 "야 이놈" 하고 야단치면, "예" 하고 따르던 시절은 생각만 해도 아름답다. 그러나 오늘날 이런 모습을 찾아보기는 어렵지 않을까.

해방 후 혼돈이 거듭되고, 남북분단으로 인한 민족전쟁을 겪고 이념갈등으로 첨예한 대립과 산업사회로 들어서 물질적인 풍요를 맛보면서 우리 사회는 정치, 경제, 사회, 심지어는 교육계까지도 부정과 부패로 얼룩져 있다. 이는 사회윤리의 타락에서 오는 것이고, 이를 바로 잡지 못하면 우리는 어둠의 나락으로 빠져들고 말 것이다.

나는 최근에 백년전쟁, '이승만의 두 얼굴'과 '박정희의 두 얼굴'을 영상으로 보았다.[1] 중학생 때 읽은 '백범일지'를 통해서 이승만이

---

1) 이러한 영상이 좌파역사가의 왜곡된 시각에서 이루어진 것이라고 폄하하는 사람도 있다는 소리를 듣고 있지만 당시 신문의 기사나 영상을 가지고 소개하고 있는 점에서 그 진실을 외면할 수는 없을 것이다.

독립자금을 유용하는 등 좋은 분은 아니라고 느꼈고, 박정희가 일본 천황에게 충성한 친일장교였다는 사실은 알고 있었지만 그러한 분들이 우리나라의 대통령으로서 군림하였다는 사실은 아주 서글프다는 생각을 지울 수 없다.

민주공화국으로 출범한 대한민국의 초대대통령으로서 이승만은 영구집권을 꿈꾸며 독재권력을 휘두르다가 4·19 학생혁명으로 쫓겨났다. 그 후 모처럼 민주국가로서의 면모를 갖춰가던 민주당 정권을 군사정변으로 무너뜨리고 헌법을 짓밟고 군사정권을 수립한 박정희는 장기집권을 획책하여 유신정변으로 폭력정치를 일삼았고, 마지막에는 어린 가수를 끼고 벌인 술판에서 당시 정보부장 김재규의 총에 맞아 쓰러지는 비극을 연출했다.

이는 우리 헌정사에서 참으로 부끄럽고 씻을 수 없는 참혹한 역사적 현실이다. 그러나 그 추종자들은 역사의 엄중한 경고를 무시하고 그 사실을 왜곡하고 국민을 속이면서 이승만이나 박정희를 미화하고 있고, 많은 사람들이 어리석게도 이승만은 우리나라의 기틀을 세워주고, 박정희는 보리고개를 극복하여 우리 경제를 살려준 공이 있다고 한다. 물론 그러한 일면을 부정할 수는 없을지 모르나, 그들이 우리나라와 민족에게 끼친 사회적 해악이 어떤지도 함께 살펴, 올바른 역사 인식을 가져야 하지 않을까.

2. 사회윤리의 타락과 부조리현상

1945년 8월 15일 일본의 항복으로 제2차 세계대전이 끝나고 찾아온 우리 민족의 해방은 뜻하지 않은 남북분단으로 커다란 상처와 고통을 안겨 주었다. 좌우대립으로 인한 이념적 갈등과 혼돈을 슬기롭게 풀지 못한 우리 민족에게는 보다 큰 시련이 예고되었다고 할 수 있다.

자신들의 욕망을 채우려는 간악한 무리들은 민족정기를 세우기보다는 상해임시정부를 중심으로 우리나라의 독립을 찾고자 희생한 김구(金九) 선생을 암살하고 독립운동에 온 몸을 바친 분들을 소외시켰다. 미군정을 등에 업고 권력을 장악한 이승만은 일제에 빌붙어 자신의 영달을 누린 친일파들을 기용하여 사회병리를 키워 윤리의 타락현상을 초래했다. 게다가 6·25 전쟁의 참화 속에서 외국 군인들까지 참전하여 목숨을 바치는 와중에서도 힘있는 자의 자식들은 병역을 기피하고 자신들의 안일만을 꾀했고, 이들이 높은 자리를 차지하여 우리 사회를 좀먹고 있다.

역대 대통령들이 직접 또는 간접적으로 각종 비리에 연루되지 않은 분이 거의 없음은 참으로 수치스럽다. 도덕성이 없는 자들이 권좌를 누리고, 안보적인 차원에서 서정쇄신을 하고 부정을 척결한다고 소리친 박정희 군사정권에서부터 정경유착으로 인한 갖가지 부정과 권력형 비리가 쌓여 왔다. 그러나 김영삼 정권에서 전두환, 노태우가 청와대에서 거두어들인 불법비자금을 환수조치한 것을 제외하고는 그 권력형 비리를 밝혀 책임을 물은 일도 없다. 오히려 그들의 죄를 숨기고 미화시키려고 거짓을 꾸미는 자들이 힘을 얻고 있는 것이 우리 사회의 구조가 아닌지 의문이다.

이러한 서글픈 현상은 '수단과 방법을 가리지 않고 제 욕심을 챙기면 된다'는 그릇된 인식을 심어 주어 특히 지도층의 윤리적 타락을 부채질한 요인이 되었고, 거짓과 위선이 판치는 사회구조로 변질되었다. 공화당 정권에서부터 끊임없이 이어지는 권력형 비리를 비롯한 부정부패의 실상을 열거하지 않는다 하더라도, 새누리당(한나라당) 정권의 총리나 장관 후보자들의 인사청문회에서 드러나는 추한 모습들은 바로 우리 사회의 단면을 그려주고 있다. 그러한 자들을 지도자로 세우고 나라가 바로 설 수 있는지 깊이 뉘우쳐야 한다.

정치권력은 공동선의 실현을 그 목적으로 하고 있다. 그러나 우리 정치권은 그 동안 정쟁과 갖가지 비리 등 떳떳하지 못한 행태를 보여 국민의 불신을 자아내고 있다. IMF사태 이후 2001년에 부패방지법을 제정시행하고 있으면서도 2002년 대선에서 기업으로부터 이른바 차떼기 비자금 등을 거둬서라도 선거를 치르고 정권을 잡겠다고 나선 도덕적 불감증을 보여주었다. 노무현 정권에서 돈안드는 선거를 표방하여 강력한 조치를 취함으로써 조금은 나아졌다고 보여지나 그 폐습은 그대로 이어지고 있다.

2012년 대통령선거에서도 박근혜 후보의 여의도 부정선거사무실이 드러났고, 국정원 여직원의 댓글 등 국정원의 선거개입 의혹까지 짙게 풍기고 있는 것은 참으로 통탄할 일이다. 21세기에 들어와서까지 국기를 흔들어 민주국가로서의 면모를 더럽힌 중대한 범죄를 저지른 대선은 우리 민족을 한없이 부끄럽게 하고 있다. 도덕성이 없고 돈과 권력을 쫓는 후안무치한 자들을 나라의 지도자로 떠받드는 것은 결국 자멸의 길을 걷는 어리석음이다.

이처럼 정치윤리가 타락하여 공직자의 비리, 뇌물을 주고받기 등 갖가지 부조리현상이 만연되어 사회기강이 흔들리고, 가정이 파괴되어 자살과 낙태 등 인명경시풍조가 짙어지고 있다. 하느님의 정의와 공정성은 사라지고, 사기, 절도, 강도, 살인, 폭력, 인터넷 범죄 등 각종 범죄는 기승을 부리고 있다. 게다가 대학교수를 비롯한 학위소지자들의 표절시비는 끊임이 없고, 그러한 자들이 나라의 중요한 자리를 차지하여 정신적인 공허감까지 불러일으키고 있다.

고위공직자나 지도층의 인사들이 자신의 부정이나 비리가 있어도 이를 끝까지 부인하고, 이것이 들통나면 아래 사람에게 책임을 돌리고 빠져나가는 모습은 이 나라의 고질적인 병폐의 하나이다. 이는 검찰이 권력형 비리 등의 혐의가 포착되어도 끝까지 추적하여 뿌리를 뽑으려 하지 않고 권력의 눈치를 살펴 적당한 선에서 꼬리를 잘라 수사하여 얼버무린 데도 그 책임이 있다고 할 것이다. 이러한 현상은 도덕적 가치를 도외시하는 사람들에게는 빌미를 주고 있다. 은밀하게 부정을 저지르고, 이것이 발각되면 '재수가 없어 걸렸다'는 등 양심의 가책을 받지 않고 있는지도 모른다.

권력의 주변에서 부정을 저지르고 책임을 회피하려는 간악한 자들이 기생하고 있음은 창피스럽다. 이는 권력을 누리는 자들이 도덕성을 갖추고 있지 못하여 그러한 현상이 생기고 있다고 느껴진다. 교육감이 장학사로부터 뇌물을 받고 뒷거래를 하는 세상, 윤리성이 강조되어야 할 교육의 현장까지 비윤리적인 비리관련자를 옹호하는 교육부 당국은 결국 학원을 황폐화시키고, 학원폭력, 성폭력 등 범죄를 증가시키고 있다.

최근 어떤 사업자가 고위공직자들에게 성접대를 한 사실이 불거져 사회를 뜨겁게 하고 있다. 얼마나 낯뜨거운 일인가? 박근혜 대통령이 임명한 법무차관이 그로 말미암아 임명된지 며칠 안되어 사퇴한 일은 그 진위를 떠나 우리 사회의 도덕적 타락은 더 이상 방치할 수 없음을 경고하고 있다.

하느님을 거역하고 죄에 물든 이스라엘 백성을 보고, "주님, 저희의 임금들과 고관들과 조상들을 비롯하여 저희는 모두 얼굴에 부끄러움만 가득합니다. 저희가 당신께 죄를 지었기 때문입니다."(다니 9:8)라고 밝힌 다니엘 예언자의 호소는 우리에게도 그대로 들어맞고 있지 않은가? 우리 모두가 회개하지 않으면 이스라엘 백성들이 겪은 고통과 멸망을 벗어날 수 없을 것이다.

3. 도덕성 회복이 이루어져야

양의 동서고금을 막론하고 인간사회의 범죄와 타락현상은 있게 마련이다. 어느 사회나 어둠 속에서도 세상의 빛을 밝히기 위하여 묵묵히 자신에게 주어진 일에 충실하고, 희생을 바치는 분들이 있다. 우리의 짧은 헌정사에서도 이승만의 독재권력과 맞서 4·19 학생혁명으로 민주화의 기치를 내걸었다. 박정희와 전두환의 폭력정치에서도 갖가지 고문에 시달리고 죽음의 위험을 겪으면서까지 인간의 존엄과 가치를 지키기 위하여 온 몸을 던져 피와 땀을 흘리신 분들이 이어져 왔다. 그러한 분들께 먼저 깊이 감사드린다.

민주화와 인간성의 회복을 위하여 자신을 불사르고 온 몸을 바친 분들의 숭고한 희생으로 우리는 어느 정도 민주화를 이루었다. 세계에서 상위권의 경제대국으로 자리잡아 첨단과학의 혜택을 누리며, 어느 시대보다도 풍요롭게 살고 있다. 그러나 인간의 탐욕으로 말미암아 부끄러운 사람들에 의하여 저질러지는 추한 모습으로 모든 분야가 총체적인 부정부패로 몸살을 앓고, 빈부격차의 심화 등 사회적 갈등이 뿌리깊게 번지고 있다.

이제 우리는 진정 사회공동체의 잘못을 참회하고 속죄하여 도덕성을 회복하지 않으면 사회적 혼란으로 인한 참화를 면치 못할 것이다(루가 13:1–5 참조). 도덕은 사람이 마땅히 지키고 따라야 할 도리이고, 그에 따르는 행동이다. 다시말하면 사람들이 인성을 갖추어 거짓말로 이웃을 속이지 않고 서로 도우며 바르게 사는 것, 선을 행하고 악을 피하는 것이 도덕의 요체라 할 수 있다.

인간은 하느님의 모상으로 창조되어 육신과 영혼을 갖추고 있다. 또한 인간은 자유의지를 가지고 이성을 통해서 무엇이 옳고 그른가를 판단할 수 있는 능력을 지닌 신비스러운 존재이다. "하느님께서는 인간의 내밀한 마음 안에 질서를 새겨 주셨는데, 이것이 양심을 일깨우며 인간은 단순하게 이 양심을 따라야 한다. '인간은 그들 마음 속에 하나의 법이 있다는 것을 안다. 양심이 바로 그 근거가 된다.'(지상의 평화 5)라고 교황 요한 23세는 가르치고 있다.

"인간의 진정한 존엄성과 고귀함은 전적으로 도덕, 곧 덕행으로 응답하는 태도에 있다. 덕은 높은 신분의 사람이건 낮은 신분의 사람이건 부유한 자이건 가난한 자이건 상관없이 모든 사람이 공평하게 쌓을 수 있는 공동유산이다"(새로운 사태 17). 그리하여 인간이 사회생활을 하면서 비록 하느님을 믿지 않는다 하더라도 인간의 존엄과 가치를 존중하여 양심에 따라 법과 질서를 지키고 이웃과 어울려 바르게 산다면 그의 덕행이 빛날 것이다.

그러나 우리 사회에서 특히 잘 살고 있는 자, 힘있는 자들 가운데 도덕적 가치를 무시하고 물질적인 욕망에 사로잡혀 허우적거리는 불쌍한 사람들을 본다. '돈이면 다'라는 그릇된 가치관에 빠져 '양심이 밥먹여 주느냐? 자신의 삶을 위해서는 체면이고 뭐고 가릴 것 없다. 수단과 방법을 가리지 않고 제 몫을 챙기고 볼 일이다'라는 등 잘못된 생각을 보여주는 이들을 만나기도 한다. 돈에 집착하는 사람들이 각박한 삶의 현장에서 살기 위하여 어쩔 수 없지 않느냐고 변명할 수 있을까. 사람은 만물의 영장으로서 육체적인 욕구만을 충족하고 살 수 있는 존재는 결코 아니다. 악마의 유혹을 뿌리치고 바르게 살아야 한다.

내가 아무도 보지 않는 데서 은밀하게 부정한 방법으로 큰 돈을 챙겼으나 그 증거는 티끌도 남기지 않았다고 생각해 보자. 사람들은 어느 못된 녀석이 이런 끔찍한 잘못을 저질렀을까 하고 아우성친다 해도 내가 시치미를 떼고 있는 한 어느 누구도 그 증거를 찾을 수 없는 완전범죄를 저질렀다고 기뻐할 수 있을까? 물론 사람들을 속일 수는 있으나 하느님은 이를 굽어 살피고 계시고, 하느님을 믿지 않는다 하더라도 자신의 양심을 속일 수 없는 것이 소박한 이치이다.

우리 사회에서 벌어지고 있는 현상 속에서 가령 뇌물을 주고 받은 자들이 그 증거를 인멸하고 그런 짓은 결단코 한 일이 없다고 부인하고, 국가가 그 증거를 찾지 못하면 형사처벌을 면할 수는 있다. 그러나 '숨겨진 것은 드러나게 마련이고 감추어진 것은 알려지기 마련이다'(마태 10:26). 우리는 거짓으로 발뺌을 한다 하더라도 자신의 양심까지 속이고 무디게 살아갈 수는 없다.

사람이 보든 안보든, 증거가 있든 없든 가리지 않고 바른 길을 걷는 것이 인간의 존엄성과 가치를 살리고 도덕성을 높여 행복을 추구하는 길이다. 거짓없이 착하게 사는 사람들이 비록 고통을 겪는다 하더라도 마음의 평화를 누리고, 욕심을 부려 탐욕스럽게 사는 사람보다는 훨씬 행복하게 살고 있음을 보고 있지 않은가. 사람은 언젠가 마땅히 죽어야 할 운명을 타고 났고, 부정하게 모은 재산은 죽음에는 오히려 독이 된다. 많은 재산을 짊어지고 죽음의 문턱을 넘을 수도 없음은 만고의 진리이다.

인간의 가치는 그가 높은 자리에 있느냐 아니냐, 부자냐 아니냐에 있는 것이 아니라 그의 삶이 얼마나 윤리적으로 도덕적으로 올곧은가에 달려 있음을 느껴야 한다. 우리나라의 역대 대통령들이 하나같이 국민의 존경을 받지 못하고 있는 슬픈 현상이 어디에서 온 것인지 깊이 음미하여야 한다.

사람은 누구나 잘못을 저지를 수 있고 또 저지르고 있다. 이를 뉘우치고 속죄하여 윤리적 가치를 존중하고 도덕성을 갖춰 아름다운 삶을 살고자 할 때에는 신뢰를 다시 회복할 수 있다. 자신의 잘못에 대하여 책임을 지는 자세는 그가 비록 잘못을 저질렀다 하더라도 그를 높이 평가할 수 있다. 그리고 죄를 지은 자들을 화해라는 이름으로 무조건 용서하기보다는 그에게 응분의 책임을 묻고 그가 속죄할 수 있는 기회를 주어야 한다. 정의와 평화로운 사회를 위해서도 도덕성의 회복은 절실하다.

4. 맺으면서

첨단과학이 발달하고 물질문명이 극치를 이루고 있다 하더라도 그 중심은 사람이 차지한다. 인간의 존엄과 가치가 무시되고 도덕성이 상실된 사회는 아무리 풍요로운 삶을 누린다 하더라도 결국 재앙을 불러온다. 경제개발이라는 이름으로 파괴된 자연생태계가 몰고 온 기후변화 등 자연재해는 이를 말해 주고 있다.

'욕망은 잉태하여 죄를 낳고, 죄가 다 자라면 죽음을 낳는다'(야고 1:15)는 말씀처럼 인간의 도덕성 상실은 그릇된 욕망에서 오는 것이고, 그것은 결국 파멸의 길로 들어서는 것이다. 우리가 수치를 당하지 않고 보다 평화로운 삶을 위해서도 욕심을 버리고 도덕성을 회복하도록 힘써야 한다. 그것은 우리 모두가 주어진 여건 속에서 이웃과 더불어 질서를 지키며 양심에 따라 거짓없이 사는 것이다. 이를 위하여 국가와 사회공동체의 구성원들이 할 바가 무엇인가?

첫째로 국가는 공동선을 달성할 책무를 지고 있다. 이는 인간의 기본권을 존중하고 평화로운 질서를 유지하여 누구나 사람답게 살 수 있도록 보장하는 데서 찾을 수 있다. 국가가 주어진 권력을 남용하여 개인의 자유를 침해하고 인권을 짓밟는 것은 용납할 수 없는 범죄이다. 지난날 이승만이나 박정희의 독재권력이 조봉암이나 이른바 인혁당재건위의 사건에서 보는 것처럼 관련자들에게 간첩의 누명을 씌워 사형시킨 것은 반인륜범죄이고, 돌이킬 수 없는 불의를 저지른 것이다.

국가권력을 거머쥐고 자신을 반대하거나 껄끄러운 사람에게 엉뚱한 누명을 씌워 죽이거나 감옥에 가두어 입을 막는다 해도 이는 일시적인 것이고, 영원히 그 진실이 감추어질 수는 없다. 우리 역사에서도 권위주의 정권이 무너지고 민주질서가 조금씩 회복되면서 조봉암을 비롯한 억울한 희생자들의 유족이나 당사자의 청구에 의한 재심재판에서 무죄가 판명되어 국가가 그 분들에게 엄청난 손해배상책임을 지고 있다.[2)]

국가가 불의한 독재권력에 의하여 희생된 수많은 피해자에게 지급하는 손해배상금은 어디에서 나오는 것인가? 그 돈은 바로 국민들이 낸 세금으로 충당하는 것이고, 타락한 국가권력의 횡포로 인

2) 고등법원판결을 기준으로 조봉암 유족에게 29억7천여만원, 조용수 유족 등에게 22억여원 등 각 피해자에게 지급되는 국가배상책임금액은 상상을 초월하는 금액이고, 이를 양산한 독재자와 그 추종자들의 책임을 간과해서는 안될 것이다.

한 손해는 고스란히 우리 후손들이 대가를 치르고 떠안게 되는 것임을 깊이 헤아려야 한다. 또한 혹독한 고문과 핍박을 받으면서 희생된 분들의 인권을 짓밟고 그 가정을 파괴한 죄과는 어떤 것으로도 회복할 수 없는 상처로 남게 된다.

이러한 점에 비추어 보더라도 국가는 법치주의 이념에 따라 법의 공평무사한 집행으로 권력형 비리를 척결하고 죄를 지은 자에게는 그가 누구이든 응분의 책임을 물어 국가기강을 바로 세워야 한다. 과거 정권에 의하여 저질러진 부정과 비리를 숨기고, 그로 인한 과실을 따먹으려는 술책은 도덕성의 회복에 찬물을 끼얹는 어리석은 짓이다.

둘째로 정부와 정치인을 비롯한 공직자들은 국민에 대한 봉사자임을 자각하고, 정직한 모습을 갖추어 법과 원칙을 지킴으로써 국민의 신뢰를 회복하는 데 앞장 서야 한다. 우리 정부는 불행하게도 현 정부에 이르기까지 국민에게 믿음을 주지 못하고 있는 것이 현실이다. 특히 일부 공직자가 뇌물을 챙기고 공금의 유용, 불공정한 업무집행 등 도덕적 해이현상이 두드러지고, 법원과 검찰을 비롯한 법조계의 일부 구성원까지 법의 원칙을 무시하고 사회윤리에 어긋나는 모습을 보이는 것은 참으로 슬프다.

박근혜 대통령은 자신이 약속한 국민행복시대를 열기 위해서도 정수장학회 등 잘못된 박정희의 유산을 털어버리고, 총리나 장관의 임명과정에서 보여준 난맥상을 하루 속히 씻어내야 한다. 또한 권력을 가진 자 또는 그 주변인물들이 과거 정권에서처럼 이성적인 판단을 하지 못하고 사회적 혼란을 부추기고 있는 모습은 이제 사라져야 한다. 공직자들은 모름지기 공금을 투명하게 관리하고, 공동선을 위하여 헌신하겠다는 자세로 탈바꿈해야 한다.

셋째로 국민은 어떠한가. 국민은 이 나라의 주권자이고, 모든 권력은 국민으로부터 나온다(헌법 2조 2항). 인간은 근본적으로 사회적 존재이다. 그러므로 권력의 기초인 국민이 바로 서야 나라도 바로 선다. 잘 살게 해준다는 말에 현혹되어 거짓을 꾸미는 자들에게 속아넘어가 자신의 이익만을 앞세우는 어리석음을 버려야 한다. 이웃과 함께 살아야 한다는 공동체의식을 가지고 기초질서부터 착실히 지켜 아름다운 사회공동체를 이루어 나가면 정치질서도 바로 잡을 수 있다.

사람은 누구나 권리의무의 주체(민법 3조)로서 자신의 권리행사에도 이웃의 권리를 배려하여야 하고, 만일 이웃에게 손해를 끼쳤으면 이를 갚아 주어야 할 의무와 책임을 져야 한다. 국민은 누구든지 인간의 존엄과 가치를 존중하고 자신의 이기심으로 불의와 타협하지 말고 바른 길을 찾는 것이 도덕성 회복에 이바지하는 것이다. 남들이 어떠하든 나 혼자만이라고 올곧게 살겠다는 다짐을 두고 실천하는 것이 사회를 밝게 할 것이다.

끝으로 신앙과 관련하여 생각해 본다. 인간의 삶에서 종교의 역할은 매우 크다. 기독교든 불교든 사랑과 자비를 일깨우고, 사람을 바른 길로 이끌어 부정한 이익을 탐하지 않도록 가르치는 것은 마찬가지라 할 것이므로 그 교리에 따라 성실하게 사는 신앙인은 도덕성을 크게 일탈하지는 않을 수 있을 것이다.

교황 요한 23세의 회칙 "어머니요 스승" 208항은 "도덕과 덕행의 원리는 오로지 하느님 안에 있으므로, 하느님을 떠나서는 필연적으로 도덕질서가 붕괴되고 말 것이다. 인간은 육체만이 아니라 영혼으로 이루어져 있으며, 이성과 자유를 지니고 있기 때문이다. 또한 이렇게 이루어진 인간은 종교에 뿌리박은 도덕률을 절대적으로 요구한다. 도덕률은 개인생활과 시민사회는 물론 개별 국가와 전 세계에 관련되는 문제들의 해결을 위하여 그 어떠한 외적 세력이나 이익보다 더욱 커다란 힘을 지니고 있다."고 역설하고 있다.

사람들이 하느님의 사랑에 기초를 둔 도덕률을 따르며 살아간다면 도덕성의 회복은 반드시 이루어질 것이다. 특히 프란치스코 교황의 말씀처럼 가난하고 고통받는 사람들을 어루만지며, 그리스도의 십자가의 길을 따라 복음의 빛을 밝히고자 노력할 때에 우리 사회의 도덕성 회복에도 큰 힘이 될 것이다.

오늘날 과학문명이 발달하고 기술의 진보로 그 어느 때보다도 풍요롭고 편리한 삶을 누리고 있는 사회에서 도덕적 가치를 무시하고 돈에 집착하여 물질적인 욕구만을 추구하는 것은 스스로 파멸의 구렁텅이로 몰아넣는 어리석은 짓임을 깨달아야 한다. 그리고 인간의 그릇된 욕망으로 온갖 범죄가 늘어나고 사회적 혼돈을 겪고 있는 현상에서 정치인을 비롯한 사회지도층이 먼저 그 동안의 잘못을 참회하고 새로운 삶의 모범을 보여 미래의 희망인 젊은이들에게 올바른 가치관을 심어주는 것이 무엇보다도 필요하다.

우리 모두가 인간의 존엄과 가치를 존중하고, 양심의 명령에 따라 사회윤리와 도덕적 가치를 추구할 때에 정의와 평화를 이룩할 수 있다. 하느님의 정의와 사랑이 우리에게 깃드시기를 빈다.

〈2013. 3. 30.〉

2 법은 살아있는가?

법과 사회윤리

•

권위주의 시대, 인권관련 재판사례

•

언론의 정도를 벗어난 여론몰이

•

위탁과 참여 : 총선, 대선을 앞둔 국민의 다짐

•

"서울대학교 법학" 50년 역사

법과 사회윤리

I. 법의 관념

"사회 있는 곳에 법이 있다"는 법언과 같이 인간 사회에는 법이 작용하고 있습니다. "법이 무엇이냐"는 한 마디로 정립하기는 힘들지만 법이란 사람과 사람 사이의 관계를 규율하는 규범이고, 인간이 사회생활을 평화롭게 유지하기 위해서 지켜야 할 규칙이라 할 수 있습니다. 그래서 법이 제대로 지켜지면 아주 평화롭고 안정된 삶을 누릴 수 있게 되고, 법은 '정의의 척도이다' 이런 얘기들을 합니다.

로마시대의 울피아누스가 법의 원리는 '정직하게 살고, 남에게 해를 끼치지 않고 각 사람에게 그의 몫을 주는 것이다'(디게스타 1권1장 제10법문)라고 정립하고 있습니다. 여기서 보는 것처럼 우리가 정직하게 살고 남한테 해를 끼치지 않고 그리고 각자 자기 것을 차지하게 한다면, 거기에서 분쟁이라든가 이러한 것이 생기지 않고 평화롭게 유지할 수 있을 것이라고 여러분들이 생각할 수 있을 것입니다. 그리고 토마스 아퀴나스는 '공동선으로 질서를 지우는 것이 법의 근거이다. 따라서 법은 공동선을 위한 이성의 명령이다'라고 그 개념을 정립하고 있습니다. 인간은 무엇이 옳고 그르냐를 판단할 수 있는 이성을 가진 유일한 존재이죠. 그래서 실정법이 인간의 이성에 어긋날 때에는 법으로서의 효력이 없다고 자연법론자들은 주장하기도 합니다. 그래서 법은 도덕이나 윤리와 서로 상관관계를 맺지 않을 수 없는 것으로 볼 수 있을 것입니다.

우리나라는 여러분이 잘 알고 있는 것처럼 성문법, 즉 실정법이 중심이 되는 나라인데, 법은 'symbol of justice' 즉 '정의의 상징이다.'라고 말합니다. 제가 1960년대 덱포트 D. 룬즈라는 사람이 쓴 《The Law and Disinherited》라는 조그마한 책자를 읽은 적이 있어요. 그 책 첫머리에서 법이 전통적으로 또는 교육에 의해서 'symbol of justice'라고 알려져 왔지만 이것처럼 새빨간 거짓말은 없다는 겁니다. 그러니까 '법이 무슨 정의의 상징이냐' 하고 아주 비아냥거리는 소리가 나옵니다. 이것은 법을 왜곡하고 독재자들이 법의 이름으로 폭력을 쓰는 잘못된 현상 속에서 저질러지는 악행, 소위 히틀러의 악법을 생각해 보면 실감할 수 있을 것입니다. 이러한 점에서 정의에 어긋난 법은 법이 아니다. 결국 '악법이 법이냐, 아니냐?' 하는 논의들이 제기되는 것이고, 역시 '악법은 법으로서 효력을 인정할 수 없다'는 것이 자연법의 논리에서 나오고, 저도 또한 그런 입장을 취하고 있습니다.

그래서 법의 정당성이라고 하는 것은 그 내용뿐만 아니라 제정 과정에서도 정당한 것이어야 한다는 것을 의미합니다. 제가 서울대학교에 있을 때부터 늘 그런 얘기를 합니다. '국회가 날치기로 법을 통과시켰다'라고 하면 그것은 벌써 법으로서 효력이 없다. 그러나 권력에 의해서 그대로 법으로서 집행이 되고 그것으로 인해서 여러 가지 문제들이 제기되고 있는데, 그 중에서 대표적인 것은 '국가보안법'. 사실 이 국가보안법은 제정을 하는 과정에서부터 개정을 하는 과정까지 한 번도 적법한 절차를 밟아서 이루어진 일이 없어요. '국가보안법이 얼마나 악용이 되었는가?' 나는 그것이 순기능보다는 역기능이 더 많았다고 생각합니다. 그래서 가령, '국가보안법을 폐지하자' 하는 사람은 좌파고 아주 나쁜 놈들이다. 이런 얘기를 하는데 저는 순수히 법 이론적인 측면에서 그런 적법한 절차를 밟지 않은 것은 법으로서 효력을 인정하는 것이 옳지 않다고 보는 것입니다. 그리고 국가보안법은 이를 남용하여 역기능이 많았고, 이로 말미암아 국가의 이미지를 손상시킨 것이 크다는 점도 우리가 아울러서 생각해볼 필요가 있다는 것입니다.

지난 미디어법이 국회에서 날치기 통과되어서 대리투표니 뭐니 하는 것이 언론을 통해서 보도되는 것을 보면서 저는 '역시 저런 식의 법은 법으로서 인정할 수 없다.'는 생각을 하였습니다.

제가 여기 오기 전에 2시부터 미디어법에 대한 헌법재판소의 결정에 대한 생중계가 있었는데, '신문법은 대리투표 이런 것이 있었다. 그렇기 때문에 위법하다.'는 의견이 7명이라고 하는 보도를 보았습니다. 그 후에 절차에 대해서는 잘 모르겠습니다만, 그것이 얼마나 국력의 낭비이고 국가 이미지를 손상시켰는가. 사실 국회의 권위라고 하는 것을 그것으로 인해서 굉장히 실추시켰다. 미디어법을 그렇게 강행하려고 하다가 이런 결과를 가져 왔다는 것은 국가적으로 보나 국민 정서적으로 보나 매우 불행한 일입니다.

어떻든 모든 사람은 법 앞에 평등하고 법의 적용이나 집행에 있어서는 공정하고 형평성을 간직하여 공동선의 증진에 이바지해야만 구속력을 가질 수 있다는 것. 그런데 이것을 권력을 가진 자들이 자기들의 편의 때문에 법을 남용할 때에는 정의에 어긋나는 것이고 법의 이름을 빌린 폭력행위라 할 것입니다. 사실 나치스가 법의 이름으로 저지른 범죄는 인류의 역사에서 큰 불행을 자아냈다는 사실을 기억할 필요가 있습니다.

법은 인간관계를 규율하는 것으로 각자의 권리와 의무를 규제하는 규범입니다. 그 법의 세 가지 요체에 대해서 간단히 말씀을 드리면, 민법 제3조는 사람은 누구나 권리, 의무의 주체라고 규정하고 있습니다. 잘못된 사람들은 자기 권리만 주장하고 그에 따르는 의무나 책임은 생각하지 않고 있습니다. 사람은 공동체를 이루고 이웃과 더불어 사는 것이므로 상대방에 대한 배려도 해야 하는 것입니다.

가령 교수와 학생의 관계에서, 교수가 교수의 권리만 주장하고 학생들은 배려하지 않고 잔소리마라 무조건 교수의 말에 복종하고 따르는 거지 선생님이 틀리다는 건방진 소리 하지마라. 이렇다면 그 교수 참 훌륭하다고 생각하겠어요? 안하지, 학생의 권리도 있습니다. 학생의 권리를 보호할 의무도 있는 것입니다. 사람은 사람 사이의 관계에서 내 권리를 주장하면서 다른 사람의 권리를 보호할 의무도 있다. 그래서 그것이 잘못 되어 다른 사람에게 피해를 주면 책임을 진다라는 것을 알아야 합니다. 그래서 여기서 법이라는 것은 인간관계에서 삼면관계가 이루어져 그 권리에는 의무가 따르고 잘못되면 책임을 진다는 것을 이해해야 합니다. 사람은 언제나 혼자가 아니라 다른 사람과 함께 사는 것이라는 점을 깊이 인식하기 바랍니다. 그러면 법의 관념에 관해서는 여러분이 법학교육을 통해 충분히 듣고 나름대로 생각을 하기 때문에 이 정도로 그치겠습니다.

II. 사회윤리와 사회현상

1. 사회윤리

다음은 윤리와 사회현상에 대한 문제를 보겠습니다. 사실 사회윤리라는 것은 사람이 마땅히 행하거나 지켜야 할 도리, 곧 실제 도덕규범이 되는 원리라 할 것입니다. 우리 인간은 이성과 양심에 따라 무엇이 옳고 그르냐를 판별할 수 있는 힘을 가지고 있고, 그것이 윤리 판단의 기준이 될 수 있습니다. 여기에는 유신론자, 무신론자 또는 신앙인들이 있겠지만, 사람은 영혼과 육신이 결합해서 이성과 양심을 지니고 있는 가장 존엄한 존재로서 양심의 명령이 '너 그러면 안 된다'라고 할 때 그것을 행하는 것은 잘못을 저지르는 것입니다.

사람이 이성의 명령에 따라 양심에 비추어 옳은 일을 행하고 옳지 아니한 것을 삼가는 것이 사회윤리에 부합하는 것입니다. 사실 우리는 유교의 전통적인 가르침에 따라 삼강오륜 등 도덕적 가치를 중시해 왔지만 오늘날 우리 사회는 일제의 강점과 6·25 전쟁 이후 물질문명이 지배하면서 도덕적 기반이 무너져 사회적 혼돈을 거듭하고 있습니다.

우리 모두는 자기중심적이고, 법을 제대로 지키면 손해를 본다는 잘못된 인식들이 우리 사회를 지배하고 있습니다. 수단과 방법을 가리지 않고 자기의 이익만 챙기면 된다는 잘못된 생각에 의해 사회윤리가 타락하고 법의 지배가 정상적으로 작용하지 못하고, 총체적인 부정부패로 몸살을 앓고 있는 것이 현실입니다. 이것은 법질서가 제대로 확립돼 있지 못하고 사회지도층 인사부터 이웃과 함께 살아야 한다는 공동체 의식이 없이 이기주의에 사로잡힌 구조에서 오는 것입니다. 사실 공무원들까지 농민에게 돌아가야 할 쌀 직불금을 받고, 공금을 횡령하는 일들이 다반사로 일어나는 현상은 이를 드러내고 있습니다.

2. noblesse oblige

여기서 '노블레스 오블리주'라는 말을 생각해 봅시다. 우리나라는 신분사회는 물론 아닙니다. 그러나 사회적으로 지위가 높거나 공직자들은 자신의 영달을 꾀하기보다는 그 자리에서 봉사를 한다는 생각을 가지고 국가나 사회에 대하여 책무를 지고 최선을 다하겠다는 자세를 갖추고 도덕적인 가치를 구현하도록 힘쓰는 것이 그들의 최소한의 책무라고 할 수 있습니다.

영국을 비롯해서 선진 각국에선 전쟁이 나면 귀족들이 먼저 앞장섭니다. 그런데 우리나라는 어떻습니까? 6·25 전쟁을 치르면서 높은 사람들은 어떻게 하면 자기 자식을 군에 보내지 않을까 궁리하고 병무비리가 산적해 있었다는 사실은 참으로 부끄러운 일이 아닐 수 없습니다. 미국의 존 F. 케네디 대통령은 제2차 세계대전 당시 군신검에서 불합격된 후 스스로 몸을 단련하여, 다시 신체검사를 받고 합격하여 해군에 지원해서 전쟁에 참여하여 죽을 고비를 넘겼다는 사실을 주목할 필요가 있습니다. 그런데 우리는 지금도 신체검사에 불합격하기 위해서 환자 바꿔치기, 어깨 탈골수술 등 갖가지 비리를 저지르고 있지 않은가?

저는 지난 번 총리에 대한 인사청문회를 보면서 솔직히 실망이 컸습니다. 다른 사항은 다 젖혀 놓는다 하더라도 병역관계가 석연치 않은 사람은 적어도 국군에 대한 통수권을 가지고 있는 대통령을 보좌하는 국무총리로서는 적임이 아니라고 생각합니다. 군의 사기를 위해서도 사회정의를 위해서도 그런 사람들은 스스로 자리에서 물러나야 한다고 보는 것이 뜻있는 분들의 생각일 것입니다.

저는 국민의 정부 시절 평화방송을 통해서 서울시장 후보와 대담을 나눈 일이 있어요. 그 중에 한 분이 상대후보가 병역문제가 있다고 제기해서, 그 후보에게 어떻게 군대에 가지 않았느냐는 질문을 던졌습니다. 그 분은 '영장이 안 나와서 안 갔다.'고 하더군요. 안 나오게 손을 쓰지 않고 영장이 안 나오는 일이 있는지 모르겠지만 그런 사람들이 국무총리 등 요직을 차지하고, 국가의 지도자로 떠받들고 있는 사회는 정의롭지 못하다고 할 것입니다.

노블레스 오블리주는 사회공동체를 바르게 이끌기 위해서 공직자와 지도층이 먼저 지키고 따라야 하는 그런 책무이고, 그에 걸맞지 않는 사람들은 자중할 필요가 있습니다. 우리 사회의 혼돈도 지도층의 부패에서 오는 것이라 할 수 있습니다. 여러분들이 우리나라를 이끄는 세대에서는 자기희생적인 사람이 사회를 이끄는 그런 역꾼이 되어야 한다고 생각합니다. 지금부터 자기의 신상을 깨끗하게 할 필요가 있습니다.

그리고 현 정부의 인사청문회를 보면서 우리에게 비쳐진 여러 가지 현상이 저렇게 사람이 없는가, 물론 사람은 완전하지 못하기 때문에 많은 흠을 가지고 있지만 적어도 사회 윤리적으로 바르게 산 사람들도 많습니다. 바로 그런 사람들 때문에 나라가 이 정도로 안정을 찾고 있는 겁니다. 도덕성이 없는 사람들을 총리나 장관으로 앉히면, 그런 사람들에게 국민의 존경심이 사라지고 정부에 대한 불신이 커져서, 국가의 장래에 있어서도 불행한 것임을 일깨울 필요가 있습니다.

3. 정경유착과 권력형 비리

다음에는 정경유착과 권력형 비리에 대한 문제를 언급하겠습니다. 사실 우리나라의 총체적 부패는 정경유착 때문이라고 생각합니다. 해방 이후 나만 잘되면 된다는 그릇된 생각이 수단과 방법을 가리지 않고 제몫을 챙기는 것이 현명하다는 그릇된 가치관으로 사회윤리가 타락하여 힘있는 자들의 부정이 늘어났다고 할 수 있습니다.

1960년대 이후 산업사회로 진입하면서 우리가 고도의 경제성장을 이루고, 1996년 OECD에 가입하여 세계에서 10위권 아팎의 경제대국으로 성장한 것은 우리 민족의 긍지이고 자랑입니다. 그러나 이러한 속에서 경제개발에 중점으로 두고 인간의 윤리적 가치를 도외시함으로써 수많을 부작용이 나타났습니다. 게다가 역대정권의 타락과 정경유착으로 인한 권력형 비리가 이어져, 우리 사회는 '못먹는 것이 병신'이라는 말이 예사로 나돌았습니다.

5·16 군사정권이 공화당을 창당하는 과정에서 4대 의혹사건이 불거졌고, 각종 비리가 있어도 이를 밝히지 못하고 정경유착의 고리는 깊어졌다 할 수 있습니다. 오늘날 이러한 현상을 외면하고 박정희 대통령을 미화시키는 작업이 이루어지고 있는 현상을 보면서, 저는 이렇게 역사를 왜곡하는 민족은 앞날의 희망이 없다는 생각을 하게 됩니다. 공이 있으면 이를 인정하고 잘못된 것은 잘못된 것대로 밝혀 이를 바로 잡으려는 노력을 해야지, 그런 것을 그대로 넘긴

다는 것은 국가적으로 우리 후손들에게 커다란 수치심을 남겨준다는 점을 우리가 생각해 볼 필요가 있습니다. 여하튼 전두환, 노태우가 기업으로부터 비자금을 받아서 챙겼다는 것은 권력형 비리의 극치를 이루고 있습니다. 그 후 문민정부, 국민의 정부에 이어서 참여정부에 이르기까지 각종 비리가 이어져 깨끗하지 못하다는 점을 부끄럽게 생각해야 합니다. 그리고 부패 방지를 위해 부정방지법을 만들어 놓고 있는데, 그걸 만든 사람들이 부정을 행하고 그러면서도 권력만 잡으면 된다는 생각은 우리에게 얼마나 서글픔을 주는가를 깊이 새겨볼 필요가 있습니다.

4. 인권의 침해

다음에 인권문제를 생각해 보죠. 사실 첨단과학이 발달하고 물질문명이 판을 치고 있는 세상에서도 그 중심은 인간입니다. 고도의 과학문명과 물질문명이 발달하면서 인간이 첨단 기술에 노예처럼 끌려다니는 것이 아니라 인간이 그 중심을 차지하고 인간의 존엄과 가치가 존중되어야 합니다. 인간의 존엄과 가치가 존중되지 않는 사회는 재앙을 불러오게 되는 점을 생각해야 합니다.

헌법 10조가 기본적 인권보장에 관해서 규정하고 있고, 이것은 천부적인 인권보장을 확인하는 것으로 국가의 권력이 바로 국민의 기본권을 보장하고 국민이 행복하게 살 수 있도록 보살피는 데 존재이유가 있다는 점을 밝히는 것입니다.

앞에서 저는 여러분에게 국가보안법이 순기능보다는 역기능이 많았다고 말했습니다. 그 예를 들어보기로 하죠. 지난 군사정권하에서 이른바 시국사건의 관련자들에 대해서 국가보안법을 적용하여 갖가지 고문과 패악을 저지른 사건, 가령 부천서의 성 고문사건, 박종철의 고문치사사건, 그리고 김근태씨에 대한 고문 등은 바로 그런 예입니다. 이러한 사실은 단순히 그 독재자에게만 책임이 있느냐. 그런 것이 아니에요. 법이 무엇인지 알고 있는 검찰이나 법원이 잘못된 줄을 뻔히 알면서도 독재권력의 시녀로서 그러한 폭력을 묵인하고 그대로 덮어 씌웠다면 그것도 또 하나의 커다란 범죄행위를 저질렀다는 것이죠.

그런 예들을 하나 더 생각해 보면 1974년 당시 이른바 '인혁당 재건위원회 사건이라는 것이 조작되었다.'는 많은 논의들이 제기되었습니다. 그런데 1975년 4월 8일에 대법원이 군법회의에서 사형판결을 한 사건의 상고를 그대로 기각하여 사형을 확정하였고, 그 다음날 새벽에 박정희 정권은 피고 8명에 대한 사형을 집행했습니다. 그래서 이것은 우리나라의 재판살인의 전형적인 예에 속한다고 말할 수 있습니다. 그러면 이것이 단순히 당시 권력자만의 책임으로 돌릴 수 있는가? 저는 당시 민복기 대법원장을 비롯하여 그 재판에 참여한 대법관들의 죄가 더 크다고 생각합니다.

권위주의 정권이 무너지고 민주화가 회복된 후 인혁당 사건을 비롯하여 국가보안법에 의하여 국가가 불법적으로 가혹행위를 저질렀다는 많은 사건들이 재심절차를 통하여 무죄 또는 면소판결이 선고되고, 국가가 그에 대하여 막대한 배상책임을 지고 있음은 참으로 부끄러운 일입니다. 그리고 최근에 또 '아람회'사건 연루자와 유족에게 184억원의 배상판결이 났다는 보도가 있었습니다. 국가는 누구의 돈으로 그 배상책임을 이행하나요. 그 돈은 국민들이 낸 세금을 가지고 주는 겁니다. 국가의 책임은 말이 국가의 책임이지 바로 국민들이 공동으로 책임을 떠맡는 겁니다. 그런데 잘못 기소하고 잘못 재판한 검사나 판사는 그 원인을 제공한 사람들인데, 그들은 아무런 책임이 없는가? 저는 개인적으로 그런 경우에 잘못된 줄 알면서도 그대로 재판에 관여한 자들에게도 책임을 물어야 한다고 생각합니다. 그런데 그런 사람들이 대법관을 지내고 뭣을 지내고 하니깐 사회명사로써 어디가면 대우를 받는 사회가 됐습니다. 과연 이게 옳은 것인가에 대해서 우리가 깊이 생각해 볼 필요가 있습니다.

민주화의 물결이 스며든 후 인권사항은 많이 개선되었다고 할 수 있습니다. 2009년 1월에 일어난 이른바 용산 철거민의 철거과정에서 생긴 참사에 대해서는 많은 의문을 제기하고 있습니다. 저는 억지를 부리는 것을 용납하는 것은 잘못이라는 생각을 깊게 하고 있지만 가난한 자에 대한 배려없이 경찰특공대를 동원하여 강제로 밀어붙인 것은 국가의 횡포라고 생각합니다.

여러분은 그 용산 철거민의 철거과정이 과연 적법한 것이었나? 그렇게 서둘러야 됐었는가? 가난하고 소외된 사람들에 대하여 국가가 조금이라도 어루만지면서 해야지 그냥 개발이란 이름을 가지고 무턱대고 몰아붙이는 것이 옳은 것인가? 이게 국가가 해야 할 일인가? 이런 생각을 해 볼 필요가 있습니다. 저는 이러한 점에서 용산 참사는 이 정권에 의하여 저질러진 인권침해의 대표적인 예가 될 수 있다는 생각을 합니다.

사실 오늘날 우리 사회에는 아직도 인권문제에 대한 많은 사각지대가 있습니다. 가령 우리나라에서 낙태가 1년에 150만 건 이상이 이루어진다고 합니다. 가톨릭 교회에서는 사람은 수태한 순간부터 인간으로서의 존엄과 가치가 있다고 가르칩니다. 생명은 존중되어야 합니다. 그런데 내가 저 애를 가지기 싫다. 내가 저 애를 낳기는 어려울꺼다. 그래서 낙태를 한다. 이것은 부모의 권리도 아니고 이러한 것은 바로 인권의 침해죠. 그리고 요즘 아동을 학대하고 또 성폭행 같은 범죄가 이어지고, 그리고 돈 벌기 위해서 부정식품을 만들어 팔고, 또 거짓말 하고 가짜상품 내놓고 이런 것은 전부 직접 또는 간접적으로 인권에 대한 침해를 하고 있는 것입니다. 돈벌기 위해서 부정한 짓을 하는 것은 악마의 유혹에 빠져서 자기를 그르치고 세상을 좀먹고 있는 범죄행위입니다.

인간은 자유의지를 지니고 있고 선이나 악을 선택할 수 있는 유일한 존재이기도 합니다. 그래서 사람이 악을 선택하는 것은 자신이 멸망의 길로 빠지는 겁니다. 일시적으로는 그것이 어떠한 이익이 될는지 모르죠. 그러나 그것이 절대로 사회 공동체의 이익을 헤치고 스스로 자기 자신을 짓밟는 행위임을 자각할 필요가 있습니다. 그리고 우리 사회에서 심각하게 고려해 볼 사항은 '다문화 가정'이라든가 '외국인 노동자'에 대한 차별문제입니다. 이들에 대한 실태들이 나오고 있는 데요 그러한 점은 '아직 우리나라는 멀었다'라는 겁니다. 그런 인권의 사각지대가 상당히 많다는 것을 생각해 볼 필요가 있고요.

인권문제에서 우리는 나의 인권이 중요하면 상대방의 인권도 중요하다는 생각을 늘 해야 합니다. 그래서 나만 존중되는 것이 아니라 다른 사람도 함께 존중돼야 한다는 이런 생각을 우리 사회 공동체 구성원들이 전부 가진다고 한다면, 확실히 우리 사회는 인권이 보장되고 평화롭고 웃음이 넘치는 그런 행복한 사회로 나아갈 것입니다.

5. 사회부조리의 만연

다음에는 사회 부조리의 만연에 대해서 생각해 봅시다. 우리 사회는 이권이 있는 곳에는 으레 부정한 돈이 오가는 현상을 찾아볼 수 있습니다. 지난날 우리나라에서는 세무부조리 또는 병무 부조리, 인허가를 둘러싸고 벌어지는 뇌물사건, 부실공사, 심지어는 교육계의 부조리까지 겹쳐서 정치 · 경제 · 사회 · 교육 등 각계에서 부조리 현상이 많이 일어나고 있습니다.

지난날 학교에서 학부모가 선생님을 찾아 은밀하게 촌지를 갖다 주었다고 합니다. 이런 나라에서 교육이 제대로 되겠는가 하는 것을 한번 생각해 봅시다. 사실 우리나라 공교육이 제대로 안된다고 하는데, 그것이 무슨 외고나 특목고 때문에 안 되는 것은 아닙니다. 지금 우리나라 국민의 의식이 제대로 안되어 있는 데 원인이 있습니다. 교육은 가르치는 사람이 학생들에게 애정과 열의를 가지고 다가가면 그 아이들도 달라질 것입니다. 교수가 학생에 대한 관심을 기울이지 않고 기계적으로 가르치고 오늘 강의는 여기서 끝났어 하면 그 교육이 제대로 되겠는가? 도덕적 가치를 중시하고 사람을 기르는 교육계까지 부조리 현상이 있다는 것은 굉장히 서글픈 얘기가 아닐 수 없습니다.

오늘날 대형 금융사고가 잇따라 일어나고 일부 공직자들이 공금을 유용한다든가 하는 보도가 자주 나오죠. 그게 오늘 어제 일은 아닙니다. 얼마 전에 학교에 품질이 좋지 않은 칠판을 납품하면서 교장한테 돈을 줬고, 몇몇 교장들이 그걸 받았다는 보도를 보면서, 어떻게 이런 일이 벌어질 수 있는가 하고 아주 서글픈 생각을 했습니다. 사실 학생들에게 어떻게 하면 교육 환경을 좀더 잘 해줄 것인가? 고민해야 할 교장이 부정한 돈을 챙긴다는 것은 교육자로서는 도저히 용납할 수 없는 것입니다.

대검찰청이 발표한 2007년도 공무원의 범죄통계를 보면 각 부처 중에서 제일 범죄율이 높은 곳이 교육부였습니다. 오늘날 일부 사학들이 비리로 인하여 분규가 있고, 이로 말미암아 학생들에게 커다란 피해를 주고 있기도 합니다. 저는 사학비리의 원인은 교육부가 깨끗하지 못하였기 때문이라는 글을 쓰기도 했는데, 교육부가 지금도 그 비리관련자들의 편을 들고 있는 것은 참으로 이해할 수 없고, 그런 교육부는 차라리 폐지하는 것이 옳다는 생각을 굳게 하고 있습니다.

이 정권이 들어선 후에도 국세청장의 뇌물상납사건을 비롯한 각종 비리관련보도들이 이어지고 있습니다. 윤리가 타락한 사회구조 속에서 수단과 방법을 가리지 않고 제 몫만 챙기면 된다는 그릇된 풍토가 아직 사라지지 못하고 있기 때문입니다. 여기서 여러분들 한 사람이라도 그런데 어울리지 않겠다고 하는 생각을 하고 바르게 산다면 그만큼 우리 사회는 밝아지는 것입니다.

그리고 '뇌물을 주는 자의 눈에는 그것이 요술보석 같아서 그가 몸을 돌리는 곳마다 안되는 것이 없다'는 말이 잠언에 있는데요, 뇌물이라는 것은 부패의 고리입니다. 그리고 사람의 영혼을 파멸로 이끄는 독소라고 할 수 있습니다. 여러분 형법에서 보면 뇌물죄는 준 사람이나 받은 사람이나 다 같이 벌을 받습니다. 그래서 뇌물을 챙기는 사람은 갖다 준 사람도 걸리기 때문에 발설하지 못하고 안전하다는 생각을 하고 있죠. 이것은 참으로 어리석은 일입니다.

저는 세종대에서 특강을 하면서 학생들에게 '나는 뇌물을 굉장히 좋아하는 사람인데, 다만 뇌물을 가져오는 사람에게 관 뚜껑을 덮을 때까지는 절대로 입을 다물겠다는 약속을 받고 챙기고 있다. 내가 죽을 때까지 누구도 나에게 뇌물을 주었다는 사실을 발설하지 아니하여 아주 깨끗한 사람으로 알려졌다. 그런데 내가 하느님 앞에 섰을 때 과연 떳떳할 수 있겠는가? 하고 학생들에게 질문을 던졌습니다. 세상 사람들은 정말 그 소문대로 깨끗하게 살다가 갔구나 하고 칭찬을 할 수도 있겠지만 하느님은 이를 용서하지 않을 것입니다. 오히려 위선자라고 호된 질책을 하실 것입니다.

누가 아느냐 모르느냐는 상관이 없습니다. 내가 스스로 부정을 저질러 증거가 없다 하더라도 나의 양심은 이 때문에 병들어가는 것입니다. 우리가 좋은 일을 할 때 세상 사람들이 알아주지도 않는데 뭐 하러 그런 짓을 하느냐고 말하는 이들이 있습니다. 내가 선행을 할 때 세상 사람들이 알아주기를 원한다면 이는 진정한 선행이라 하기 어렵습니다. 세상 사람들이 아느냐 모르느냐는 상관없이 내 양심에 비추어서 옳으냐 그르냐를 판단해야 합니다. 이게 바로 윤리적인 문제입니다.

법은 국가나 개인의 삶에서 지켜야 할 규범이고, 사회공동체의 질서를 바로잡고 조화로운 삶을 살도록 각자의 권리와 의무를 정하고, 이를 어길 때에는 책임을 지도록 마련되어있음을 다시한번 강조합니다. 권리가 강하면 그에 대해 상응하는 의무와 책임도 무거워야 합니다. 그런데 우리 사회에서는 권리만 주장하고 의무와 책임을 지겠다는 자세는 매우 약한 것으로 보입니다. 특히 높은 사람들이 관련되어 있는 사건에서는 더욱 그러합니다. 가령 어떤 조직에서 비자금 조성 등 잘못이 있으면 설령 그 책임자가 그것을 미처 알지 못했다고 하더라도 그 책임은 자신에게 있다는 생각을 해야 되는데, 심지어 자신이 주도하였으면서도 그 사실이 드러나면 아래 사람들에게 그 책임을 돌리고 빠져나가는 일들이 있습니다.

우리는 부정과 타협을 하는 것은 옳지 않다는 생각을 가져야 합니다. 공직자는 국민에 대한 봉사자입니다. 공직자가 업무와 관련해서 부정을 저지르는 것은 자신은 물론 사회를 파멸로 이끄는 것입니다. 오늘날 우리 사회에서는 '털어서 먼지 안 나는 사람은 없다'라는 속언이 있고 이는 우리나라의 부패구조가 얼마나 심각한가를 드러내는 말입니다. 그러나 그렇게 부정적인 시각만이 있는 것은 아니고 떳떳하게 사는 사람들의 수도 적지 않습니다.

저는 개인적으로 1975년 서울대법대의 학생학장보 시절 학생들에게 '공금은 개인 돈보다도 훨씬 더 절약하고 투명하게 사용해야 된다.'는 점을 강조하였고, 지금까지 그 원칙을 지키고 있습니다. 그러니까 털어서 먼지 날 일이 별로 없어요. 그리고 공직자 가운데도 털어서 먼지 안 나는 사람들이 상당수 있습니다. 그런 사람들에 의해서 그래도 우리 사회가 이만큼 질서가 잡히고 있다는 생각을 해요. 여러분들이 구약에서 보면 소돔과 고모라가 왜 망했느냐? 의인 10사람이 없어서 망했다고 하는 게 내용입니다. 의인 한 사람 한 사람이 얼마나 중요한가? 다른 사람들이 다 그러는데 나만 그렇게 살 필요가 있는가 할 것이 아니라 다른 사람들이 다 그래도 나만이라도 바르게 살겠다고 하는 사람들이 하나라도 더 있으면 그만큼 우리나라는 밝아진다는 생각들을 여러분들이 깊이 했으면 좋겠습니다. 하여튼 부정부패를 척결하기 위해서는 우리 모두가 윤리의식으로 사회악을 제거하도록 힘써야 할 것입니다.

1950년대 미국의 운수노조인 팀스터 유니온의 위원장 데이브 베커라는 사람이 노동조합을 중심으로 정치인과 결탁하여 많은 비리를 저질렀고, 그 죄상을 밝혀 고발한 책이 로버트 케네디의 '내부의 적'(The Enemy Within)이라는 보고서입니다. 저는 그 책을 번역해서 삼성문화문고로 출간한 적이 있습니다. 그것을 번역하면서 저는 그 분이 참으로 존경스럽다는 생각을 했습니다. 왜냐하면 내부의 적은 외부의 적보다 훨씬 국가를 파괴하는 힘이 있다. 그래서 내부의 적을 그대로 놔두면 절대로 자유국가로써 지탱할 수 없다는 점을 강조하고, 그 부패고리를 밝히는 데 심혈을 기울였습니다. 사실 국가가 망하는 것은 내부의 부정부패로 인한 것입니다. 내부의 부패가 없으면 절대로 망하지 않아요. 우리가 도덕성을 갖추고 윤리적으로 건전하면 국가는 절대로 흔들리지 않을 것이라고 믿습니다.

6. 법의 왜곡과 법집행의 불공정성

법은 정의를 실현하기 위한 수단이고, 법의 해석과 집행에 있어서는 기본적인 원칙이 있습니다. 여러분들이 법이라는 것은 '귀걸이 코걸이' 뭐 이런 얘기를 듣고 있습니다. 법은 힘있는 자들이 마음대로 요리할 수 있다는 그릇된 생각이 드러나, 법에 대한 왜곡현상이 사회적으로 여러 가지 문제를 제기하고 있습니다. 왜 그런가? 그것은 법을 운영하고 집행하는 사람들이 원칙을 제대로 지키지 않기 때문에 일어나는 현상이라고 봅니다.

요즘 우리나라는 이른바 '4대강 살리기 공사'와 관련해서 시끄럽습니다. 경향신문 2009. 10. 9자에 "돌관유전자" 정부의 4대강 밀어붙이기라는 충남대 민 교수의 칼럼을 보면서 정부가 스스로 법을 왜곡하고 불공정한 집행을 하려 하고 있다는 의문을 가지게 되었습니다. 4대강 살리기를 올바로 한다면 이를 반대할 사람은 없을 것이지만 환경영향평가 등 절차를 제대로 밟아서 추진해야 하는 것은 기본적인 상식입니다. 정부가 국가적인 커다란 토목공사를 국가재정법의 시행령을 고쳐 편법을 동원하고 있다는 것은 국민을 기만하는 것이고, 법치주의 이념에도 어긋나는 것입니다. 이에 따라 법의 권위를 실추시켜 오히려 사회적 혼란을 초래할 것입니다.

법의 집행에 있어서 형평성을 잃고 있다는 사실은 하나의 누적된 병폐입니다. 앞에서 본 것처럼 권위주의 정권하에서 검찰이나 법원이 권력형비리 관련자에 대한 처벌은 형식적인 선에서 머물고, 시국사건에 대해서는 피고가 고문으로 허위자백을 했다고 해도 이것을 받아들이지 않고 재판을 진행한 것으로 기억하고 있습니다.

1974년에 지학순 주교가 민청년 사건에 연루된 사건이 있었습니다. 거기서 물론 1심에서 유죄판결을 받았는데요. 그분의 항소이유에서 보면, '본인이 항소를 제기한 것은 주어진 판결의 감형을 구걸하기 위해서가 아니라 독제권력의 직접적인 하수기관인 비상군법회의의 법이라는 이름을 빌린 폭력을 스스로 확인하기 위함이며'라고 밝히고 있습니다. 얼마나 잘못된 것인가를 우리는 깊이 깨달아야 할 것입니다.

이러한 잘못된 재판을 권위주의 정권이 무너지고 재심을 통해서 번복하여 무죄를 확인하고, 국가가 엄청난 책임을 지고 있다는 것이 얼마나 비극적인 현실인가 하는 것입니다. 바로 그들의 잘못으로 인해서 우리 국민들이 피땀으로 낸 세금을 낭비하고 있다는 이런 사실을 우리가 주목할 필요가 있습니다. 그럼에도 불구하고 법을 악용하여 폭력정치를 한 장본인을 미화시키는 것이 과연 옳은 것인가? 국가가 해야 할 일인가?라는 점을 다시 한번 생각해 볼 필요가 있습니다.

모든 사람은 법앞에 평등하다는 원리에 따라 정의의 수단인 법의 집행에 있어서 공정성이 담보되고 있느냐? 힘있는 자들에 대해서는 관대하고 힘없는 자들에 대해서는 엄격하게 다룰 때에는 사회적 불평등을 초래하여 비극의 씨앗이 된다는 사실을 깊이 생각해 보시죠. 사실 여러분들이 이해하는 바와 같이 BBK사건이라든가 삼성비자금 사건, 이러한 것이 공정하게 이루어졌다고 볼 수 있는지 의문이 제기되고 있습니다. 그리고 조선일보 사설(2009. 10. 10자)에서 우연히 보게 되었는데, 대형 로펌이 2006년부터 2009년까지 변호를 맡은 형사사건 1682명 중 240명이 1심에서 무죄선고를 받아 무죄율이 14.3퍼센트이고, 이는 전체 사건의 무죄율이 1.5퍼센트인데 비해 무려 10배에 이른다고 지적한 것을 보았습니다. 그러면 과연 이러한 재판이 공정하게 이루어지고 있는 것인가에 대한 회의를 제기하고 있습니다. 여러분들이 앞으로 사법시험에 합격하여 판사, 검사 또는 변호사로 봉직할 때 과연 이러한 것을 어떻게 다루어야 할 것인가를 지금부터 머릿 속에 간직할 필요가 있습니다.

'너희는 재판할 때 한쪽을 편들어서는 안된다. 낮은 자의 말이나 높은 자의 말이나 똑같이 들어주어라. 재판이란 하느님께 속한 것이니 사람을 두려워하지 마라.'(신명기 1:17)라는 말씀을 깊이 묵상할 필요가 있습니다. 그리고 우리나라에서 법을 왜곡하고 법의 집행에서 형평성을 잃게 한 가장 커다란 원인이 역대 대통령에 의해서 행사된 사면권의 남용이라 여겨집니다. 지난 날 국민들 사이에서 대통령의 사면권 행사가 이루어질 때마다 이러면 재판 뭐하러 하나? 이런 아주 자조 섞인 말들이 오고갔다는 사실을 생각해 보고, 사면권이 무엇인가를 깊이 생각해 볼 필요가 있습니다.

7. 기본질서와 음주로 인한 범죄

이제 마지막으로 기본질서와 음주로 인한 범죄에 대해서 간단히 살펴보고자 합니다. 사실 저는 기본질서부터 제대로 지키는 국민이 되어야 한다는 점을 강조하고 싶습니다. 우리가 교통질서 하나만이라도 제대로 지키는 국민이 된다면 그만큼 우리 사회는 밝아질 것입니다. 담배꽁초를 길에 버리고 남을 생각하지 않고 자신의 행동을 마음대로 하는 것은 바로 사회질서를 해치는 짓입니다.

도로교통법에서는 음주운전과 무면허 운전을 금지하고 있습니다. 보험회사에서는 음주운전 중 사고가 났을 때 상해보험에 들었어도 돈을 안준다는 입장이지만 법원에서는 지급하라는 판결을 내리고 있습니다. 법원이 피보험자가 음주운전을 했지만 죽으려고 하거나 다치려고 한 것이 아니라면 이는 운전자의 중대한 과실이고, 상법 732조의 2에서 중대한 과실도 보험자의 부책사유로 하고 있으므로 보험금을 주어야 한다는 것입니다. 그러나 과연 이를 중대한 과실로 봐야 하는가? 음주운전이 대형사고의 원인이 되고 있는데, 술을 마시고 운전하다가 생긴 사고를 중대한 과실로 보아 보험금을 주라고 하는 법관들의 판단에 대해서 여러분은 어떻게 생각합니까?

최근에 이른바 조두순 사건에서도 법원은 어린이에 대한 성폭행이 술을 마시고 한 것이기 때문에 우발적이라고 봐서 형량을 감량했다는 보도를 보면서 우리 국민들이 굉장히 분노하고 있는 모습을 보게 됩니다. 여러분들이 술을 마실 때 자신의 이성을 잃도록 마시는 건 하나의 죄악입니다. 우리가 술을 마시고 범죄를 저질렀을 때 '원인에 있어서 자유로운 행위'로 보아, 오히려 그 책임을 더 무겁게 다루는 것이 국가의 법질서를 위해서나 사회 정서적으로도 필요하다는 생각을 합니다.

III. 맺는 말

여하튼 우리 사회가 음주문화에 대해서 너무 관대하게 하는 것은 잘못됐다는 생각을 해보고요. 지금까지 했던 말을 다시 하자면 우리나라는 법치국가로서 법으로 다스려지는 나라입니다. 그리고 국민은 누구든지 법을 지켜야 할 의무가 있습니다. 법이 제대로 안지켜지니까 나도 법을 지킬 필요가 있느냐 이런 생각은 가지지 않도록 해야 합니다. 우리는 나 하나만이라도 이웃을 배려하면서 법질서를 지키고, 바르게 살겠다는 자세를 간직하는 것이 필요합니다.

오늘날 가정윤리가 파괴되고 각종 범죄가 늘어나고 있는 현상들이 있고, 부모에 대한 존경심을 버리고 패륜적인 행패를 부리는 일도 가끔 드러나기도 합니다. 그러나 우리는 우리에게 주어진 이성과 양심을 살려서 올바른 판단을 하고, 그것에 거슬리는 일은 하지 않겠다는 심성을 여러분들이 학생 때부터 길러주기를 바랍니다. 사실 인간은 누구나 잘못을 저지를 수 있습니다. 저는 어려서부터 가톨릭 신자입니다만 제가 잘못을 하면 고해성사를 보고 그리고 다시는 하지 않겠다고 다짐을 하지만 또 다시 잘못을 저지르고, 이것이 인간입니다. 그러나 우리가 끊임없이 성찰을 하고 바르게 살고자 노력하면 떳떳한 삶을 누릴 수 있습니다.

요한복음에서 보면 그 빛이 어둠 속에 비치고 있다. 그러나 어둠이 빛을 이겨 본 적이 없다.(1:5)고 합니다. 지금 우리 사회가 어둠이 행세를 하는 것 같지만 반드시 그러한 것은 아니라는 것입니다. 일시적으로 권력을 남용한다거나 또는 잘못된 행태로 인해서 우리에게 많은 상처를 주고 있다고 하더라고 장기적으로 보면 그것은 언젠가는 바로잡아질 수 있다는 신념을 가지고 살아야 합니다. 특히 법을 공부하는 사람들이 법은 하나의 'symbol of justice'이고 사회를 평화롭게 유지하는 잣대가 되는 것이라는 믿음을 가져야 합니다. 그래서 법을 지키고 윤리의식을 가지고 사회를 아름답게 가꾸는 데 일조를 하겠다는 생각을 여러분들이 해 줬으면 고맙겠습니다. 우리 사회는 그래도 지난날보다는 많은 진보와 개선이 이루어지고 있습니다. 희망을 간직하고 떳떳한 삶을 살도록 합시다. 감사합니다.

Q & A

Q : 용산참사 1심 재판이 있었는데, 거기에 대해 어떻게 생각하는지?

A : 저는 거기에서 나오고 있는 것처럼 화염병을 던지고 하는 것에 원인을 제공했다고 하면 그에 대해 책임을 묻는다고 하는 것은 옳

다고 생각합니다. 저는 현장에 가본 적도 없고 직접 참여하지 못했기 때문에 잘 알지는 못하지만, 경찰의 초동 과잉진압작전이 상당히 무리가 따랐던 것이 아닌가 하는 생각을 합니다. 그렇기 때문에 그 재판에서 문제가 되고 있는 것이 가령 3000쪽의 조서기록을 공개해 달라고 피고쪽에서 요구하고 있는 데도 검찰이 이를 밝히지 않는 것을 보면서 이 재판이 과연 공정하게 이루어졌는지 의문이고, 서글프다는 생각을 합니다.

Q : **그럼 판결이 잘못됐다고 생각하시는 겁니까?**
A : 아니 판결이 잘못됐다고 하기에는 구체적인 사실관계에 대해서 확실히 파악하고 있지 못하기 때문에 내가 판결의 잘잘못을 언급할 수 있는 위치가 아니고, 다만, 그 정황이라든가 이러한 것을 볼 때 일방적인 책임을 그 사람들한테만 지우기는 좀 어렵다는 것입니다. 그리고 떼쓰면 된다고 하는 그런 것은 막아야 된다고 생각합니다. 어떻든 우리가 무엇이 옳고 그르냐는 판단기준에 따라야 하고, 저는 불의와 타협하는 것은 절대로 안 된다고 생각합니다. 나도 그렇게 하면 훨씬 편하고 좋겠지만, 그것이 옳지 않다고 생각하면 어떤 욕을 먹더라고 희생을 감수할 생각을 해야 되지 않겠는가. 적어도 공직자들은 그런 생각을 가져야 한다고 생각합니다. 사실 그것이 제대로 이루어지지 않고 있기 때문에 우리나라의 공직 비리라든지 이런 것들이 제대로 척결이 되지 않고 있다고 봅니다.

Q : **올바르게 이루어지지 않은 재판의 결과에 대해서 그리고 저는 지금 과대하게 사법권이 팽창이 되어있다고 생각하는데, 그것에 대해 적절한 견제가 없어서 조두순 사건에 대해 그런 재판결과가 나왔다고 생각하는데, 그것에 대해 어떻게 생각하십니까?**
A : 사실 지금 법원이나 검찰의 신뢰가 상당히 무너졌다고 하는데 대해서는 저도 이론이 없습니다. 그러나 올바른 재판이 아니라고

하더라도 일단 재판의 결과에 대해서는 따르면서 법적인 절차에 의해 재심을 청구하거나 하는 것이 필요하다고 생각합니다. 그래서 학자들은 판례평석이라든지 하는 것을 통해서 "법원이 잘못 판결을 한 것이다"라고 하는 주장을 하고, 그러면서 앞으로 바른 방향으로 시정하도록 노력하는 것이 필요하겠죠. 그리고 법조 윤리라든지 이런 것이 상당히 강조되어야 한다고 생각합니다. 그런데 우리나라에서 윤리문제를 가지고 나오면 굉장히 고리타분한 사람이라는 생각을 합니다. 그러나 인간은 윤리문제를 떠나면 금수보다 나을 것이 없습니다. 그래서 한 사람 한 사람이 정직하고 올바르게 산다고 하는 것 그것이 굉장히 중요합니다. 도산 안창호가 꿈에라도 거짓말을 하거든 참회하라고 했습니다. 우리가 정직하지 않으면 우리 사회는 안됩니다. 그래서 저는 사실 어디 가서든 정직하고 도덕성이 회복되지 않으면 이 나라는 미래가 어둡다는 생각을 하고, 우리 후손들을 위해서도 도덕성의 회복을 위해 나서지 않으면 안 되겠다는 생각을 하고 있는 것입니다.

Q : 미디어 법 판결에 대해 어떻게 생각하십니까?

A : 제가 명동에 나갔을 때 미디어법 반대에 서명을 해 달라고 젊은 사람이 부탁을 했습니다. 그래서 저는 그것이 당연히 무효가 될 텐데 서명할 필요가 있는가? 헌재의 결정을 지켜보자고 서명을 안 하고 왔습니다. 그 당시 언론보도를 보면서 저건 법학도로서 볼 때 완전히 무효라는 생각을 했습니다. 지금 신문법에 대한 것만 위법하다고 해서 무효결정이 난 것 같은데 전체가 어떻게 되는지 모르겠습니다. 아마 그 페이스대로 가지 않겠나 하는 생각을 합니다. 여하튼 적법절차는 민주주의 국가의 입법과정에서 굉장히 중요하게 여겨야 합니다. 물론 의사진행을 방해하는 것도 문제지만 그런 문제들에 대해 좀 성숙한 노력을 해야 하고, 아무리 다수라고 하더라고 소수의 의견을 무시하는 것은 안 된다고 생각합니다. 우리는 어떤

일을 처리하든지 신중하고 여유를 가지고, 그리고 우리의 이성과 양심에 따라서 모든 판단을 하면서 학생 때부터 자기의 행동 하나 하나를 이끄는 것이 앞으로 미래를 위해서도 좋을 것입니다.

(주: 이 강의가 끝난 후에 헌법재판소는 미디어법에 대하여 절차는 위법하지만 그 법의 효력을 그대로 인정한다는 결정을 내렸다는 말을 듣고 황당하다는 생각을 하였음을 밝혀 둡니다)

〈강의일자 2009.10.29. 국민대 법학특강 제1집 2010.3. 129쪽 이하〉

권위주의 시대, 인권관련 재판사례

I. 법의 관념

법률가들은 법학교육을 받으면서 "사회 있는 곳에 법이 있다."(ubi societas, ibi jus) "하늘이 무너져도 정의를 세워라."(Fiat justitia, ruat coelum)라는 법언을 듣고 있고, 정의를 세우는데 이바지하겠다고 다짐한 사람들이 대부분이다. 그럼에도 불구하고 과거 권위주의시대에는 법률가들이 권력의 시녀로서 자신들의 안일이나 출세를 위하여 법을 왜곡하고 인권을 짓밟는 재판에 몸을 맡겨 오욕을 남겼음은 심히 부끄러운 일이다.

법은 인간이 사회생활에서 지키고 따라야 할 최소한의 규범이고, 그 법이 존중되고 잘 지켜지는 사회는 정의롭고 질서가 바로 서고 평화가 깃들게 된다. 그리하여 법은 사회의 평화로운 질서를 위하여 사람들이 지켜야 할 규범이고 정의의 척도라 할 수 있다. 로마시대의 울피아누스가 "법의 원리는 정직하게 살고, 남에게 해를 끼치지 않고, 각 사람에게 그의 몫을 주는 것이다"(學說類集 Digesta 1권 1장 제10법문)라고 정의한다.

토마스 아퀴나스는 "공동선에로 질서 지우는 것이 법의 근거이고,

따라서 법은 공동선을 위한 이성의 명령이다"라고 정의하고 있다. 그리하여 이성의 명령에 어긋나는 실정법은 자연법과 일치하지 않고 법이 아니라 법의 타락이다. 따라서 이러한 법은 법으로서의 효력이 없고, 이를 강요하는 것은 폭력이라고 가르친다.

II. 인간의 권리와 인권유린

사람은 영혼과 육신이 결합되어 이성과 양심을 지니고 있는 사회적 존재이다. 성경은 "하느님께서 당신의 모습으로 사람을 창조하셨다."(창세 1,27)고 하여 인간의 존엄과 가치의 근원은 바로 하느님으로부터 오는 것임을 보여주고 있다. 즉, 인간은 지성과 자유의지를 갖고 있고, 인간 본성에서 직접적으로 나오는 권리와 의무를 지닌 주체이다. 따라서 인간의 권리와 의무는 보편적이며, 불가침적이고, 양보할 수 없는 것이다(요안 23세 지상의 평화 8-9항).

헌법 제12조는 '신체의 자유와 자백의 증거능력을 규정하여 제2항은 "모든 국민은 고문을 받지 아니하며 형사상 자기에게 불리한 진술을 강요당하지 아니한다." 그리고 제7항은 "피고인의 자백이 고문, 폭행, 협박, 구속의 부당한 장기화 또는 기망 기타의 방법에 의하여 자의로 진술된 것이 아니라고 인정될 때 또는 정식재판에 있어서 피고인의 자백이 유일한 증거일 때에는 이를 유죄의 증거로 삼거나 이를 이유로 처벌할 수 없다."라고 규정하고 있다. 형사소송법 제309조와 제310조는 헌법 제12조 제7항의 규정을 그대로 옮겨놓고 있다.

헌법 제103조는 "법관은 헌법과 법률에 의하여 그 양심에 따라 독립하여 심판한다."라고 규정하여 법관의 독립성을 강조하고 있다. 그러므로 법관이 헌법이나 법률의 규정을 어기고, 자신의 양심에 어긋나는 재판으로 피고에게 유죄선고를 하는 것은 중대한 범죄행위이다. 특히 법관이 피고가 인권을 유린당하여 고문이나 가혹행위 또는 증거의 조작 등으로 허위자백을 한 사실을 알면서 그 피고에게 유죄선고를 내리는 것은 인권침해행위이다. 이러한 위법부당한 재판으로 피고의 인권을 침해하고 유린한 법관이나 검찰에 대하여 우리는 어떻게 대응하는 것이 옳을까?

III. 인권침해재판사례

1. 사법부의 고뇌와 유신독재

1948년 헌법이 제정되고, 민주공화국으로 출범한 우리나라에서 사법권은 법관으로 구성된 법원에 속하고(헌법 101조 1항), 법관은 독립하여 재판업무를 맡아 다스린다(헌법 103조). 법원은 적어도 그 재판과정에서는 그 누구의 간섭을 받지 않고 독립하여 헌법과 법률에 의하여 법관의 양심에 따라 재판을 하게 된다.

우리나라 사법부는 미군정을 거쳐 이승만 정권에서부터 군사정권에 이르기까지 끊임없이 권력의 간섭을 받았고, 사법파동 등을 겪으면서 일부 법관들에 의한 법원의 독립을 위한 몸부림이 이어져 왔다.

1952년 서민호 의원사건에서 5월 19일 안윤출 부장판사는 신변의 위협을 무릅쓰고 서의원의 석방을 결정했고, 1955년 12월에는 최석채 주필에 대한 국가보안법위반 사건에 대하여 무죄를 선고하고, 1958년 7월 2일 진보당사건의 1심판결에서 조봉암 피고인에게 간첩죄 부문에서 무죄를 선고했다. 이것은 사법부의 독립과 법관의 양심이 살아있음을 보여 주는 것이다. 그러나 그 후 조봉암은 고법과 대법원에서 간첩죄가 인정되어 사형이 선고되었고, 이승만 정권은 1959년 7월 31일 그의 사형을 집행했다. 이로 말미암아 사법부는 조봉암의 사형에 대하여 공동정범이 된 것이다(한겨레 기획연재 한홍구 교수가 쓰는 "사법부-회한과 오욕의 역사"에서 인용).

박정희의 5·16 군사쿠데타로 들어선 군사정권에서는 사법부에 대한 압박이 더욱 심화되었고, 특히 1972년 10월 17일 유신정권이 들어서면서 그 강도는 더 높아졌다.

박정희는 1972년 유신헌법으로 민주체제를 짓밟고, 1973년 8월 8일 일본에서 김대중 전대통령을 백주에 납치하여 왔다. 그러나 10월 2일 서울문리대의 학생데모를 시발로 시위가 전국적으로 확산되었다. 게다가 11월 12일에는 기독교방송 기자들의 언론자유수호결의문채택에 이어 동아일보기자들이 언론자유수호선언을 발표하고, 한국, 조선, 중앙일보로 번져갔다. 그리고 함석헌, 장준하, 천관우, 계훈제, 백기완 등을 중심으로 개헌청원 100만인 서명운동이 시작되었고, 1974년 1월 7일에는 이희승, 이헌구, 김광섭, 안수길, 이호철, 백낙청 등 문인과 지식인 61명이 개헌서명에 동참한다는 성명이 발표되었다.

이에 놀란 박정희는 1974년 1월 8일 긴급조치 1호를 발령하여 유신헌법을 부정, 반대, 비방 또는 개정이나 폐지의 주장을 금지하고 이에 위반한 자나 긴급조치를 비방하는 사람은 법관의 영장없이 체포·구속하여 비상군법회의에서 재판하여 처벌한다는 내용과 제2호에서는 긴급조치위반자의 심판을 위하여 비상보통군법회의와 비상고등군법회의를 설치한다고 규정하였다(위 한홍구 교수의 글에서 따옴). 그 후에도 박정희는 긴급조치 9호까지 발동하여 폭력정치를 일삼았지만 1979년 10월 26일 당시 김재규 정보부장의 총에 맞아 쓰러지는 비운을 맞이했음을 먼저 상기할 필요가 있다.

이른바 권위주의정권하에서 검찰이나 법원이 피의자에 대한 고문 등 가혹행위로서 허위자백을 받아 잘못된 재판으로 인권을 유린한 예들이 많으나, 여기서는 인혁당 재건위사건에 대해서만 간단히 살펴보기로 한다.

2. 인혁당 재건위사건

박정희는 1974년 4월 3일 민청학련이라는 불법단체가 반국가적 불순세력의 배후 조종 아래 '인민혁명'을 획책하고 있다고 주장하고, 4월 25일에는 중앙정보부장 신직수는 민청학련의 배후로 이른바 인민혁명당 조직이 있고, 인혁당관련자들을 구속·수사하고 있다고 발표했다. 그 후 여정남 등 관련 당사자들은 군법회의에 회부되어 사형 등 중형이 선고되었고, 이를 대법원에 상고하였다.

1974년에 지학순 주교가 민청년 사건에 연루된 사건으로 비상보통군법회의에서 유죄판결을 받고 낸 항소이유에서 보면, '본인이 항소를 제기한 것은 주어진 판결의 감형을 구걸하기 위해서가 아니라 독제권력의 직접적인 하수기관인 비상군법회의의 법이라는 이름을 빌린 폭력을 스스로 확인하기 위함이며'라고 밝히고 있다. 이것은 당시 군법회의가 얼마나 비정상적으로 운영되었는가를 보여 주는 것이다.

이러한 상황에서 1974년 당시 이른바 '인혁당 재건위원회 사건이라는 것이 조작되었다.'는 많은 논의들이 제기되었고, 심지어는 비상군법회의에서 사건관련자들의 조서가 변조되었다는 담당변호사들의 항변도 있었으나, 1975년 4월 8일에 대법원이 피고들의 상고를 기각했다.

Ⅳ. 맺는 말

박정희 정권은 대법원이 상고를 기각하여 사형이 확정된 피고 8명에 대하여 그 다음 날 새벽에 사형을 집행했다. 이것은 우리나라의 재판살인의 전형적인 예에 속한다고 말할 수 있고, 이 경우 단순히 당시 독재자인 박정희의 책임으로만 돌릴 수 있겠는가? 그 사건을 조작한 수사관은 물론 군법회의에 관여한 검찰이나 재판관 그리고 그런 정황을 알면서 대법원에서 원심을 확정한 당시 민복기 대법원장을 비롯하여 그 재판에 참여한 대법관들도 마찬가지로 반인륜범죄를 저질렀다고 보아 그에 대한 책임을 물어야 하는 것이 이러한 사건의 재발을 방지하고 또한 사회정의를 실현하는 것이 될 것이다.

1987년 5월 박종철군 고문치사사건이 폭로된 후 고문에 가담한 경찰에 대하여 책임을 물은 것과 마찬가지로, 고문 등 가혹행위로 조작된 사건의 내용을 알고 있거나 의심이 가는 경우에도 이를 묵살하고 그대로 재판을 진행하여 피고에게 유죄를 선고한 법관에 대해서도 그에 상응하는 민형사상의 책임을 물어야 하는 것이 마땅할 것이다.

여기서 주목해야 할 것은 이러한 인권침해사실은 2, 30년 전에 이루어져 그 법관에 대한 형사책임은 공소시효가 지나 처벌할 수 없다고 할 것이나, 1970년에 발효된 "전쟁범죄 및 반인륜범죄의 공소시효 부적용에 관한 조약"에 따라 반인륜범죄에 대하여는 끝까지 형사책임을 묻도록 촉구하는 것이 필요하다는 점을 강조하고 싶다.

권위주의 정권이 무너지고 민주화가 회복된 후 인혁당 사건을 비롯하여 국가보안법에 의하여 국가가 불법적으로 가혹행위를 저질렀다는 많은 사건들이 재심절차를 통하여 무죄 또는 면소판결이 선고되고, 국가가 그에 대하여 막대한 배상책임을 지고 있음은 참으로 부끄러운 일이다. 국가는 누구의 돈으로 그 배상책임을 이행하는가? 그 돈은 국민들이 낸 세금으로 주는 것이고, 국가의 책임은 바로 국민들이 공동으로 책임을 떠맡는 것이라 할 수 있다. 그런데 잘못 기소하고 잘못 재판한 검사나 판사는 그 원인을 제공한 사람들인데, 그들은 아무런 책임이 없는가? 저는 개인적으로 그런 경우에 그것이 잘못된 줄 알면서도 그대로 재판에 관여한 자들에게도 책임을 물어야 한다고 생각한다.

우리 사회가 법과 양심을 속이고 자신의 안일과 출세를 위하여 권력의 시녀가 되고 부당한 방법으로 출세(?)한 사람들을 국가의 원로니 사회명사니 하고 대우하는 것이 과연 옳은가에 대해서 우리는 깊이 생각해 볼 필요가 있다.

〈사회정의시민행동 모임, 2010.10〉

언론의 정도를 벗어난 여론몰이

언론은 사회의 목탁이고 공동선을 지향해야 한다. 그러나 표현의 자유가 위축되고, 언론의 균형감과 공정성이 실종되어 이명박 정부가 들어선 후 한국 민주주의를 20여 년 전으로 후퇴시켰다는 평가가 나오고 있음은 서글프다. 일부 언론이 국민의 진의와 동떨어진 여론왜곡을 시도하고, 정부정책을 대변하는 여론몰이의 전위대로 비치고 있음은 특히 우려스럽다.

천안함 침몰은 남북관계는 물론 동북아 정세에 심각한 파장을 예고한 사건이었다. 언론은 당국의 조사를 지켜보면서 다양한 가능성을 짚어가며 차분히 실체적 진실을 추적해야 했다. 그러나 일부 보수 언론은 침몰한 선체의 인양 전에, '북한의 공격'을 성급히 전제했고, 평화적 해법을 고민하기보다는 긴장을 고조시키는 대북 강경책을 선동하면서, 지방선거와 연계시키려고 안간힘을 쏟는 것으로 보였다. 정부가 지방선거 직전에 서둘러 조사결과를 발표할 때도 조사과정과 발표내용의 허점을 짚어보는 언론은 소수였다. 최근에 해외과학자와 러시아 조사단 등이 잇달아 문제제기를 하는 현상은, 한국 언론이 얼마나 경솔했고 기본 역할에 소홀했는지를 환기시키고 있다.

6·2 지방선거는 보수 언론의 보도경향과는 아주 다른 양상으로 나타나 민심은 천심임을 입증했다. 여론조사의 객관성에도 심각한 문제가 있었음이 드러났고, 언론이 자기 입맛이나 특정 정파의 의

도에 부응하는 자료를 취사선택해 여론을 호도하는 잘못된 구습을 경고하고 있다.

이 정부 출범 때부터 논란이 됐던 4대강 사업에 대한 언론의 편파적 보도는 직무유기에 가깝다. 학계와 시민단체 등 전문가 집단은 물론 많은 국민이 '대운하 사업의 우회돌파'로 여기고 있고, 사업의 부작용, 졸속추진과 절차의 비민주성에 대해 분개하고 있다. 최근에는 가톨릭, 불교, 개신교 등 종교 성직자들까지 이 사업의 중단을 요구하고 나섰다. 하지만 종교인마저 세속의 거리로 나서야 하는 엄중함을 비중 있게 다루고 있는 언론은 많지 않다. 정부가 속도전으로 밀어붙인 사업의 진척이나 매몰비용과 긍정적 효과만 강조하는, 한쪽 눈을 감아버린 언론만 눈에 띌 뿐이다.

최근 몇 가지 사례만 보아도 한국 언론에서 공익(公益)과 객관성의 관점에서 세상을 바라보는 시선은 찾기 어렵다. 이는 언론기관 장악을 시도하고 있는 정부의 퇴행적 행태에 일차적 책임을 물을 수도 있다. 그러나 종합편성채널사업자 선정 등을 놓고 사익(社益)을 중시한 보수 언론이 '정부 기관지'를 자임한 측면도 무시할 수 없다. 사세확장을 위해, 정치적 영향력 증대를 위해 편파적 여론몰이에 스스럼없이 나선 언론은 정론직필(正論直筆)의 자리로 빨리 복귀해야 한다.

언론이 견제기능을 포기하면 정치, 사회는 부패하고 공직윤리관실의 불법민간인사찰과 같은 부정이 얼룩져 재앙을 불러오고, 애써 가꿔온 민주주의는 위태로워진다. 우리는 시대의 징표를 올바로 깨닫고 언제나 깨어 있어야 한다.

〈기쁨과 희망 후원회소식지 2010.8.1. 제166호〉

위탁과 참여
총선, 대선을 앞둔 국민의 다짐

I. 들어가면서

일제의 강점에서 벗어난 1945년에 우리는 남북분단이란 씻을 수 없는 상처를 입고, 67년째 민족의 분열로 고난을 이어오고 있다. 1948년의 헌법으로 남한은 민주공화국으로 출범하였으나, 북한은 공산당 일당독재체제를 구축하여 1950년 6·25 전쟁으로 민족의 참화를 겪었다. 남북의 대치상황이 하루 속히 종식되어 평화통일이 이루어지기를 기원한다.

민주국가는 링컨의 말대로 국민에 의한 국민을 위한 국민의 정부가 다스리는 나라이다. 권력의 기반이 바로 국민에게 있고, 국민이 선택한 정치지도자들은 그 국민의 뜻을 받들어 공동선을 실현하는 데 앞장서야 한다.

그러나 불행히도 이 나라의 정치권력은 극도로 타락하여 역대 대통령이 직접적이든 간접적이든 부정부패에 물들지 않은 자가 거의 없고, 거짓과 위선이 춤춰 사회윤리는 바닥을 헤매고 있다. 최근에는 또 권력 주변의 비리는 물론, 각종 범죄에 학교폭력까지 기승을 부려 자살하는 어린이가 우리 가슴을 저미고, 미성년자에게 성폭행을 저지르는 등 끔찍한 죄악상이 늘어나고 있다. 이 얼마나 부끄럽고 참담한 모습인가?

이는 일제에 빌붙어 민족을 배반한 자들을 청산하지 못하고, 민족정기를 바로 세우지 못한 데서 온 것이다. 수단과 방법을 가리지 않고 제몫을 챙기는 자들이 거짓을 꾸미고 국민을 속이는 거짓 예언자(묵시 19:20)를 가려내지 못하고, 돈에 팔리고 지연, 혈연, 학연 등에 얽매여 끌려다닌 우리의 잘못도 한몫 하고 있다.

올해 임진년은 1592년 임진왜란으로 풍전등화(風前燈火) 같은 위기를 겪으면서 고초를 겪은 조상들을 기억하면서, 총선과 대선을 치루어야 하는 중요한 해이다. 오늘 우리는 남북이 갈라져 반세기를 훨씬 넘도록 적대관계로 대치하여 서로 교류도 제대로 못하는 쓰라림을 안고 산다. 이러한 속에서도 각종 비리에 연루된 자들이 남북갈등을 부추기고, 국민을 속이면서 제 밥그릇 챙기는데 정신이 팔려 거짓 혀를 놀리고 있음을 깨달아야 한다.

5·16 쿠데타로 정권을 잡은 박정희와 전두환 군사정권에서 갖가지 핍박과 혹독한 고문을 겪으면서도, 이에 굴하지 않고 인간의 존엄과 가치를 살리는 민주화 운동에 헌신한 '민주화운동의 대부'라고 불리는 고 김근태 고문(2011.12.30. 타계)이 그의 블로그에 마지막으로 남긴 말을 생각해 보자.

> "2012년을 점령하라! …… 운 좋게 내년 2012년에 두 번의 기회가 있다. 최선을 다해 참여하자. 오로지 참여하는 사람들만이 권력을 만들고, 그렇게 만들어진 권력이 세상의 방향을 정할 것이다."

이 말을 깊이 음미하면서 우리는 2012년 선거의 해에 민주국가의 시민으로서, '위탁과 참여'를 위한 가장 중요한 주권행사인 총선과 대선에 적극 참여하여 거짓과 사기치는 정상배를 물리치고, 국민을 섬기고 받드는 참된 일꾼을 뽑아 이제는 바로 된 나라를 이끌어야

겠다는 다짐을 하여야 하지 않겠는가?

II. 정치권력의 부패와 사회윤리의 타락

"주님, 저희의 임금들과 고관들과 조상들을 비롯하여 저희는 모두 얼굴에 부끄러움만 가득합니다. 저희가 당신께 죄를 지었기 때문입니다."(다니 9:8) 다니엘 예언서의 이 말씀은 우리에게도 그대로 들어맞는다. 참으로 부끄러운 세상에서 부끄러운 사람들이 죄를 짓고도 뻔뻔스럽게 설치고 있는 모습이 우리를 짓누른다.

1. 이승만과 박정희의 독재권력

정치권력은 공동선의 실현을 목표로 한다. 그러나 우리나라의 역대 정권은 권력의 남용과 부패로 얼룩졌다. 이승만은 제헌국회의장을 지내고 국회의 선출로 1948년 초대대통령으로 당선되었고, 6·25 전쟁 중인 1952년에 부산항도에서 비상계엄령을 선포하고 강압적으로 대통령직선제개헌을 감행하여 대통령 자리를 지켰다. 1954년에는 이른바 사사오입(四捨五入)개헌으로 종신대통령을 꿈꾸었다. 그러나 그는 1960년 3·15 부정선거로 말미암아 4·19. 학생의거로 쫓겨났다.

민주당의 장면 정권은 민주화로 인한 사회적 혼란을 채 수습하기 전에 1961.5.16. 박정희 군사쿠데타로 막을 내리고, 4대 의혹사건 등 갖가지 부정을 안고 출범한 박정희 정권은 정경유착으로 사회적 부패를 양산하고, 그 실세의 한 사람인 이후락이 떡고물을 챙겼다고 실토했으나, 아직도 떡을 챙긴 자는 밝혀지지 않고 있다.

박정희는 1969년의 변칙적인 3선개헌으로 1971년에 치른 대통령 선거를 공포분위기에서 치러 억지로 대통령에 당선되었으나, 1972년의 유신정변으로 명목상 이어온 민주헌정질서마저 무너뜨려 대통령직선제를 없애고 이른바 체육관 선거로 대통령자리를 차지했다. 그는 경제개발을 내세워 어느 정도 가난을 극복하고, 경제성장의 터전을 마련하는데 기여했으나, 인권을 탄압하여 인간의 존엄성을 무시하고 도덕적 가치를 손상하고, 언론을 통제하면서 긴급조치라는 폭력적 수단으로 권력을 유지했다.

1974년 당시 이른바 '인혁당재건위원회 사건이 조작되었다'는 논의들이 제기되었지만 군법회의는 이들에게 사형선고를 내렸다. 대법원은 1975.4.8.에 이들의 상고를 기각하였고, 박정희는 그 다음날 새벽에 관련자 8명에 대한 사형을 집행했다. 이것은 우리나라 재판살인의 전형적인 예에 속하고, 반인륜적 범죄를 감행한 것이다. 그리고 1979.10.26. 박정희는 어린 가수들과 어울린 술판에서 당시 정보부장의 총에 맞아 비참한 죽음을 맞이했다. 이러한 박정희를 경제를 살렸다는 이유로 미화할 수 있는지 의문이고, 이는 오히려 우리 민족을 한없이 초라하게 만드는 처사라고 생각한다.

2. 전두환 정권과 대통령직선제 개헌

박정희 사망 후 사회적 혼란을 틈타 12·12 군사반란으로 주도권을 잡은 신군부는 이른바 5·18 광주민주항쟁을 무참히 짓밟고, 1980. 10.22. 국민투표로 제5공화국 헌법을 확정한 다음 선거인단에 의하여 전두환을 7년 단임의 대통령으로 선출했다. 전두환 정권도 폭압정치를 일삼아 부천서의 성고문, 김근태에 대한 고문, 박종철의 고문치사사건 등이 연거푸 일어났고, 장영자 사건을 비롯한 사회적 부패현상이 속출하여 국민의 저항에 부딪쳤다. 이에 1987년 6·10 항쟁을 기점으로 노태우의 이른바 6·29 선언으로 자유화의 길이 열리고, 1987.10.29. 대통령직선제를 받아들인 현행헌법이 개정공포됨으로써 민주헌법의 틀을 되찾게 되었다.

이에 따라 민주질서는 어느 정도 회복되었으나, 민주화운동을 이끈 정치지도자인 김영삼, 김대중이 민주당과 평민당으로 갈라져

1987년 12월 대선에서 12·12 군사반란의 주역인 노태우가 대통령으로 당선되었다. 이로써 권위주의적 정권의 탈을 조금은 벗어났으나 민주화의 길은 그리 순탄하지 못했다. 이런 가운데 민주당, 공화당, 민정당 3당이 합당하여 1992년 12월의 대선에서 김영삼이 대통령으로 당선되어 이른바 문민정부를 탄생시켰다.

3. 문민정부 이후

김영삼은 우여곡절 끝에 5·18 특별법을 제정하여 12·12 군사반란과 5·18 광주사태에 대한 책임을 물어 전두환, 노태우를 구속기소함으로써 어느 정도 5공청산의 기틀을 마련하였다. 그리고 전두환과 노태우가 청와대에서 받아들인 엄청난 비자금이 폭로되어 이를 환수하는 조처가 취해졌으나, 박정희의 비리는 전혀 논급되지 않고 그대로 묻어가고 있다.

김영삼은 공직자의 재산등록, 금융실명제 등 개혁정책을 펴기도 했으나, 부속실장의 비리와 그 아들과 측근들의 부정이 드러나면서 도덕성을 잃었고, 1997년 IMF 구제금융에 의존하는 외환위기까지 겹치는 불행을 맞이했다.

1997년의 대선에서 김대중이 당선되어 국민의 정부가 출현했다. 그는 외환위기를 수습하여 이를 극복하고 2000년 남북정상회담을 열어 6·15 공동선언을 성사시켜 남북관계 개선에 이바지했으나, 그 아들들과 측근의 비리로 곤욕을 치렀다.

2002년의 대선에서 노무현이 대통령으로 당선되어 참여정부가 들어서 정치자금의 투명성 등 돈안드는 선거 풍토를 조성하는데 기여했다. 개성공단 진출, 남북교류의 폭을 넓히고 2007년 남북정상의 10·4 선언 등 남북의 긴장관계를 완화시키기도 했으나, 역시 측근의 비리로 얼룩졌다. 2007년의 대선에서 한나라당의 이명박이 당선되어 이른바 민주화 세력들이 퇴조했다. 이는 민주화 세력도 도덕성 회복을 하지 못한 데서 온 것이다.

이명박 정권도 이제 그 임기를 1년 남겨 둔 시점에서 많은 문제점을 노출하고 있다. BBK의혹을 안고도 압도적인 지지로 당선된 이명박 대통령은 내각의 구성에서부터 탐탁하지 않은 모습을 보여주고, 4대강 사업 등 독선적인 국정운영으로 갈등을 심화시켰다. 게다가 남북관계를 경직시키고, 총리실 공직윤리지원관실에서 민간인 불법사찰 등 물의를 빚는가 하면, 언론의 자유가 위축되어 한국 민주주의를 20여년 전으로 후퇴시켰다는 평가가 나오고 있기도 하다. 그리고 친인척을 비롯한 권력 주변의 비리가 터져나오고 있는데, 이는 그 어느 정권보다도 심각하다고 보여진다.

4. 권력의 부패와 사회윤리의 타락

"공정은 뒤로 물러나고, 정의는 멀리 서 있어야 합니다.
정녕 진실은 장터에서 비틀거리고 정직은 들어오지도 못합니다."

(이사 59:14)

진실을 감춰 신뢰를 잃은 역대 정권의 부패상은 바로 사회윤리의 타락과 직결된다. 공동선을 위해서 존재하는 정치공동체가 타락하여 국민을 속이는 현상 속에서 도덕성이 무너져 정치, 경제, 사회, 공직자, 심지어는 교육계까지 부정부패의 늪에 빠져 들었다.

박정희 정권으로부터 정경유착으로 권력형 비리가 있어도 이를 은폐하고, 전두환·노태우 대통령이 청와대에서 기업으로부터 부정한 돈을 받아 챙겼고, 법원의 판결로 확정된 추징금도 제대로 환수하지 못하는 추한 모습을 연출하고 있다.

타락한 정치권력이 고문 등 가혹행위로 죄없는 사람을 처단하고, 그 진실이 밝혀져 무죄가 확인되면 국가는 그 희생자들에게 배상책임을 지게 된다. 이승만이 조봉암을 간첩죄로 몰아 사형을 집행했고, 박정희와 전두환 정권에서도 국가보안법을 남용하여 수많은 사람을 죽이거나 억울한 누명으로 처벌했다. 이로 인하여 국가는 그 많은 피해자와 유족들이 제기한 재심소송에서 무죄가 확정되어 손해배상책임을 지게 되고 그 금액이 얼마나 되는가?

과거사위원회는 법원이 2003년 8월에 처음으로 박정희 정권에 희생된 피해자에게 44억원의 손해배상책임을 인정한 후 계속 이어져 2009.10.26. 당시 1,800억원이 넘었다고 밝혔다고 한다. 2012년 현재는 그 손해배상액은 2,000억원이 훨씬 넘을 것이고, 앞으로도 늘어날 것이다. 그러면 그 돈은 어디에서 나온 것인가? 국가는 바로 국민의 세금으로 손해배상책임을 지고, 그 책임은 고스란히 우리 국민 모두에게 돌아가고 있음을 일깨워야 한다.

진실을 외면하고 수단과 방법을 가리지 않고 한몫 잡으면 된다는 그릇된 이기심에 휘들린 사람들이 행세하도록 방임한 책임은 우리 모두가 질 수밖에 없는지 모른다. 영장이 안나와 군대에 가지 않았다는 사람이 역대 정권에 붙어 총리자리까지 오르고, 갖가지 의혹이 있는 사람들이 장관 등 고위직을 차지하여 군림하는 사회, 이권이 있는 곳에는 뇌물이 오가는 사회에서 돈에 팔려 사기와 도박, 횡령사건이 늘고, 어린 학생들이 학교폭력까지 조직화되었다는 보도는 자못 씁쓸하다.

이러한 국가사회의 부끄러운 모습을 남의 탓으로 돌려 책임을 벗아날 수는 없다. 이제 우리는 민주주의의 원리를 존중하고 법과 원칙이 지켜지는 사회를 이룩해야 한다. 죄를 지은 자에게는 응분의 책임을 묻고, 도덕적 가치와 사회윤리가 존중되는 풍토를 조성하여 우리 후손들에게 아름다운 나라를 물려주도록 다같이 힘을 합쳐야 하지 않겠는가?

III. 총선, 대선과 언론의 책임

1. 총선과 대선의 중요성

우리나라는 민주공화국이다. 헌법 제1조 2항은 "대한민국의 주권은 국민에게 있고, 모든 권력은 국민으로부터 나온다."고 선언하고 있다. 민주국가에서 모든 권력의 주체는 국민이지만 국민이 직접 국정을 맡아 다스릴 수 없으므로 그 대표를 뽑아 일정한 권한을 위탁하는 제도가 바로 선거이다.

국회는 국회의원으로 구성되는 국민의 대표기관으로서 입법권을 행사하고 행정부를 견제하는 역할을 담당한다. 대통령은 국가의 원수이고 국정의 최고책임자이다. 국회의원이나 대통령은 국민의 보통, 평등, 직접, 비밀선거에 의하여 선출되어(헌법 41조 1항, 67조 1항), 맡은 바 국정을 수행하게 된다.

선거는 여러 가지 형태가 있지만 국가적으로 가장 중요한 것은 4년마다 국회의원 전원을 뽑는 총선과 대통령을 선출하는 대선이다. 다시말하면 주권자인 국민이 국회의원과 대통령을 선출하여 그 직무를 위탁하는 행위가 바로 총선과 대선이고, 이는 국민 한 사람 한 사람이 투표에 참여하여 의사결정을 하는 중요한 행위로서 국가의 운명을 좌우하게 된다.

2. 대통령선거제도의 굴곡과 선거문화의 회고

초대 대통령 이승만은 국회에서 간접선거로 뽑혔으나, 1952년의 발췌개헌으로 직선제가 도입되었다. 제2공화국은 내각책임제였고, 5.16 쿠데타로 생겨난 제3공화국은 대통령중심제로 돌아가 대통령 직선제를 채택했다. 그러나 1972년 유신정변으로 이른바 체육관 선거라는 간선제로 돌아가 1980년 제5공화국 헌법까지 이어졌다.

1987년 6월 항쟁을 거쳐 다시 대통령직선제로 돌아와 오늘에 이르고 있다.

1960년 5·16 쿠데타로 헌정질서가 무너지고 유신정변으로 강압정치가 계속되면서도 민주정치의 기본 틀인 국회의원 선거는 그대로 실시되어 관권선거와 금권선거로 얼룩지기도 했다. 그러나 선거가 거듭되면서 국민의 의식이 높아지고 1994년에 선거부정을 방지하고 국민의 자유로운 의사가 반영되는 공정한 선거를 실시하고자 '공정선거및선거부정방지법'이 제정되어 시행되고 있다. 우리는 민주화 과정을 겪으면서 선거문화도 상당히 개선되었으나, 아직도 음성적인 선거자금 등 정치적 부패를 제대로 청산하지 못하고 있다.

우리나라의 헌정사상 가장 공정하고 깨끗한 선거는 1948.5.10. 실시한 제헌국회의원선거로 알려져 있다. 이승만 정권에서는 관권선거로 얼룩졌고, 1956년에는 박재표 순경의 폭로로 드러난 이른바 정읍의 환표사건이 그것을 드러내고 있다. 1960년의 3·15 부정선거가 4·19 혁명의 기폭제가 되었음은 선거부정이 얼마나 심했는가를 보여 준다.

4·19 이후 민주당 정부를 출범시킨 제2공화국에서는 자유선거가 실시된 것으로 본다. 그러나 박정희 군사정권하에서는 관권·금권선거가 더욱 심화되었고, 폭력까지 동원되어 공포분위기가 조성되었다. 특히 일부 군영내에서는 공개투표가 자행되었다는 언론 보도도 잇따라 자유선거는 한낱 구호에 지나지 않았다. 이러한 속에서도 참된 민주화를 열망하는 많은 국민들이 공명선거를 부르짖고 저항하여 정당성이 없는 군사정권은 크게 위협을 느꼈다. 이에 유신정변 이후 박정희와 전두환이 국회의원의 3분의 1을 지명하여 선출하도록 하였고, 이는 참으로 희화적이다.

1987년 6·10 항쟁 이후 실시된 14대 국회의원선거에서도 연기군수 한준수가 관권선거사실을 폭로하였고, 이로 인하여 그 후의 선거풍토는 차츰 나아진 것으로 보인다. 그러나 2002년의 대선에서 불법적인 대선자금의 문제가 불거지고, 한나라당 등 당대표 선출에서 돈봉투 파동이 일고 있는 것은 돈으로 표심을 사려는 행태가 사라지지 않고 있음을 나타낸다. 특히 2011년 10월에 실시된 서울시장 보선에서 한나라당 의원 비서들이 선관위와 박원순 후보의 컴퓨터에 이른바 디도스(DDoS) 공격을 가해서 투표를 방해하려 한 사건은 선거의 공정성을 해치려는 음모가 끊임없이 전개되고 있음을 보여준다.

3. 총선, 대선과 언론의 공정성

국민들은 자신들이 자유롭게 선출한 대표들에게 주권의 행사를 위임하지만, 통치임무를 맡은 이들의 활동을 평가하고 그들이 충분히 역할을 수행하지 못할 경우 바꿈으로써 이러한 주권을 주장할 수 있는 특권은 보존된다(간추린 사회교리 395항). 주권자인 국민이 정치에 참여하여 정치인들의 잘잘못을 가려 심판하고, 앞으로 그 임기 동안 나라살림을 맡아 국민을 섬길 국회의원과 대통령을 뽑아 위탁하는 주권행사가 총선과 대선이다.

공직선거법은 선거 때마다 각 선관위에 부정선거감시단을 두고(10조의 2) 선거에서 금품이나 향응 제공자에 대한 처벌을 강화하고, 그 고발자에게 50배의 포상금의 지급 등이 공표되어 공정한 선거풍토가 어느 정도 자리잡히고 있으나, 무엇보다도 선거에 임하는 정당, 후보자들이 선거법을 준수하고 공정경쟁의무를 다짐하고, 언론기관의 공정보도의무가 지켜져야 한다(공선법 7조, 8조).

언론의 공정보도는 무엇보다도 긴요하다. 이명박 정권이 들어서 표현의 자유가 위축되고, 특히 보수언론의 균형감과 공정성이 실종되었다는 비판은 주목할 필요가 있다. 이러한 상황에서 정부는 인터넷을 통해서 번져가는 트위터, 페이스북 등 SNS를 규제하고자 시도했다. 그러나 공직선거법상 선거운동규제대상에 SNS를 포함하는 것은 위헌이라는 헌법재판소의 결정에 따라 그 족쇄가 풀렸다.

최근 KBS, MBC 두 공영방송의 보도책임자에 대한 노조 또는 기자회의 불신임투표가 압도적으로 성사되었다고 한다. 그 이유는 편파・불공정방송이다. 역사는 정말 되풀이되는가? 과거 군사정권에서 경험하던 불공정보도가 21세기에 와서 다시 거론되는 것은 정부에 대한 불신을 가중시킬 뿐이다.

정부는 이제라도 손바닥으로 하늘을 가리려는 어리석은 짓을 중단하고, 신문, 방송은 물론 인터넷 매체를 통해서 공정하고 정확한 정보를 제공하여 유권자들이 올바른 판단을 하도록 이끌어야 한다. 정부가 언론을 규제하기보다는 도덕성을 회복하여 공동선을 실현하는 것이 그 소임이다. 그리고 언론이 언론사의 이익을 앞세워 국민의 진의와 동떨어진 여론왜곡을 시도하고, 여론몰이를 하는 것은 본연의 책무를 저버리는 파렴치한 짓이다. 사회적 목탁으로서 언론은 어떠한 역경에서도 공정하고 신속한 보도를 추구해야 한다.

IV. 위탁과 참여에 대한 국민의 다짐

해방 이후 우리나라의 정치사회는 남북분단으로 인한 이념적 대립으로 긴장관계를 이용하여 정권담당자들이 정치권력을 남용하고 파행적으로 치달아 법치주의의 원리를 살리지 못하였을 뿐 아니라 부패구조를 심화시켜 왔다. 그리하여 우리 헌정사에서 민주공화국으로 선포하고 있는 헌법을 그대로 유지하고 있으면서 우리는 공동선에 입각한 정치의 모습을 한번도 경험하지 못한 서글픔을 간직하고 있다.

이것은 정치권에도 그 책임이 있으나 주권행사를 하는 국민이 올바른 선거를 하지 못한 데에 근본적인 원인이 있다. 정치권력이 폭압정치를 계속하고 각종 비리를 저질러도 자신의 영달을 위하여 그 권력에 빌붙어 아첨하고, 게다가 민주화를 부르짖고 비리를 고발하는 사람들에게 색깔을 덧씌워 추태를 부리는 자들이 행세하고 있다. 그리고 유권자가 비리의혹이 있는 후보까지도 경제만 살리면 된다는 논리로 지역적 감정이나 혈연, 지연 등을 내세워 선출하는 행태에서는 올바른 정치문화를 기대할 수 없으나 이제 국민의식이 바뀌고 있다.

총선이든 대선이든 나라의 일꾼을 뽑아 그 권한을 위탁하는 신성한 주권행사이다. 투표에 임하는 유권자는 개인의 감정보다는 이성적인 판단으로 국가공동체의 이익을 위하여 어떠한 선택을 하는 것이 바람직한가를 따져 신성한 권리를 행사하도록 다짐하여야 한다. 역대 국회가 보여준 파행적인 모습이나 권력비리를 지켜보면서 시민단체를 비롯한 정치개혁을 부르짖는 국민들은 대대적인 물갈이가 있어야 한다고 주장하고, 여야 정치권도 그에 따를 수밖에 없는 환경이 조성되고 있다.

'어떤 사람이 해도 마찬가지다'라고 체념해서는 안된다. 부정한 권력자는 국민의 이름으로 심판하고 철저히 책임을 물어 정치풍토를 바로잡기 위해서도 국민들이 보다 적극적으로 투표에 참여하여 민심을 일깨워야 한다. 이는 거짓을 일삼는 부도덕한 사람을 배제하고 무엇보다도 부정선거를 용납하지 않겠다는 국민적인 의지가 집약되어 공정하고 깨끗한 선거가 이루어지도록 하는 데서 길을 찾을 수 있다.

특히 그리스도인은 세상의 소금과 빛의 역할을 다하여 사회의 복음화를 위하여 노력해야 한다. 복음화는 언제나 불의한 사회 체제의 변화를 요구하고, 복음화의 주요 과제의 하나는 그러한 불의들을 고발하고 맞서는 것이다(1996년 잉글랜드 웨일즈 가톨릭주교회의 성명서 공동선 40항). 그러므로 신앙인들은 사회복음화를 위해서도 보다 적극적으로 투표에 참여하여 정치질서를 바로잡는데 이바지해야 한다.

김근태 고문이 마지막으로 남긴 말처럼 국민 모두가 적극적으로 투표에 참여하여 도덕성을 갖춘 사람을 선출하면 그 권력이 국민의 뜻을 받들어 좋은 방향을 설정할 것이다. 진정한 민주화를 꿈꾸며 희생된 수많은 분들의 공으로 우리나라의 정치발전도 꾸준히 나아지고 있다. 누가 해도 마찬가지가 아니다. 자신을 희생하고 공동체를 위하여 몸을 바치고 국민을 섬길 일꾼을 뽑으면 달라질 수 있다. 반드시 투표에 참여하여 주권을 행사하여야 한다.

IV. 맺는 말

우리나라는 민주국가로서 법에 의하여 다스려지는 나라이다. 국민이 투표에 참여하여 그 대표를 선택하여 권한을 위탁하고, 그 정치공동체는 국민의 뜻을 받들어 국민의 안정과 평화로운 사회질서를 이끌어야 한다. 민주주의는 다수결의 원리를 존중한다. 그러나 다수에 의한 소수의 억압을 일삼는 민주독재도 경계해야 한다. 지난날 우리 국회가 군사독재시대뿐 아니라 오늘에 이르기까지 여당이 다수의석을 확보했다는 이유로 갖가지 날치기 입법을 일삼아 사회를 혼란스럽게 한 사실에 대해서도 직시해야 한다. 권력을 장악했다 해서 법과 원칙을 무시하고 정치적 목적에 따라 공동선의 이념을 벗어나 자신들에게 유리한 방향으로 이끌려는 것은 보다 큰 화를 불러들인다.

오늘날 우리나라에서 가장 긴요하게 요구되는 것은 정치질서를 바로잡고 부정부패를 척결하여 밝은 사회로 탈바꿈하는 것이다. 국회는 군사독제시대는 물론 오늘에 이르기까지 민생문제보다는 당리당략에 의하여 소모적인 정쟁에 휩싸여 국민들은 정치에 대한 냉소주의에 빠지고 있다. 정치인들에 대한 냉소적인 태도는 우리가 경계해야 할 경향의 하나이다. 동시에 정치인들은 자신의 특권적 지위를 개인의 이익에 이용하지 않도록 하여야 하고, 그릇된 행동으로 불신풍토에 한몫을 해온 정치인들은 마땅한 책임을 져야 한다(앞의 공동선 59, 60항).

이 땅에 공동선을 지향하는 민주정치의 뿌리를 내리기 위해서는 권력의 원천인 국민 한 사람 한 사람이 깨어야 하는 것은 당연한 요청이다. 그리스도인뿐 아니라 모든 유권자는 돈을 주거나 선심을 써 공명선거를 해치는 자를 적극적으로 고발하고, 각 후보의 행적과 인품을 살펴 혈연이나 지연에 얽매이지 않고 공정한 선거에 임해야 한다.

또한 모든 국민이 정확한 판단을 내려 선거에 임할 수 있도록 하기 위하여 국민에게 각종의 정보를 제공해 주고 있는 언론이 먼저 편파적인 보도를 삼가고 공정해야 하고, 이것은 각종 정보매체도 마찬가지이다. 무책임한 폭로나 허위사실로 유권자를 현혹시키는 일은 어느 경우에나 단죄되어야 한다. 그리고 법질서를 바로 세워야 할 중추적 기관인 검찰이나 경찰이 법을 어긴 자에게는 지위의 높고 낮음을 가리지 않고 철저히 그 책임을 묻도록 하는 것도 정치질서를 바로 잡는 데 기여할 것이다.

총선, 대선에 임하는 국민의 의식이 중요하다. 시민단체의 공명선거의 감시도 공정해야 한다. 마음에 드는 후보나 정당이 없다 해도 차선의 방법을 택하여 투표에 임하여 국민의 힘으로 정치질서를 바로잡는 데 이바지하여야 한다. 유권자의 현명한 결단이 요구되는 때이고, 그리스도인들이 지역감정이나 정실을 뿌리치고 올바른 선거에 의하여 나라를 바로 세우겠다는 자세와 끊임없는 기도와 희생이 요구되는 때이다. 올해 총선과 대선을 통해서 공동선을 실현하는 정치질서가 바로 서기를 기원한다.

〈기쁨희망사목연구소, 내가 모든 것을 새롭게 하리라
2012년 사순절 특강자료집 121-140쪽〉

"서울대학교 법학" 50년 역사

I. 머리말

우리나라는 1945년 8월 15일 일제로부터 해방이 되었으나, 남북으로 갈리고 좌우익의 대립으로 인한 사회적 혼란이 이어졌다. 미군정청은 1946년 8월 22일 "국립서울대학교설립에관한법령"을 발표하여 서울대학교가 탄생했고, 우리 법과대학은 경성대학 법문학부와 경성법학전문학교를 통합개편한 것이다.

서울대학교가 출범한 후 1년 남짓 국대안 반대운동이 이어져 혼란스러웠고, 게다가 1950년 6·25 전쟁으로 교육이 정상적으로 이루어질 수 없었다. 1951년 이른바 1·4 후퇴로 부산 피난지에서 대학교육이 명맥을 유지하다가 1953년 휴전이 이루어지고 차츰 국가가 안정을 찾으면서 법학교육도 제자리를 찾게 되었다고 할 수 있다.

대학은 인격을 도야하고, 국가와 인류사회에 필요한 학술의 심오한 이론과 그 응용방법을 교수 · 연구하며, 국가와 인류사회에 공헌함을 목적으로 하고 있다. 이에 따라 교수는 연구에 전념하여 학생을 가르치고, 그 연구의 성과를 발표하여 학문의 발전에 이바지해야 한다. 해방 이후 사회적 혼란과 6·25 전쟁의 참화를 극복하고 사회가 안정을 찾으면서 교수의 연구성과로서 저서(법학교재) 출간이 늘어나고, 연구논문을 발표할 학술지 간행이 요구되었다.

서울대학교 법과대학은 1959년 6월에 "서울대학교 法學" 창간호를 발간하여 올해로서 그 발간 50주년을 맞이하여 통권 150호를 세상에 내놓았다. 우리가 오늘 이 위업을 기리기 위한 학술대회를 열게 되었음을 기쁘게 생각한다. 법학을 창간할 당시는 우리나라가 6·25 전쟁의 상흔이 아직 남아 있고, 경제적으로도 매우 어려운 사정이었다. 그러한 아주 열악한 환경 속에서도 대학의 발전은 물론 법학교육과 법률문화의 수준을 끌어올리기 위하여, 헌신적으로 노력하고 희생을 바쳐 주신 우리 모두의 은사이시고 고인이 되신 선배교수님들께 감사를 드리면서 하늘에서 후학들을 살펴 주시기를 기원한다.

서울대학교 법학 제1권 제1호의 편집후기를 아래에 적기로 한다.

> 대학의 사명은 연구에 있다. 대학교수는 그 연구의 성과를 한편으로는 강의를 통하여 학생들에게 전수하며 다른 한편으로는 논문으로 발표함으로써 직접 입법·사법·행정에 대하여 지침을 제공한다. 그러므로 외국에 있어서는 모든 법과대학이 예외없이 정기적으로 법학학술지를 발간하고 있다.
>
> 그렇거늘 우리나라에 있어서는 해방 후의 여러 가지 혼란 속에서 대학들이 발족하여 우선 대학으로서의 외면적 질서를 세우는데에 바빴고, 그 때문에 내면적으로 연구의 충실을 기하는 데에 충분한 힘을 기울이지 못하였으며, 지금에 이르기까지 아직 학술지의 정기적 발간을 하지 못하고 있는 대학이 대부분임은 심히 유감이다. 서울대학교 법과대학도 그 중의 하나이었으며 지금에 와서야 비로소 그러한 성질의 학술지의 창간호를 내게 된 것을 한편 부끄러이 여기며 타편 늦게나마 내게 된 것을 기쁘게 여기는 동시에 앞으로 꾸준한 발전이 있기를 기약하고 싶다. 당분간은 연 2회 춘추로 발간하고 앞으로 경비지변(經費支辨)의 길이 확립함에 따라서 회수를 늘이려고 한다.

II. "서울대학교 법학"의 발간

"서울대학교 법학"은 창간호부터 오늘에 이르기까지 논문, 자료, 판례연구 및 서평 등을 실어 법학도에게 다양한 볼거리를 제공하고 우리나라 법률문화의 발전에 선도적인 역할을 하고 있음은 자타가 공인한다. 1959년 법학지 창간호가 발간될 당시 저는 법과대학 4학년이었고, 교과서만 읽던 학생으로서 처음으로 교수님들이 심혈을 기울여 발표하신 연구논문과 자료, 판례평석을 접하면서 법학을 학문으로 연구하는 일은 결코 쉬운 일이 아님을 느꼈고, 이제 우리나라 대학도 구색을 갖추어 가고 있다는 자부심을 가지게 되었음을 먼저 밝히고 싶다.

법학지의 위상과 역할이나 학문적인 평가에 대하여는 별도의 발표가 예정되어 있으므로 저는 법학의 발간에서 편집조교로서 또 편집위원으로 참여하면서 일어난 일을 몇 가지 소개하는 것으로 소임을 할까 한다.

저는 1962년 8월에 법과대학 조교로 발령받아 당시 사법대학원의 일을 도우면서 법학 원고를 수집하고 편집에 관여하여 교정을 보기도 했다. 그런 가운데 교수님의 원고를 보면서 과연 이 글을 논문으로 싣는 것이 적절한가라는 의문이 생겨 당시 이한기 학장님께 그 사실을 고하고, 다시 수정을 부탁드리기도 하고 자료로 싣기도 한 일이 있음을 밝힌다. 사실 조교의 신분으로 교수의 논문을 가지고 문제를 제기하는 것은 어느 모로 보나 현명한 일이 아니다. 그러나 그것을 그대로 넘길 때에 법학의 위상에 흠이 가는 것이고, 오히려 빈축을 사게 된다는 생각으로 손해를 감수하는 것이 옳다고 느껴 그 시정을 하도록 한 것이다.

법학지는 제3권까지는 국판 세로쓰기로 발간했으나 제4권부터는 4·6 배판 가로쓰기로 편집하였고, 제5권 제1, 2호까지 법과대학 또는 법학회의 이름으로 발간했다. 그리고 1964년에 발간된 제6권부터는 서울대학교 법학연구소에서 인수하여 그 맥을 유지하여 오늘에 이른 것이다.

법학지를 발간하면서 창간호의 편집후기에서 보는 것처럼 1년에 1호, 2호 두권을 내고, 재정문제가 해결되면 그 권수를 늘이겠다는 다짐을 했으나, 그것이 순조롭게 이루어지지 아니했음을 엿볼 수 있다. 그것은 제3권의 경우 제1호가 1961년에 발행되고, 제2호는 1962년 5월에 나왔으며, 1962년 12월에 제4권 제1, 2호를, 1963년에 제5권 제1, 2호를 병합해서 출간한 것이 그 보기이다. 이러한 현상은 비용조달의 문제와 원고수집의 어려움에서 기인한 것이라고 할 수 있고, 그만큼 법학지의 발간도 순조로운 것이 아니었음을 드러낸다.

1980년 배재식 교수님이 연구소장으로 취임하여 법학지의 간행을 늘이고자 노력하여, 1981년 제22권은 1호부터 4호까지 4권이 출간되어 그 명맥을 유지하고 있으나, 그 후에도 병합호를 낼 수밖에 없는 사정이 생기기도 했다. 저는 1997년에 법학연구소장으로 임명받아 적어도 법학지를 연 4회 발행하도록 힘을 쏟기도 했다. 그리고 법학지는 특별기금으로 연구가 이루어진 경우 특별호로 발간되기도 했다. 1971년에 국제법학원 개최 해외파견 판·검사 제1진 귀국논문집을 비롯하여 1979년 아산재단기금에 의한 연구논문집까지 4권의 특별호가 그것이다.

III. 화갑기념호와 정년기념호

1962년에 간행된 제4권 제1, 2호는 정광현 교수님의 환갑기념호로 꾸며졌다. 교수님이 환갑이 되실 때가지 계시면서 학생을 가르치고 연구를 지속한다는 것은 당시로서는 흔한 일이 아니고, 이는 모두가 경하할 일이었다. 그리하여 화갑기념특집에서는 그 선생님의 연구업적과 가르침에 대하여 회고하면서 후배교수들이 정성을 기울여 기념호를 준비하는 것은 마땅하다. 그리고 교수는 법률상 만 65세가 되면 정년퇴임을 하게 되고, 1967년에 정관현 교수의 정년퇴임에 따라 제9권 제2호는 정광현 교수 정년퇴직 기념호로 발간하게 되었다.

화갑기념호는 화갑을 맞이하시는 교수님께 바치는 특집이다. 정광현 교수님의 퇴임 후 10년이 되어 1977년 이한기 교수님의 회갑, 1979년 정희철 교수님, 1980년 김증한 교수님과 김기두 교수님이 차례로 회갑을 맞이하셔 그 특집을 마련했다. 그리고 정년퇴임을 하시는 선생님이 차례로 나오면서 정년기념호를 꾸미게 되었다. 1985년 4월에는 정희철 교수님의 정년기념호, 1985년 10월에는 김증한, 김기두 교수님의 정년기념호가 꾸며지고, 교수의 연세에 따라 개별적으로 회갑기념호와 정년기념호를 5년에 걸쳐 특집을 꾸미게 되었다.

이러한 상황에서 저는 교수마다 5년 사이에 회갑기념호와 정년기념호를 따로 마련하는 것은 비용문제도 있지만 꼭 그렇게 하는 것이 옳은가라는 의문이 들었다. 그리하여 1990년대 초에 편집위원회에서 회갑기념호를 내든 정년기념호를 내든 교수의 의견에 따라 어느 하나를 선택하여 기념호를 내도록 하는 것이 필요하다는 의견을 제시했다. 이에 대하여 편집위원회에서는 대체로 동의했으나, 그 시기를 언제로 잡느냐가 문제였다.

저는 우리 선배교수님에 대하여는 종전대로 하고, 제가 회갑이 되는 1994년부터 시행하자고 제안하여 1994년 권영성 교수와 저는 법학지의 회갑기념호를 받지 않기로 하고, 1999년 정년기념호를 증정받았다. 그 후에 이것은 정착되었다고 보여진다. 그리하여 법학지는 1993년 김철수 교수의 화갑기념호(제34권 제2호)를 마지막으로 사실상 없어지고 정년기념호만 남게 되었다. 이러한 결정에 참여하여 주신 교수님들께 감사드리면서 관행이라는 이름으로 이루어지는 일이라도 고쳐야 한다고 생각될 때에는 그 문제를 제기하여 풀도록 하는 것이 필요하다는 점을 지적하고자 한다.

Ⅳ. 맺는 말

우리나라는 남북으로 분단되어 긴장관계가 유지되면서도 세계에서 12대 무역대국으로 성장하여 그 어느 때보다도 풍요로운 삶을 누리고 있다. 그러나 6·25 전쟁 등 숱한 시련을 극복하고 척박한 환경 속에서 우리 대학이 오늘날 학문의 전당으로서 우뚝 서고, 열악한 상황에서 1959년 법학지를 창간하여 교수의 연구수준을 높이고 한국의 법률문화를 선도적으로 이끌 수 있는 기반을 닦아 주신 여러 스승님의 공을 잊어서는 안될 것이다.

오늘날 IT산업 등 첨단과학이 발달하고 경제성장이 빠르게 이루어져 어느 시대보다도 살기가 편안해지면서 사회윤리의 타락현상이 드러나고 있다. 이로 말미암아 사회적 갈등이 심화되고 법치주의에도 많은 회의를 불러오고 있음을 부인할 수 없다. 특히 검찰이나 사법부에 대한 불신까지 드러나고 있는 현상은 법학교육에도 그 책임의 일단이 있다. 이는 법의 이념인 정의를 외면하고 편의주의에 따라 제 몫을 챙기려는 그릇된 관념에서 오는 것이고, 법학교육은 "하늘이 무너져도 정의를 세워라"라는 정신을 심어 주도록 이끌어야 할 것이다.

끝으로 선배교수님들이 닦아 놓으신 업적을 후배교수들이 더욱 닦고 빛내면서 오늘날 서울대 법학을 국제적 수준에 손색이 없는 훌륭한 학술지로 키우고 있는 박정훈 법학연구소장을 비롯하여 법과대학 교수 여러분께 감사드린다.

〈서울대 법학 50권 2호, 2009.2. 15-19쪽〉

3 평화의 질서를 위하여

평화의 질서를 위하여

I. 머리말

사람은 누구나 평화를 원한다. 하느님이 당신의 모습으로 인간을 창조하시고, 에덴동산에서 살도록 마련하셨을 때에 사람은 한없는 평화를 누리며 살았다. 그러나 인간은 뱀의 유혹을 받아 금단열매를 따먹고, 다시 말하면 하느님의 계명을 어기면서 불안을 느끼고, 그 삶의 터전에서 쫓겨나 평화를 잃고, 카인이 아벨을 죽이는 참극을 빚었음을 창세기는 가르치고 있다.

인류의 역사는 끊임없는 분쟁과 전쟁으로 점철되어 왔다. 특히 20세기에 들어와 두 차례에 걸친 세계대전은 전쟁의 공포가 무엇인지 분명하게 드러냈다. 이에 따라 1965년 제2차 바티칸 공의회는 "진실하고 숭고한 평화의 뜻을 해명하며 전쟁의 야만성을 단죄하고, 평화의 주 그리스도의 도우심으로 정의와 사랑에 뿌리박힌 평화를 확립하고 평화의 수단을 강구하기 위하여 모든 사람들과 협력하도록 그리스도인들에게 호소하고 있다[1]. 그리고 교황 바오로 6세는 1967년 12월 8일 성모의 원죄 없으신 잉태축일을 맞아 메시지를 통해 1968년 1월 1일을 평화의 날로 선포하고 이후 매년 1월 1일을 평

1) 사목헌장, 77항.

화의 날로 제정하셨다[2].

1968년 이래 교회는 해마다 그 첫날을 평화의 날로 정하여 평화를 염원하며 주님께 기도를 바치고 있다. 그리고 교황은 특별한 주제로 세계를 향하여 평화를 위한 담화를 발표하고 있다. 교황 베네딕토 16세께서도 교황 바오로 6세와 요한 바오로 2세의 뒤를 이어 "새해에는 더욱 평온한 세상, 점점 더 많은 개인과 공동체들이 정의와 평화의 길에 투신하는 세상이 되기를 희망"하면서 "진리 안의 평화"를 주제로 평화의 날 담화를 발표하셨다. 이 정의 평화 세미나는 바로 교황님의 담화를 우리의 현실에 어떻게 접목시켜 실천에 옮길 수 있는가를 살펴보고자 하는데 그 뜻이 있다.

인간은 평화를 갈망하면서도 그와는 상반되는 일에 얽매여 있다. 우리는 제2차 세계대전에서 히로시마와 나가사키의 원폭피해가 얼마나 무서운 것인가를 경험했고, 전쟁으로 얻을 수 있는 것은 아무것도 없다는 점도 잘 알고 있다. 6·25 전쟁, 베트남전쟁 등 크고 작은 국지전쟁이 이어지고, 이러한 전쟁은 귀중한 인명과 재화를 앗아가고 그 나라를 황폐하게 만들고 인간의 존엄과 가치가 망가지고 있음을 여실히 드러내고 있다.

평화를 위한 교회의 노력에도 불구하고 구소련의 해체를 계기로 냉전체제가 막을 내리면서 세계 유일의 초강대국이 된 미국은 세계평화 유지와 안전보장을 위해 강력한 군대와 첨단무기의 보유 및 핵 확산 방지의 당위성을 주장해 왔다. 그리고 북한과 이란 등 일부 국가들이 핵무기개발에 집착하여 국제적인 긴장관계를 유지하고 있다. 이는 국가의 안전보장은 바로 강력한 군대와 첨단무기를 보유하여 힘을 과시할 필요가 있다는 그릇된 판단에 기인한 것으로 보인다. 그러나 2001년 뉴욕에서 일어난 참혹한 9·11 테러[3]와 그 후

---

2) 김길수, 평화의 날 교황 메시지를 통해 본 평화, 대구대교구 정의평화위원회, 정의 평화의 이해, 1992, 95쪽.

3) 2006.4.26 세계일보에 게재된 전 미국방부부차관보인 W. Bruce Weinrod의 기고문에는 Robert Lieber의 In "The American Era: Power and

에 벌어진 이라크 전쟁은 힘만 있으면 모든 것을 제압할 수 있다고 믿는 인간의 생각이 얼마나 잘못되었는가를 보여주고 있다.

평화의 질서는 바로 인류의 안정을 유지하고 사람다운 삶을 추구하는데 필수적인 요소이다. 인간이 하느님의 자비를 믿고, 법과 질서를 지켜 잘못을 뉘우치고 서로 용서하며 사랑을 베풀 때에 그것을 유지할 수 있을 것이다. 그러나 평화에 대한 전문적인 지식도 없는 본인이 평화의 질서를 어떻게 확립할 것인가를 찾는 것은 쉽지 않음을 밝히면서 토론에 참가하신 전문가들에 의하여 보충되기를 바란다.

II. 평화의 뜻과 그 조건

1. 평화의 뜻

동서고금을 막론하고 모든 인류는 평화를 갈망하고 있다. 이러한 평화는 전쟁이 없이 세상이 평온한 상태라고 할 수 있으나, 평화는 꼭 전쟁과 대치되는 개념만은 아니다. 전쟁이 없는 사회도 정의와 사랑이 없으면 평화가 없고, 사람들은 안정을 찾지 못한다. 개인이든 국가든 자신의 야욕에 눈이 어두우면 사회적 갈등을 증폭시키고 평화를 잃게 된다.

평화의 개념은 여러 가지 뜻으로 새겨볼 수 있으나 일반적인 용례로 생각해 보고자 한다. 평화는 좁게는 내전이나 국가 사이의 전쟁이 없는 상태를 의미한다고 할 수 있으나, 개인, 국가 또는 국제

Strategy for the 21st Century"에서 다음과 같은 내용을 소개하고 있다. "호전적인 이슬람 테러 활동과 대량살상무기(WMD)의 결합은 전혀 새로운 규모의 위협을 제기하고 있기 때문에 미국의 군사력 사용과 세계적 역할에 관한 사고방식은 근본적으로 변화되어야 하며, 이와 같은 새로운 위협에 대하여 미국은 전 세계적인 우위를 추구해야 한다"는 것이다.

관계와 관련지어 볼 수 있을 것이다. 즉, 평화란 개인의 경우에는 마음의 평정을 잃지 않고 이웃과 화목하게 지내는 것이고, 국가나 사회는 구성원들이 기본질서를 지키고 안정된 삶을 유지할 수 있는 상태이며, 국제관계에서는 서로 신뢰를 바탕으로 분쟁이나 전쟁이 없는 상태를 가리킨다고 할 수 있다.

성경의 관점에서 보면 평화는 하느님께서 인간에게 주신 선물이며, 하느님의 계획에 부합하는 인간의 계획이기 이전에 하느님의 근본속성이다. 주님은 평화이시다(판관 6:24). 하느님의 영광을 반영하는 피조물은 평화를 염원한다. 평화는 모든 인간과 하느님 사이의 근본적 관계, 곧 흠 없음을 특징으로 하는 관계(창세 17:1)에 토대를 이룬다.[4] 부활하신 예수님이 제자들에게 나타나시어 "평화가 너희와 함께!"(요한 20:20)하고 말씀하신 것은 하느님과 함께 할 때에 참된 평화를 누릴 수 있음을 보여주는 것이라 할 수 있다.

성경의 계시에서 평화는 단순히 전쟁이 없는 상태를 초월하여 생명의 충만함을 나타낸다(말라 2:5 참조). 평화는 인간의 손으로 만들어지는 것이 아니라 하느님께서 모든 인간에게 주시는 가장 큰 선물의 하나이며, 하느님의 계획에 대한 순종을 내포한다. 평화는 하느님께서 당신 백성에게 내리시는 축복의 결과이다[5]. 평화는 정의와 사랑의 열매[6]로서 폭력을 배격한다. 개인 사이의 분쟁이나 갈등을 폭력에 의존하지 않고 법에 의하여 해결할 수 있는 나라, 국가 사이의 분쟁도 전쟁수단이 아닌 대화와 타협을 통해서 해결할 수 있는 상태는 평화라 할 수 있을 것이다.

사목헌장은 "평화는 전쟁 없는 상태만도 아니요, 적대세력간의 균형유지만도 아니며, 전제적 지배의 결과도 아니다. 정확하게 말해서 평화는 정의의 실현이다[7]."라고 가르치고 있다. 그리고 유학(儒學)에

---

4) 한국천주교중앙협의회, 간추린 사회교리, 2005, 363쪽
5) 간추린 사회교리, 363쪽.
6) 간추린 사회교리, 366-7쪽.
7) 사목헌장, 78항.

서는 "평화는 국제간에 있어서는 전쟁 없이 화해로운 교린관계를 유지하는 상태이며, 국내적으로는 기존정부에 대한 반역형식의 쟁투(혁명, 민란) 없이 국민의 화합을 이룬 것을 의미한다.[8]

결국 평화는 개인 사이의 분쟁이나 갈등을 폭력에 의존하지 않고 법에 의하여 해결할 수 있는 나라, 국가 사이의 분쟁도 전쟁수단이 아닌 대화와 타협을 통해서 외교적으로 해결할 수 있는 상태라 할 수 있다. 다시 말하면 평화는 정의가 실현되어 국제간의 분쟁이나 전쟁이 없을 뿐 아니라 인간이 서로 사랑하고 화목하여 화합을 이루고 사는 상태라 할 수 있다. 나라가 태평하고 백성이 안정을 유지(國泰民安)하면서 사는 상태가 바로 평화이다. 이러한 의미의 평화는 인간이 아마도 에덴동산에서의 삶이나 중국 상고사의 요순시대에나 맛보았을 것으로 보이며, 어느 시대에도 인간의 염원인 평화는 쉽게 찾아오지 않고 있다.

인간이 죄인인 한, 그리스도의 재림시까지는 전쟁이 인간을 위협할 것이지만, 인간이 사랑으로 결합되어 죄를 극복한다면, 폭력도 극복할 수 있을 것이다. 그때에는 "나라마다 칼을 쳐서 보습을 만들고 창을 쳐서 낫을 만들리라. 민족들은 칼을 들고 서로 싸우지 않을 것이며 다시는 군사훈련도 하지 아니하리라"(이사 2:4) 한 성경말씀이 채워질 것이다.[9]

"사람들이 공정을 실천하고 신의를 사랑하며 겸손하게 하느님과 함께 걸어간다"(미카 6:8)면 참된 평화를 유지할 수 있으나, 거짓과 불의를 일삼는 한 분쟁이나 전쟁, 사회적 갈등이 이어지고, 평화는 위협을 받게 될 것이다. 그러므로 독재국가나 적대세력이 힘의 균형으로 상대방을 쉽게 공략할 수 없어 평온한 상태를 유지하고 있는 현상은 거짓 평화이지 참된 평화라 할 수 없다.

---

8) 尹絲淳, 韓國儒學의 平和思想, 李昊宰 編, 韓半島平和論, 1989, 法文社, 25쪽.
9) 사목헌장, 78항.

2. 평화의 조건

교황 요한 23세는 "지상의 평화는 모든 시대의 인류가 깊이 갈망하는 것으로서 하느님께서 설정하신 질서를 충분히 존중할 때에 비로소 회복될 수 있고 견고해진다.[10]"라고 가르치고 계신다. 바로 평화의 조건은 모든 인류가 복음의 빛에 따라 정의를 실현하는 것이다. 그러나 인간은 원죄에 물든 나약한 존재이고, 언제나 죄의 유혹에 빠져 잘못을 저질러 사회적 갈등을 불러일으키게 된다. 여기에서 인간은 이웃에 대한 자신의 잘못을 뉘우치고 서로 화해를 하고자 할 때에는 인간관계가 회복되어 평화를 유지할 수 있게 되나, 반대로 자신의 잘못을 숨기고 욕심을 부릴 때에는 점점 그 관계가 악화되어 분쟁으로 옮겨가게 된다. 이것은 국가관계에서도 마찬가지이다.

20세기에 들어와 인류는 무수한 무력분쟁, 비합법적 군사력의 사용, 다양한 형태의 폭력에 직면해 왔다. 국가나 개인의 경우 힘의 논리를 앞세워 약한 사람을 핍박하고, 가난하고 소외된 사람들을 돌보지 않을 때 그들의 불만이 누적되고 사회적 불안의 요인으로 발전한다. 그리하여 "평화의 건설을 위해서는 우선 불의의 뿌리부터 뽑아버림으로써 전쟁의 온상인 불화의 원인을 제거해야 한다. 불화의 대부분은 과도한 경제적 불평등과 그 대책의 지연에서 온다.[11]"는 점을 명심할 필요가 있다.

증가되는 긴장, 분쟁, 폭력에 의해 여러 지역들이 고통받고 있는 세계에서 평화를 현실화하는 것은 매우 중요하다. 이민족혐오주의, 종교적 과격주의, 외국인 노동자들에 가해지는 인권유린은 평화를 교란하는 요소이다. 따라서 이러한 문제점들은 평화적으로 문제를 해결할 수 있는 능력에 의해 대체되어야 한다. 세계는 새로운 문화와 개인, 집단, 민족들을 위한 공통의 가치체계와 새로운 행동양식

10) 지상의 평화, 1항.
11) 사목헌장, 83항.

을 필요로 하고 있다. 왜냐하면 그들 없이는 대·내외적 평화와 안보의 중요한 문제점들이 해결될 수 없기 때문이다.[12)]

인간의 존엄과 가치가 존중되고 법과 원칙에 따라 질서를 지키면서 국민의 삶이 이뤄지는 나라는 정의롭고 평화를 유지하고 있으나, 지상의 어느 나라도 그것은 하나의 환상에 지나지 않을 것이다. 그리하여 개인이든 국가이든 정의의 실현에 이바지하도록 노력하고, 불의를 저지른 때에는 그에 대한 참회와 용서를 통해서 서로 화해하고자 할 때에 평화를 누릴 수 있다.

교황 요한 바오로 2세는 2002년 평화의 날 담화에서 "정의가 없으면 평화도 없고, 용서가 없으면 정의도 없다."라고 말씀하시고, 가공할 폭력에 휘둘린 도덕질서와 사회질서는 정의와 용서를 겸비한 대책이 아니면 회복시킬 수 없다는 점을 지적하고 계신다.

평화는 하느님께서 원하시는 질서의 추구를 통해 날마다 조금씩 이룩되는 것이고, 모든 사람이 평화증진에 대한 책임을 인식할 때에만 꽃필 수 있다. 분쟁과 폭력을 막으려면 평화를 모든 사람의 마음속 깊이 뿌리내리도록 하는 일이 절대 필요하다.[13)] 그럴 때에 평화는 가정과 사회 내의 다양한 집단으로 확산되고 결국 정치공동체 전체의 참여로 이어질 수 있다. 화합과 정의에 대한 존중이 배어 있는 분위기에서 참된 평화의 문화가 자라나고 국제공동체에 널리 퍼질 수 있다.

---

12) 하영선 편, 21세기 평화학, 평화의 문화 구축을 위한 시론, 풀빛, 2002, 293-294쪽 참조.

13) 간추린 사회교리, 367쪽.

III. 전쟁, 테러 및 군비경쟁

1. 전쟁의 야만성

인류의 역사는 전쟁과 유혈의 역사라고 해도 지나치지 않을 것이고, 무력에 의하여 상대방을 제압하려는 비인도적인 야만적인 행위가 전쟁이다. 전쟁이라는 말도 획일적으로 그 뜻을 정할 수 없으나, 국가나 집단 사이에 무력에 의한 충돌을 의미한다고 풀이하고자 한다. 이러한 전쟁은 전면전쟁, 국지전쟁, 내전 등 다양한 형태로 나타나지만 그 어느 것이든 인명의 살상과 재산에 피해를 줄 뿐 아니라 인간의 존엄과 가치를 말살시키는 가장 비극적인 행위로서 평화를 파괴하는 죄악이다.

20세기에 인류가 경험한 두 차례에 걸친 세계대전과 한국전쟁, 베트남전쟁, 중동전쟁 등 크고 작은 국지 전쟁에 이르기까지 그 전쟁으로 인한 피해와 참담한 양상은 우리의 상상을 초월하는 것이다. 오늘날 이라크 전쟁이나 소말리아의 내전 등이 보여주는 참혹한 현상은, 전쟁은 어떠한 이유로도 정당화할 수 없음을 보여주고 있다.

특히 첨단과학무기와 대량살상무기(핵무기, 생화학무기 등)의 개발로 현대전쟁의 공포와 죄악상은 무한히 증대되었다. 이러한 상황에서 만일 전면적 전쟁이 일어난다면 원자무기 등의 사용으로 인류의 역사는 그것으로 종식될는지도 모른다.

국제분쟁을 무력을 동원하여 힘으로 해결하려는 시도는 매우 무모한 것이고, 그 국가 사회를 파괴하는 행위이다. 이에 따라 무력충돌을 방지하기 위한 국제적인 노력이 경주되었으나, 특히 제2차 세계대전의 비극을 겪고 생겨난 UN헌장은 정당방위와 평화유지를 위한 안전보장이사회의 결의에 의한 조치 등 예외적인 경우를 제외하고 국제분쟁을 무력에 의존하는 것을 원칙적으로 금지하고,[14] 분쟁의 평화적 해결을 요청하고 있다.[15]

그리고 불행히도 전쟁이 일어난 경우에도 특히 민간인들에 대한 전쟁의 파괴적인 영향력을 최소화하기 위하여 국제공동체는 가령 부상병이나 포로들의 처우에 관한 조약과 같은 국제인도법을 만들고 있다.[16] 그러나 세계국가가 형성되지 않고, 국제경찰에 의하여 통제가 이뤄지지 않는 상황[17]에서 각 국가나 집단 사이의 이해관계가 충돌하는 경우 크고 작은 국지전쟁이 이어지고, 이러한 전쟁이 평화에 대한 위협이 되고 있는 것이 오늘의 현실이다.

3. 테러리즘

두 차례 세계대전의 교훈은 '분쟁해결을 위한 무력사용의 포기'라는 국제사회의 컨센서스로 나타났다. 이 합의에 따라 전면전이 자제되고 있다고 하지만 이념, 종교, 종족, 문화, 정치노선 간 대립과 갈등이 원인이 된 국지전과 내전은 끊이지 않고 있다. 국내외의 법적 규제의 한계와 틈새를 노린 다양한 강도와 형태의 테러도 계속되고 있다.

테러와 테러리즘[18]의 본질은 폭력을 사용하여 상대방을 위협하고 공포심을 확산시켜 소기의 목적을 달성한다는 것이다. 과거사를 보면 테러는 지향점이 무엇이며 상대가 누구냐에 따라 수단으로서 정당화되는 경우가 더러 있었다. 종교적 박해자나 전제군주, 독재자, 혹세무민하는 몽상가, 체제 전복자에 대한 테러는 현실적 응징조치

---

14) UN헌장 제2조, 제42조, 51조 및 제53조 참조.
15) UN헌장 제33조 이하 참조.
16) 사목헌장, 79항 참조; 이용호, 전쟁과 평화의 법, 2001, 영남대출판사, 72쪽 이하.
17) Grenville Clark/Louis B. Sohn, World Peace Through World Law, 1966은 전쟁방지라는 한정된 분야에 있어서 강제력 있는 세계법의 효과적 제도가 시련되기까지는 진정한 평화를 기대할 수 없다고 한다.
18) 테러리즘(Terrorism)은 정치적 목적을 달성하기 위하여 암살이나 폭행, 숙청 등 직접적인 공포수단을 이용하는 주의나 정책을 의미하며 특히 프랑스 혁명 당시 과격파인 자코뱅당의 정책을 가리켰다.

로 여겨지기도 했다. 히틀러의 독재와 영토 침탈에 저항한 레지스탕스 활동과 독재정권 타도를 위한 유혈 저항이 대표적 사례라 할 수 있다.

테러리즘은 오늘날의 국제공동체에 깊은 충격을 주는 가장 잔인한 형태의 폭력 가운데 하나이다. 테러리즘은 증오와 죽음의 씨를 뿌리고, 복수와 보복을 부른다.[19] 그리하여 현대 민주 국가는 갈등 해결의 수단으로 테러 자체를 인정하지 않고 있다. 테러는 인간의 존엄성과 평온한 삶을 파괴하고 더 큰 폭력을 부른다. 테러는 또한 압박 효과를 극대화하기 위해 무고한 민간인 희생자를 의도적으로 양산한다. 이러한 테러는 역사와 인간성의 발전을 거스르는 비윤리적・반인륜적 행위이고, 테러리즘은 단호히 단죄되어야 한다.[20]

2001년 9월 11일 미국 워싱턴과 뉴욕에서 발생한 동시 다발 테러 이후 평화를 위협하는 요소로 재인식되고 있는 것은 21세기형 신종 테러 또는 테러리즘(super terrorism)이다. 9・11 테러는 사우디아라비아 출신 부호 오사마 빈 라덴이 이끄는 아랍 출신 소수 이슬람 과격주의자들이 탈냉전기의 유일 초강대국인 미국의 심장부에서 공중 납치한 미국 민간 항공기를 이용해 감행하는 자살 테러의 형태로 나타났다.

9・11 테러는 목적, 추진 방식, 피해규모, 파급력 등에서 재래식 테러와는 차원이 다른 특성을 보였다는 점에서 평화에 대한 우려를 증폭시키고 있다.

외교안보연구원 이동휘 교수에 따르면[21], 우선 9・11 테러는 재래식 테러에서는 상상할 수 없는 규모의 피해와 심대한 충격을 낳았다. 피해 면에서 일본 제국 군대의 진주만 기습공격을 능가하고 있고, 준비과정에서 국가 수준에 버금가는 조직성, 치밀성, 대담성,

19) 간추린 사회교리, 513항, 380쪽.
20) 간추린 사회교리, 514항, 381쪽.
21) 이동휘, "9・11 테러사태 이후 국제환경의 변화와 한반도", 외교안보연구원 정책연구과제 2001-12(2002), pp 10~13.

국제적 네트워크, 막대한 자금 동원력 등을 보여주었다. 반미와 반서방, 반기독교, 반세계화, 반자본주의를 표방하고 후속 테러를 끊임없이 경고하면서 미국은 물론 전 세계를 공포와 긴장 속으로 몰아넣었다.

둘째, 9·11 테러는 테러의 기본 목적이 변화하고 있음을 웅변하고 있다. 과거의 테러가 정치적 목적 달성을 위한 경고 또는 관심 유발에 그친 것이었다면, 9·11 테러는 정치적 목적을 넘어 테러행위에서 발생하는 대규모 인명살상 및 파괴 그 자체를 목적으로 하고 있다.

셋째, 결국 9·11 테러의 특성은 재래식 테러(conventional terrorism)로부터 새로운 성격의 테러(super terrorism)로의 변화를 의미하며, 이에 대한 대응 논리와 방식의 변화가 불가피해졌다. 즉, 21세기형 테러에 대한 대응은 범죄행위의 방지나 처리라는 국내 치안의 차원이 아니라 전쟁행위에 맞서는 국방차원의 자위적 방어(self-defense)로 규정되어야 한다는 것이다[22].

실제로 미국은 테러의 이러한 변화를 전제로 9·11 테러를 21세기의 새로운 전쟁(new war)으로 규정하고 안보 전략을 수정했고, 이를 바탕으로 냉전 종식 이후 국제 질서를 재편하고 있다. 미국은 9·11 테러 직후, 오사마 빈 라덴의 테러 조직 '알 카에다'와 이를 지원하는 국가와 단체를 미국의 '적'으로 규정하고, 전 세계를 무대로 '테러와의 전쟁'에 돌입했다. 미국은 오사마 빈 라덴을 비호했던 아프가니스탄의 탈레반 정권 제거를 위해 압도적 군사력을 동원했고 중앙아시아국가들과 군사협력을 강화했다. 미국은 이라크의 사담 후세인 정권 역시 알 카에다의 비호 세력으로 규정하고, 대량살상무기 개발국이라는 '낙인'까지 찍어 무력으로 제거했다.

그러나 역설적인 것은 미국의 '테러와의 전쟁'이, 평화를 파괴하는 테러를 응징하고 예방한다는 명분으로 일방적 무력사용과 전쟁

---

22) 재래식 테러와의 차별성을 super terrorism으로 표현한 예로서는, Ehud Sprinzak, "The Great Superterrorism Scare", Foreign Policy No. 112(Fall, 1998), p. 116 참조.

행위를 정당화함으로써 오히려 국제 평화와 질서를 해치고 있는 현실이다. 미국의 부시 행정부는 테러의 사전 차단을 이유로, '급박한 위협이 있을 경우' 예외적으로 허용되는 '선제공격'을 '테러와의 전쟁'에 광범위하게 적용하고 있다[23]. 브레진스키는 "(부시에 의해) 새롭게 주장된 선제개입(preemptive intervention)원칙은 테러리즘이 무엇인지 정의하는 기준을 일일이 열거하지 않았고, 어떠한 조건 하에서 핵 확산을 미국의 예방적(preventive) 군사 행동을 정당화시키는 악으로 간주할 수 있는지도 분명하게 설명하지 않았다"고 지적했다[24]. 브레진스키는 "선제와 예방의 구별은 국제 질서에서 중요하며 그 구별이 모호해져서는 안된다."고 강조하고 있다.[25]

소수 집단의 테러가 국가 차원의 더 큰 테러를 초래하고 전쟁으로 비화할 가능성은 9·11 테러 이후 더 높아졌다고 할 수 있다. 아프가니스탄과 이라크에서의 전쟁이 그 사례이다. 미국이 9·11 테러를 계기로 국제 정치-경제 질서를 자국에 유리하게 재편하려는 전략적 의도를 '일방주의와 선제공격'이라는 신 외교안보 노선으로 포장해 노골적으로 구현하고 있다는 사실도 평화의 달성을 어렵게 하는 측면이 있다. 일방주의는 견제와 균형이라는 국제사회의 기본 작동 원리를 부정하면서 불필요한 국가 간 갈등을 조장하고 있고, 선제공격은 자칫 대규모 전쟁의 빌미가 될 수 있다. 테러 그 자체도 문제지만 테러에 대한 '이에는 이, 눈에는 눈' 식의 대응이 평화로 가는 길을 보장하지 못한다면 심각하게 재고할 여지가 있다고 할 것이다.

---

23) 조지 W 부시 미국 대통령은 2002년 6월 1일 미 육군사관학교 연설에서 "미국의 대외 정책을 위한 새로운 원칙(미국의 자유를 방어하고 미국인들의 삶을 방어하는 데 필요한 경우의 선제적 행위)"을 밝혔다.

24) Brzezinsk, iZbigniew, "The Choice; Domination or Leadership", 김명섭 역, "제국의 선택; 지배인가 리더십인가",(황금가지, 2004) p. 75.

25) Brzezinski, *op cit.*, p. 76.

2. 군비경쟁

1970년대 동서 데탕트 시절부터 국제 정치-안보 무대에서 일어난 고무적 현상 중 하나는 일련의 군비축소 및 군비통제 움직임이었다.[26] 핵실험 금지, 전략 핵무기 감축, 대륙 간 탄도 미사일 실험 제한, 재래식 무기 폐기, 대량살상무기 확산 방지 등 다양한 군비축소 및 통제의 개념이 이 시기에 태동해 나중에 부분적으로 결실을 보았다. 1980년대 미국 레이건 행정부의 스타워즈(소련의 미사일 공격을 우주 공간에서 사전 차단한다는 '전략방위구상 ; Strategic Defense Initiative')가 구소련의 군비경쟁을 유발, 군사비 지출을 늘림으로써 결과적으로 공산권 붕괴를 촉진시켰다는 분석이 있지만, 이 시기의 지배적 현상과는 거리가 있다.

1980년대 말 공산권 붕괴 후 군비축소의 경향은 한층 확산됐다. 과도한 군사비 부담이 한 원인으로 작용했던 공산권 국가들의 동반 몰락으로 중-동구권 군비의 자연스런 해체가 이루어졌다. 동독에 배치돼 있던 구소련의 무기와 군대가 철수하고 구소련에서 독립한 국가에 배치돼 있던 핵무기 등 대량살상무기가 서방의 지원과 감시 아래 해체됐다.

수십 년간 존재했던 '적'의 소멸은 서방국가의 군비축소를 촉진시켰다. 냉전의 최전선이었던 독일은 1990년대 말 군대와 국방예산 감축을 골자로 한 국방개혁을 단행했다. 사회주의 국가로 남은 중

26) 1970년대 이후 주요 국제 군축 움직임은 다음과 같다. 핵확산금지조약(NPT; 1970년 발효), 전략무기제한잠정협정(SALT; 1972년 발효), 생물무기금지협약(BWC; 1975년 발효), 탄도탄요격미사일제한협정(ABM; 1972년 발효), 전략무기제한협정(SALT Ⅱ, 1979년 서명, 미 상원 비준거부로 미발효), 특정재래식무기금지협정(CCW; 1983년 발효), 미사일기술통제체제(MTCR; 1987년 설립), 중거리핵무기(INF)폐기협정(1989년 발효), 유럽재래전력감축조약(CFE; 1992년 발효), 화학무기금지협약(CWC; 1997년 발효), 전략핵무기감축조약(START Ⅰ; 1994년 발효), 전략핵무기감축조약(START Ⅱ; 1993년 서명, 미발효), 전면핵실험금지조약(CTBT; 1997년 채택), 대인지뢰전면금지협약(오타와 협약; 1999년 발효) 등.

국 역시 '개혁-개방'의 경제 제일주의 노선을 채택하면서 군대와 국방비 축소를 추진했다. 미국의 군사비 지출도 1990년대 내내 감소했다.

군비축소 또는 통제는 평화를 담보하는 해법이라 할 수 없지만, 평화 훼손의 위험과 실수로 인한 전쟁 발발 가능성을 줄이고 전쟁 발생시에도 피해를 줄일 수 있다는 기대를 갖게 한다는 점에서 평화에 기여하는 바가 있다 할 것이다. 그러나 지금까지의 군비축소가 외형적-양적 축소에 치중했을 뿐, 과연 질적 축소, 즉 실질적 위력과 위험의 감소로 귀결됐는지에 대해서는 의문이다. 군비축소가 구체적으로 전쟁의 위험을 줄였는지 검증하기도 어렵다. 전쟁은 군비의 양이나 질과 무관하게 발생하기 때문이다.

한편에선 군비축소의 목소리와 움직임이 왕성했지만 다른 한편에선 축소된 군비를 능가하는 군비증강이 계속된 것도 사실이다. 각종 군비통제 조약과 체제 속에서도 강대국은 군사 기술의 발전에 전력을 기울여 각종 무기의 성능과 전투력을 배가시켰다. 일부 문제 국가들의 핵·생물·화학무기 등 대량살상무기의 경쟁적 개발과 보유는 우발적인 대량살상무기 사용의 가능성을 높이고 있다. 1998년 인도와 파키스탄의 핵실험 경쟁, 국제여론을 무시한 북한과 이란의 핵개발 추진은 핵클럽 국가의 억지력과 IAEA(국제원자력기구) 등 국제 핵무기 통제 체제를 무색케 하는 것이었다. 미국의 부시 대통령은 2002년 1월 29일 연두교서에 북한, 이란, 이라크 등 3국을 '악의 축(axis of evil)'이라고 지목하기도 했다.

더욱 우려스러운 것은 9·11 테러 이후 국제질서의 재편과정에서 동북아와 중동 등에서 군사대결과 군비경쟁이 다시 촉발되고 있는 현상이다. 미국은 '테러와의 전쟁'수행을 위해 국토안보부를 신설하고, 군사협력의 강화, 전 세계 주둔 미군의 재배치와 함께 미군의 경량화, 기동화를 추진하고 있다. 냉전 종식 이후 처음으로 관련 예산을 증액 편성했다. 또한 중국과 북한의 장거리 미사일 공격을 대기권 밖에서 요격할 수 있는 국가미사일방어망 구축(NMD)도 서두르고 있다. 이런 정세 변화는 남북한 군비통제 노력에도 악영향을 미치고 있다. 휴전선을 사이에 두고 120만 명의 병력이 대치하고 있는 상황을 개선하려는 동력이 약화될 수밖에 없는 것이다.

미국은 특히 탈 냉전기 동북아에서 일본과 동맹을 강화하며 한반도와 대만을 이어 중국과 맞서는 새로운 전선을 구축하고 있다. 1996년 미일 신 안보 공동선언, 일본의 대 테러작전 적극 참여, 2006년 주일미군 재배치 협상 등에서 보여준 미일 간 밀월은 중국을 가상적으로 한 움직임이 분명하다. 이는 필연적으로 중국과 러시아의 군사적 연대와 군비증강 등의 반작용을 초래할 것이다. 중국은 후진타오 집권 이후 동남아시아에 대한 개입을 늘이고 아프리카, 중앙아시아, 유럽 국가와 유대를 강화하는 등 미일 동맹 체제에 맞서고 있다. 중국은 최근 항공모함 건조 등 미일 해양세력에 대항하는 대양해군의 육성에도 박차를 가하고 있다.

지구상에는 인간의 야욕으로 전쟁위험이 도사리고 있다. 침략전쟁은 본질적으로 비도덕적이지만 그 침략에 대응하여 무력을 사용하여 방어를 하는 정당방위는 정당한 전쟁으로[27] 인식되고 있다. 이러한 현실에서 각 국가는 안보(安保)라는 이름으로 군사력의 강화와 군비증강을 위한 노력을 기울이고 있다.

이러한 군비경쟁은 평화를 확보하기 위한 안전책도 아니려니와 그로써 이루어지는 이른바 힘의 균형도 확실하고 진실한 평화가 아니라는 사실을 누구나 확신해야 한다.[28] 전쟁에 대비하여 군비경쟁을 하는 것은 무기와 죽음에 투자하는 것이며, 흄(Hume) 추기경은 "죽음을 거래하는 장사꾼"이라는 표현을 쓰면서 무기를 파는 사람은 사는 사람들보다 더 중죄인이며, 마치 "마약 밀매꾼"과 같다고 비유하고 있다.[29] 이것은 전쟁은 결국 인간에게 주는 재앙이고, 결

27) 간추린 사회교리, 500항, 371쪽 참조.
28) 사목헌장, 81항.
29) R. 레스터 길리 주교 엮음, 인간발전의 추구, 주교회의 사회복지위원회,

코 국가간에 발생하는 문제를 해결할 수 있는 길이 아님을 드러내는 것이고,[30] 군비경쟁으로 평화를 담보할 수 없음은 자명하다.

평화는 무기의 위협으로 여러 국가에 강요하기보다 여러 나라의 상호신뢰에서 발생해야 할 것이므로 모든 사람이 군비경쟁에 종지부를 찍도록 함께 노력해야 할 것이다. 군비축소는 일방적으로 할 것이 아니고, 협정으로 보조를 맞추어 유효하고도 진실한 보장 밑에서 진행되어야 한다.[31]

Ⅳ. 한반도와 동북아의 평화

1. 한반도의 평화

한반도는 마지막 냉전지대로 남아 있다. 남북분단으로 6·25 전쟁 등 숱한 상처를 안고, 긴장관계를 늦추지 못하고 있는 것이 현실이다. 물론 1972년의 7·4 남북공동성명, 1992년의 남북기본합의서 및 2000년에 평양에서 남북정상회담이 열리고 이른바 "6·15 남북공동선언"이 발표되었고, 남북이산가족의 면회, 금강산관광 및 개성공단의 개방 등에서 상호교류의 폭을 넓혀 가고 있다. 그러나 남북관계는 정치체제가 다르고, 특히 북한이 김일성 부자의 일당 독재체제를 구축하여 남북의 신뢰회복이 쉽게 이루어지지는 않을 것이다.

이러한 틈바귀에서 한반도를 중심으로 강대국간 대립 전선이 형성되고 있는 것은 남북 한민족에게는 가혹한 현실이다. 평화의 길은 더욱 멀어지고 긴장과 불안이 일상화되기 때문만은 아니다. 열강의 침략, 일제 강점, 좌우 대립과 전쟁, 독재와 민주화 투쟁, 남북 갈등의 지속 등 지난 100여년의 '비평화적' 역사를 극복하지 못

1993, 93쪽.

30) 간추린 사회교리, 497항, 369쪽.

31) 사목헌장, 82항.

하고 또다시 강대국에 민족의 운명을 맡겨야 할지도 모르기 때문이다.

세계정세가 급격하게 변화하고, 우리에게 닥치는 위기가 상존하고 있음에도 남북한의 긴장과 함께 남남갈등, 계층간의 불화가 지속되고 있음은 참으로 안타까운 일이다. 이는 우리 사회에는 공동체의식이 박약하여 자신의 욕심을 앞세워 사회적 갈등을 평화적으로 해결하려는 노력을 기울이지 않기 때문이다. 서로 잘못을 뉘우치고 용서하면서 정직한 사회적 풍토를 조성하는 것이 평화로 가는 길목이 될 것이다.

그리고 남북의 대치상태에서 우리는 어떻게 평화를 이룰 수 있는가? 이에 대하여는 남북한이 군사적 균형을 통해서 안정을 얻는 방법이 가장 전통적인 평화유지 방법이라고 볼 수도 있다.[32] 그러나 군사력을 유지하여 전쟁을 억지하는 방안은 거짓 평화이고, 언제든 깨질 수 있다. 그리하여 우리는 통일문제 등 어떠한 경우이든 남북이 전쟁으로 해결하려는 유혹은 물리쳐야 한다. 민족의 동질성으로 인한 전통을 살리고 끊임없는 대화와 상호교류를 통해서 신뢰를 회복하기 위한 노력을 기울여야 하는 것이 우리에게 주어진 과제라 할 수 있다. 북한이 핵개발을 주장하고 군사적으로 대치하고 있는 현실에서 우리는 평화를 구축하기 위한 노력이 더욱 절실하다는 점을 일깨워야 한다.

---

32) 현인택, 한반도 평화의 군사안보, 앞의 21세기 평화학, 375쪽 이하 참조.

남북 군사력 비교

(2004. 12. 31 현재)

구 분				한 국	북 한
병력	총 계			68만1천여명	117만여명
	지 상 군			55만여명	100만여명
	해 군			6만7천여명 (해병대 포함)	6만여명
	공 군			6만4천여명	11만여명
주요전력	지상군	부대	군 단(급)	13 (항작사, 특전사 포함)	19(포병, 미사일지도국, 경보교도지국 포함)
			사 단	49	75
			기동여단	19	69 (교도 50여개 미포함)
		장비	전 차	2,300여대	3,700여대
			장 갑 차	2,400여대	2.100여대
			야 포	5,100여문	8,800여문
			다련장/방사포	200여문	4,600여문
			지대지유도무기	30여기(발사대)	60여기(발사대)
	해군	수상함	전 투 함	120여척	430여척
			상 륙 함	10여척	260여척
			기 뢰 전 함	10여척	30여척
			지 원 함	20여척	30여척
		잠 수 함(정)		10여척	70여척
	공군	전 투 기		530여대	830여대
		특 수 기		70여대 (해군 항공기 포함)	30여대
		지 원 기		200여대	520여대
	헬 기			690여대 (육·해·공군 헬기 포함)	320여대
예 비 전 력(병력)				304만여명	770만여명(교도대, 노동적위대, 붉은청년근위대 포함)

※ 자료 : 2004 국방백서(2005), 국방부.

※ 야포는 연대급 화포인 76.2mm 제외.

2. 북한 핵문제와 동북아 평화

한반도와 동북아시아의 평화와 안정에 결정적 영향을 미치는 요인으로 두 가지를 주목할 필요가 있다. 북한 핵문제와 한반도를 둘러싼 4대 강국의 파워 게임이다.

북한이 1960년대부터 개발해 온 핵무기가 공산권이 몰락한 후에도 김일성-김정일 부자 2대의 독재체제를 지탱하는 버팀목이 되고 있는 현실은 북한 입장에선 '선견지명'의 대가일 것이다. 그러나 한국과 주변 강대국 입장에선 핵무기를 허리에 두른 채 자살 테러도 불사하겠다는 북한의 '벼랑 끝 협박외교'는 골칫거리가 아닐 수 없다.

1993~1994년 1차 북핵 위기가 김일성 사망 후 제네바 협정을 통해 어설프게 봉합됐으나, 미국 정권이 민주당에서 공화당으로 바뀌면서 2002년 말부터 2차 위기로 발전했다. 부시 행정부는 클린턴 행정부가 맺은 제네바 협정을 '전형적인 퍼주기 외교'로 실패한 정책이라고 평가절하하고 10여 년간 계속돼 온 경수로 건설과 대북 중유 공급을 중단했다. 이에 맞서 북한은 핵동결 해제와 함께 폐연료봉 재처리에 들어갔다. 미국 정보기관과 IAEA(국제원자력기구)는 "북한이 최소한 5~6개의 핵무기를 제조할 수 있는 플루토늄을 확보했다"는 사실을 확인하기에 이르렀다. 2003년 4월 미국, 중국, 북한 간 3자 회담에 이어 같은 해 8월 중국 북경에서 6자 회담이 개최되어 다자협의체를 통한 핵문제 해결 시스템이 가동되기 시작했다.

2005년 7월 4차, 6차 회담에서 북한이 핵을 포기하고, 중단된 경수로 건설을 재개한다는 합의가 도출됐지만 핵포기가 먼저인가, 경수로 건설 재개가 먼저인가를 놓고 당사국 사이에 의견이 엇갈려 후속회담이 이어지지 못하고 있다. 이런 와중에 미국은 북한 인권 문제와 위조 달러 지폐 유통 문제를 제기하고 급기야 북한의 해외 자산을 동결하고 탈북자의 미국 망명을 수용하는 등 전방위 압박을 계속하고 있다. 반면 북한은 "미국의 봉쇄에도 불구하고, 시간이 갈수록 북한은 '억지력'을 키울 수 있다"며 미국의 태도 완화를 촉구하며 대립하고 있다.

북핵 문제 해결의 어려움은 미국과 북한 간 상호 신뢰의 결여에서 찾는 것이 순서이다. 미국은 북한의 핵포기 약속을 믿지 못하고, 북한은 미국의 체제 보장 약속을 믿지 못하고 있다. 어쨌든 북핵 문제가 미해결인 상태로 지속되는 것은 남북은 물론 주변국에도 결코 유익하지 못하다. 북한의 핵무기 고수는 개방과 교류의 세계적 대세를 거부하고 대량살상무기확산을 막자는 국제사회의 합의도 무시하는 퇴행적 처방이다. 핵무기가 야기하는 가공할 불안과 공포는 김정일 정권의 생명연장에 기여할지는 몰라도 북한 주민의 삶이나 행복과는 무관하다. 사고나 실수로 인한 핵물질의 누출은 한반도는 물론 중국, 일본, 러시아에도 심각한 영향을 미칠 것이다.

현재 한 치의 간격도 좁히지 못하고 있는 상태에서 그래도 관련 6자가 재차 합의해야 할 사항이 있다면, 북핵 문제의 평화적 해결 원칙이다. 무력을 통한 해결, 일방적 강요에 의한 해결은 예기치 않은 파멸적 결과를 초래할 수 있다는 만일의 가능성을 잊지 않는 것이다. 그것이 평화와 안정을 지향하는 태도이며 궁극적으로 실마리를 찾는 지름길이 될 것이다.

3. 4강의 파워 게임과 동북아 평화

역사적으로 한반도는 해양세력과 대륙세력이 충돌하는 무대였다. 구한말 열강의 각축과 최근의 4강 파워 게임은 한반도라는 전략적 요충지를 선점하기 위한 경쟁의 성격을 띤다. 어느 세력권 또는 국가가 한반도를 장악하느냐는 동북아 패권의 향배를 결정짓는 요소였다.

20세기 초반은 일본이 패권적 지위를 누렸고, 제2차 세계대전 후에는 미국과 소련이 한반도를 분점하면서 대결적 냉전 체제를 형성했다. 중국의 국력이 급부상하고 있는 21세기 초반에는 미일 동맹과 중러 연합세력 간에 불안한 균형이 상당기간 지속될 것이다.

4대 강국의 파워 게임은 한반도와 동북아 평화에는 위협적 요인이다. 북한 핵문제가 결합되면 불안정성은 더 증폭된다. 4대국이 벌이는 샅바 싸움 속에서 한국의 진로는 끊임없이 기복을 탈 것이고 순간순간 선택의 위험을 감수해야 할 것이다. 절대강자가 없는 상태에서 한국의 선택은 어느 쪽을 선택해도 위험에 빠지는 외줄타기가 될 가능성이 높다.

이런 우려는 최근에 현실로 나타나고 있는 듯하다. 미국과 일본은 중국을 가상적으로 삼아 동맹체제를 강화하고 있다. 이는 중국과 러시아의 경계심을 자극해 중러 접근을 촉진시킨다. 한국의 경우, 김대중 정부와 노무현 정부의 '친 대륙 성향'은 한미일 삼각동맹체제를 심각하게 균열시키면서 자칫 고립될 가능성이 높아지고 있다.

강화된 미일 동맹을 업고 일본은 식민시대의 논리를 되살려 과거사와 영토 문제를 부각시키며 중국, 한국과 충돌하는 일이 잦아지고 있다. 일본 고이즈미 총리의 야스쿠니 신사참배 강행으로 중일, 한일 정상회담이 중단된 상태지만 일본은 고압적 자세를 바꾸지 않고 있다. 일본은 중국과는 센카쿠 열도, 한국과는 독도 영유권을 놓고 도발적 조치를 잇달아 내놓고 있다. 미국과 일본은 대만 수호를 천명하며, 공식적으로는 찬성한다고 했던 중국의 일국양제(一國兩制) 노선을 조롱하고 있다. 일본은 쿠릴 열도 반환문제를 놓고 러시아와 신경전을 벌이면서도 동시베리아 에너지 개발을 놓고는 러시아에 추파를 던지고 있다.

일본인 납치 문제는 두 차례 정상회담까지 연 북한과 일본 간 관계를 최악의 상황에 빠뜨렸다. 북한은 핵무기와 장거리 미사일 개발을 통해 미국과 일본을 위협하고 있으나 이는 오히려 일본의 핵무장을 앞당기는 부작용을 낳을 가능성이 높다.

현재 4강의 파워 게임은 진행형이고, 동북아 질서는 미완성이다. 그만큼 동북아 정세는 불안정하다고 할 수 있다. 대륙의 인구-군사대국인 중국과 해양의 경제대국인 일본이 협조와 공존 관계를 구축한다면 한반도엔 다행스런 일이다. 하지만 현재로선 중일은 경쟁과 갈등 관계로 발전할 가능성이 높아 보인다. 구한말 때처럼 한반도가 또다시 강대국의 전장(戰場)으로 전락하는 극단적 상황도 배제할 수 없다. 한국은 앞으로도 해양세력으로 남아야 할지 아니면 대륙세력에 편입돼야 할지, 선택의 기로에 서 있다. 과연 어떤 길이 한반도와 한민족의 평화와 안정을 보장할 것인지 확신할 수 없으나, 3면이 바다인 한국이 해양세력을 버릴 수는 없지 않을까 생각한다.

V. 평화의 질서를 위한 제언[33]

1. 진리 안에서의 평화

교황 베네딕토 16세께서는 "진리 안의 평화"는 '언제 어디서든 진리의 빛으로 깨달음을 얻게 될 때 인간은 자연히 평화의 길을 걷게 된다는 확신을 나타낸다.'고 말씀하시고, 우리는 평화를 단순히 무력전쟁의 부재에 국한시켜서는 안되며, 인간 사회 안에 그 창설자이신 하느님께서 심어놓으신 질서의 열매, 언제나 더욱 완전한 정의를 갈망하는 인류가 실현하여야 할 질서의 열매로 이해하여야 한다고 강조하신다.[34]

평화는 하느님이 인간에게 주신 선물이고 은총으로서, 진리와 정의와 자유와 사랑 안에서 인류 역사가 하느님의 질서를 따르도록 할 책임을 요구하고 있다.[35] 사람은 누구나 마음의 안정을 찾을 때 평화를 누릴 수 있다. 거짓 없이 떳떳한 삶을 누리는 사람은 어떠한

33) 이 부분은 교황 베네딕토 16세의 '평화의 날 담화'를 중심으로 살펴보기로 한다.
34) 진리 안의 평화, 3항.
35) 진리 안의 평화, 4항.

환경에서도 평화를 누리고 사회를 밝게 비출 수 있다. 예수님께서 "너희가 내 말 안에 머무르면 진리를 깨닫게 될 것이고, 진리가 너희를 자유롭게 할 것이다."(요한 8:31-32)라고 하신 말씀을 깊이 묵상해야 한다. 개인이든 기업 또는 국가를 경영하는 사람들이 하느님의 뜻을 받들어 진리 안에서 정의를 실현하는 것이 바로 평화의 질서를 유지하는 길이다.

2. 공동선의 실현과 도덕성의 회복

사람은 이웃과 함께 삶을 누리는 사회적 동물로서 공동체를 이루고 있다. 사람이 개인의 욕망에 사로잡히지 않고 공동체의 이익을 위하여 봉사하고자 할 때에 평화에 기여할 수 있다. 공동선은 집단이나 구성원 개개인으로 하여금 더 완전하고 더 용이하게 자기완성을 달성할 수 있게 하는 사회생활상 여러 가지 조건들의 총체를 말한다.[36)]

공동선은 인간본성과 긴밀히 연결되어 있기 때문에 어느 시대에나 인간을 생각하지 않고서는 공동선의 내용을 충분하고도 완전하게 밝힐 수 없다.[37)] 공동선의 기본적 요소는 윤리적 질서의 인정과 존중이다.[38)] 그리하여 평화를 이룩하기 위하여서는 사회적 부패를 청산하여 도덕성을 회복하여야 한다. 사람 사이나 국가 사이의 상호신뢰는 도덕질서를 준수할 때에 이루어지는 것이고, 개인이든 국가이든 거짓을 일삼고 있으면 평화는 깨진다. 그리하여 "모든 진정한 평화의 추구는 진실과 거짓의 문제가 모든 사람의 문제라는 인식에서부터 출발하여야 한다."[39)] 그리고 도덕률은 개인생활과 시민사회는 물론 개별 국가와 전 세계에 관련되는 문제들의 해결을 위

---

36) 사목헌장, 26항.
37) 지상의 평화, 55항.
38) 지상의 평화, 85항.
39) 진리 안의 평화, 5항.

하여 그 어떠한 외적 세력이나 이익보다 더욱 커다란 힘을 지니고 있다.[40)]

온 인류의 공동선에 대한 관심에 의하여, 또 개인적 이윤의 추구가 아닌 "모든 이의 정신적이고 인간적인 발전"을 위하는 배려에 의해서 지배되는 세계에서는 평화가 가능하며 "인간들 사이에 더욱 완전한 정의"의 결실로서 그 평화가 가능하다.[41)] 공동선의 실현은 인간의 존엄과 가치를 존중하고, 가난하고 소외된 사람들에 대한 배려도 잊지 말아야 한다. 다시 말하면 개인의 복지가 안전하게 확보되고 사람들이 정신과 재능의 자원을 서로 신뢰로써 나누지 않고서는 지상에 평화를 가져올 수 없다. 이웃과 외국인 및 그들의 품위를 존경하려는 확고한 의지와 형제애의 성실한 실천이야말로 평화의 실현에 절대적이다. 이렇게 평화는 정의의 내용을 초월하는 사랑의 결실이다.[42)]

3. 용서와 화해

교황께서는 "평화는 단순히 전쟁의 부재가 아니라 정의가 다스리는 사회, 각 개인을 위한 선익이 최대한 실현되는 사회에서 개별시민이 사이좋게 더불어 살아가는 것이다. 평화의 진리는 모든 이가 풍요롭고 진실한 관계를 맺도록 요구하고, 용서와 화해의 길을 추구하고 이 길로 나아가며 다른 이들과 투명한 관계를 맺고 약속에 충실할 것을 촉구한다."[43)]고 가르친다. 교황 요한 바오로 2세도 앞에서 본 바와 같이 가공할 폭력에 휘둘린 도덕질서와 사회질서는 정의와 용서를 겸비한 대책이 아니면 회복시킬 수 없다는 점을 지적하셨고, 교회는 진정한 평화는 오로지 용서와 화해를 통해서만

---

40) 어머니요 스승, 208항.
41) 사회적 관심, 10항; 민족들의 발전, 76항.
42) 사목헌장, 78항.
43) 진리 안의 평화, 6항.

가능해진다고 가르친다.[44)]

우리나라는 남북분단으로 인한 긴장 속에서도 정치, 경제, 사회의 각 분야에서 총체적인 부패로 몸살을 앓고, 사회적 혼란을 거듭하고 있다. 이는 먼저 정치지도자들이 공동선의 실현보다는 수단과 방법을 가리지 않고 자신들의 이익을 챙기고자 부정의 고리에 말려든 것이 큰 원인이라 할 수 있다. 5. 31 지방선거를 앞두고 공천비리가 드러나는가 하면 기업의 비자금문제가 아직도 우리를 괴롭히고 있다.

“숨겨진 것은 드러나게 마련이고 감추어진 것은 알려지기 마련이다.”(마태 10:26) 그리하여 잘못을 저지른 사람들이 양심을 속이고 마음의 그늘을 지고 살기보다는 자신의 잘못을 뉘우치고 진실을 밝혀 용서를 구하는 것이 마음의 평화를 얻는 길이다. “거짓을 벗어버리고 저마다 이웃에게 진실을 말하십시오. 우리는 서로 지체입니다. 화가 나더라도 죄는 짓지 마십시오. 해가 질 때까지 노여움을 품고 있지 마십시오.”(에페 4:25-6)라는 바오로 사도의 말씀은 서로 진실을 말하고 노여움을 푸는 것이 참된 평화의 길임을 일깨워 주는 것이라 할 수 있다.

특히 우리는 남북분단으로 북한에 대한 긴장의 끈을 놓지 못하고 있다. 북한이 김정일 독재체제에서 국민이 굶주리고 있는 상황에서도 핵 개발 등 군사적 위험을 안고 있고, 이에 대한 대응을 어떻게 할 것인가에 대하여는 많은 논의가 있다. 북한을 돕는 것이 과연 옳으냐? 정의와 진실이 화해에 필요한 실질적 조건인데,[45)] 김정일을 무조건 용서하고 화해를 할 수 있느냐는 문제가 제기된다.

남북이 군사적 대결로 문제를 풀 수는 없다. 우리는 북한과의 교류를 확대하면서 북한 주민의 인권신장과 변화를 추구하고 하느님의 자비를 구해야 한다. 그리스도인들을 박해하는데 선봉에 섰던 바오로 사도가 다마스쿠스에서 회두할 때 그 도구로 쓰인 하나니아

44) 간추린 사회교리, 517항, 384쪽.
45) 간추린 사회교리, 518항, 384쪽.

스는 주님께서 사울에게 가도록 이르셨을 때 그 사람이 어떤 사람인데 그를 찾으라고 하시느냐는 반응을 보이고 있는 것(사도 9:1-20 참조)을 깊이 묵상할 필요가 있다. 우리 민족에게 주어진 고통을 이기고 남북이 화해하여 평화를 이룩하도록 끊임없이 기도와 희생을 바쳐야 하는 것이 우리에게 주어진 소임이라 생각된다.

4. 법과 질서

법은 사람이 지켜야 할 사회적 규범으로서 공동선의 실현을 그 목적으로 하고 있다. 성 토마스 아퀴나스는 "공동선에로 질서 지우는 것이 법의 근거이고, 따라서 법은 공동선을 위한 이성의 명령이다."라고 가르치고 있다. 국가나 사회의 구성원이 법을 존중하고 잘 지킬 때에는 질서가 유지되어 사회가 안정되나, 이를 무시하고 자신의 이익이나 편의만을 내세울 때에는 사회적 혼란을 자아내게 되는 것은 말할 나위도 없다. 이 점에서 법은 인간의 공동선을 위한 평화의 질서라 할 수 있다.

민주국가는 법에 의하여 다스리는 나라이다. 국가권력도 법에 의하여 그 한계가 정해진다. 법은 합리성, 공평성, 공정성 및 일관성을 지닐 때에 국가나 사회 또는 개인의 분쟁을 정상적이고 평화적인 방법으로 해결하는 수단으로서의 가치를 인정받을 수 있게 된다. 따라서 법의 집행이나 적용이 정의의 관념에 부합하고, 시민도 그 법을 존중하고 지켜 모든 갈등을 힘의 논리가 아닌 법의 잣대로 풀어나갈 때에 그 나라는 평화로운 질서를 유지할 수 있다. 그리고 지구촌이 세계국가를 형성하여 이를 구속할 수 있는 세계법이 있다면 그 법을 통해서 세계의 평화도 누릴 수 있을 것이다.[46)]

---

46) UN헌장이나 각종 조약에 의하여 국제간의 분쟁을 평화적으로 해결하는데 어느 정도 도움을 주고 있으나, 이는 완전하지 못하다. 이에 따라 Clark/Sohn 교수는 세계법을 통한 세계평화(World Peace Through World Law, 1966)를 주장하고 있기도 하다.

그러나 우리나라뿐 아니라 지구촌 곳곳에서 인간의 기본질서가 무너지고 힘의 논리로 대응하여 사회적 혼란을 자아내고 있는 것이 현실이다. 사회적 불평등으로 인한 불만이 각종 폭력의 수단으로 동원되고 있는 나라에서는 비록 전쟁이 없다 하더라도 평화가 있다고 할 수는 없다. 그리하여 국가이든 개인이나 집단이든 각종 분쟁이나 욕구를 법의 기준에 따라 해결하도록 힘쓸 때에 평화를 누릴 수 있고, 교통법규 등 기본질서가 지켜지지 않고, 개인 또는 집단적 이익을 위하여 폭력을 사용하거나 공권력에 도전하는 행위는 사회질서를 어지럽힐 뿐 아니라 평화를 해치는 것이다.

사람은 가정이나 사회 또는 국가에서 공동체를 형성하고 살고 있다. 공동체의 평화로운 질서를 위하여 법은 각 사람에게 권리를 인정할 뿐 아니라 이웃에 대한 의무를 부과하고 다른 사람에게 손해를 입히거나 법을 어겼을 때에는 그에 대한 책임을 지도록 요구하고 있다. 이에 따라 인간이 이웃과 함께 어울려 평화롭게 살기 위하여서는 법과 질서를 지키도록 하여야 하고 이것이 바로 평화로 나아가는 길이다.

5. 테러리즘에 대한 경계

오늘날 테러리즘으로 평화의 진리가 계속해서 심각하게 훼손되고 또한 거부되고 있음은 참으로 우려스러운 일이다. 교황께서는 "그들의 전략은 흔히 비극과 혼돈을 야기하는 허무주의의 영향의 결과이고, 또한 흔히 근본주의로 불리는 종교광신주의도 테러범들의 사고와 행동에 영향을 주고 이를 조장한다."고 말씀하신다. 요한 바오로 2세 교황께서는 광신적인 근본주의가 나타내는 극도의 위험성을 깨달으시고 "우리가 진리로 여기는 것을 다른 사람들에게 폭력으로 강요하는 행위는 인간의 존엄성에 위배되며, 궁극적으로는 인간에게 당신의 모습을 새겨주신 하느님을 거스르는 것이다."라고 경고하셨다.[47]

광신적인 종교근본주의자들이 하느님을 믿으면서 허무주의자들과 마찬가지로 테러리즘에 영향을 주고 있다는 것은 참으로 역설적이다. 허무주의가 하느님의 존재와 역사 안에서 하느님의 섭리적 현존을 부정한다면, 광신적 근본주의는 하느님을 자체적으로 만든 우상으로 대치시킴으로써 그분의 자애롭고 자비로운 모습을 왜곡시켜 버린다.[48]

테러리즘은 단죄되어야 하고, 이를 퇴치하기 위한 노력이 있어야 한다. 테러리즘의 퇴치를 위한 국제적 협력이 단순히 억압과 징벌을 위한 행동에 국한되어서는 안되고, 테러공격의 이면에 숨어 있는 이유를 분석하여 그 원인을 제거하도록 하여야 한다.[49] 이를 위하여 무엇보다도 요청되는 것은 불의를 제거하고, 국가적으로나 국제적으로 소외된 계층 또는 국가에 대한 배려를 아끼지 않아야 할 것이다.

6. 핵 철폐와 군비축소

오늘날 지구상에는 아직도 동족간의 유혈이나 국가 사이의 분쟁으로 인한 전쟁의 위험이 도사리고 있고, 핵개발에 따르는 긴장이 이어지고 있다. 핵전쟁에서는 승자란 있을 수 없고, 희생자만 있을 뿐이다. 교황께서는 "평화의 진리는 공공연하게 또는 비밀리에 핵무기를 보유한 정부들뿐 아니라 핵무기를 가지려고 계획하는 정부를 포함한 모든 이가 분명하고 확고한 결정으로 진로를 선회하여 합의를 통한 점진적인 핵 철폐를 할 것"을 요구하고 계신다.[50] 이를 위하여서는 각국의 지도자들이 지나친 권력욕이나 지배욕을 버리고 공동선의 실현에 앞장서도록 하여야 하고, 국제적인 협력이 절실히

47) 진리 안의 평화, 9항.
48) 위의 담화, 10항.
49) 간추린 사회교리, 514항, 381쪽.
50) 진리 안의 평화, 13항.

요구되는 것이다.

앞에서 본 바와 같이 각 나라의 군비경쟁은 죽음의 문화에 투자하는 것이고, 가난한 사람들에게 더욱 고통을 가중시키는 어리석은 짓이다. 군비축소는 어느 한 나라에서 일방적으로 할 수 있는 것이 아니고, 국제기구들을 통해서 효율적으로 이루어져야 한다. 그리고 군비축소에 대한 단호한 결정의 첫 수혜자는 가난한 나라들이 될 것은 뻔하다.[51] 군비를 축소한 비용을 경제개발에 돌리고 가난한 나라를 원조하거나 가난한 사람들의 복지를 위하여 사용한다면 그만큼 국가 또는 국제사회의 안정에도 도움이 되고 평화의 길로 나아가게 될 것이다.

VI. 맺는 말

사람은 누구나 자신이 마음의 안정을 유지하며 살기를 원하고, 또한 자신이 속한 사회나 국가 또는 이웃 나라 사이에 분쟁 없이 평화롭게 살기를 바라고 있다. 그러나 인간관계 또는 국가 사이의 관계는 이해의 대립 등으로 갈등이 빚어지고, 이를 어떻게 대응하느냐에 따라 평화를 유지하거나 분쟁으로 번져 평화를 해치게 된다. 인간의 욕심으로 거짓과 폭력으로 얼룩진 사회는 비록 전쟁이 없다 하더라도 평화를 간직하고 있는 것은 아니다.

교황 베네딕토 16세께서는 "교회는 그 창설자에게서 받은 사명에 충실하여 어디서나 평화의 복음을 선포하는 일에 투신하고, 평화증진을 위하여 노력하는 모든 이에게 필수적인 도움을 주고 있다는 확고한 신념으로 참되고 영원한 평화는 반드시 하느님과 인간에 대한 진리의 반석 위에 세워져야 한다는 것을 모든 사람에게 되새겨 준다."고 말씀하신다.[52]

---

51) 위 담화, 15항 참조.

평화는 하느님께서 인간에게 주신 선물이고, 교황님의 말씀처럼 하느님과 인간에 대한 진리 위에서만 참 평화의 기틀이 세워질 것이다. 이를 위하여 우리는 자신의 욕심만을 앞세우지 말고, 공동체의 선익에 도움을 주도록 힘써야 한다. 특히 국가 통치자들 사이에서 상호신뢰가 이루어지고 그들 마음에 더욱 깊숙이 자리잡게 하기 위해서는 무엇보다도 먼저 진리와 정의의 법칙을 인정하고 또 모두가 다 이를 준수하여야 한다.[53] 그리고 국제적인 협력과 교류를 원만하게 추진할 때에 세계평화에도 기여할 수 있다.

"서로 사랑하여라. 내가 너희를 사랑한 것처럼 서로 사랑하여라." (요한 13:34)라는 사랑의 계명을 실천하고, 사회적 불의를 배제하고 가난하고 소외된 이웃에 대한 배려를 아끼지 않을 때 하느님의 선물인 평화가 우리와 함께 깃들 것이다.

교황님은 평화의 날 담화를 마치면서 "사랑하는 형제자매 여러분, 날마다 복음에 귀기울이고 사랑의 계명을 따라 일상생활의 진리 위에 평화를 구축하는 법을 배웁시다. 모든 공동체는 사람들에게 평화의 진리를 더욱 온전히 존중하여야 한다는 것을 더욱 깊이 자각시키기 위한 교육과 증언활동을 확대해 나가야 합니다."라고 말씀하시고 더욱 기도에 열중하기를 당부하고 계시다. 우리는 교회의 가르침에 따라 평화의 어머니이신 성모님을 통해서 끊임없이 하느님께 평화를 간청하는 기도를 바치고, 프란치스코 성인처럼 "평화의 도구"가 될 수 있기를 기원한다.

〈2006.5.20. 정의평화 세미나 주제발표〉

---

52) 위 담화, 15항.
53) 어머니요 스승, 207항.

4 바른 사회를 꿈꾸며

사회현실과 공동체의식

•

시민운동과 도덕적 가치

•

평등주의와 사회적 갈등

•

기업윤리와 사회적 책임

•

뇌물이야기

사회현실과 공동체의식

I. 머리말

과학, 생명, 공동체라는 대주제를 가지고 오늘 학술발표회를 가지는 학회 회원 여러분의 노고에 감사드린다. 이러한 연구발표는 인간의 존엄과 가치를 존중하고 공동체가 평화로운 질서를 유지하면서 행복을 추구할 수 있는 길을 모색하고자 하는 데 그 뜻이 있다 할 것이다.

인류가 달나라를 정복하고, 우주선이 떠다니고, IT산업 등 첨단과학의 발전으로 우리는 그 어느 시대보다도 풍요로운 삶을 누리고 있다. 배아세포, 지놈 연구로 생명의 신비까지 벗기려는 과학자들의 왕성한 활동과 더불어 생명윤리문제가 심각하게 대두되고 있다. 과학만능, 기술만능주의에 빠져 인간의 기본적 가치를 도외시하면 인간사회는 점점 혼돈 속으로 함몰될 것이다. 우리는 여기서 아무리 과학이 발달한다 하더라도 도덕적 윤리적인 기초가 무너지면 인간에게는 재앙이 따를 뿐임을 일깨울 필요가 있다. 북한 핵문제나 이라크 전쟁으로 인한 각종 테러가 이를 잘 보여주고 있다.

II. 사회현상

우리 사회는 정치, 경제, 사회 등 각 분야가 총체적인 부패로 얼룩져 있다. 박정희 군사정권이 들어서 정경유착이 심화되었고, 전두환, 노태우의 비자금축적으로 인한 부패의 고리가 이어져 결국 1997년 IMF위기를 맞아 기업의 도산과 공적자금을 투입하고 은행을 비롯한 여러 기업이 외국인의 투기자본에 의하여 잠식되고 있는 쓰라림을 겪고 있다. 그럼에도 불구하고 오늘날 불법적인 대선자금의 수사가 이어지고, 기업의 비자금축적으로 인한 분식회계 등이 도마에 오르고 있는 모습은 참으로 서글프다.

이러한 사회적 현상 속에서 수단과 방법을 가리지 않고 제몫만을 챙기면 된다는 그릇된 풍토가 자리잡고 있다. 정치인이 부정한 정치자금을 요구하고 이 돈을 일부 빼내어 치부하기도 했다는 보도는 우리나라의 도덕적 해이(moral hazard)가 얼마나 심각한가를 나타내고 있다. 권력을 가진 자 또는 그 주변인물들이 도덕성을 잃고, 수십억, 수백억원의 부정을 저지르고도 거짓말로 서로 속이는 모습은 측은하기도 하다. 이에 따라 노조, 농민의 극한적인 저항이나 위도의 핵폐기장 반대를 둘러싸고 일어난 폭력시위 등은 우리 공동체가 커다란 위기를 맞고 있음을 보여주고 있다.

공장을 외국으로 이전하고 실업률은 늘고 있으면서도 이른바 3D업종에는 취업을 꺼리고, 불법체류자로 지목되고 있는 외국노동자에 대한 대응은 우리의 경제전망에도 어둠의 그림자를 드리우고 있다. 황금만능의 관념은 일부 몰지각한 부유층의 부동산 투기를 부추기고, 로또복권의 열풍, 신용카드의 남발과 그 빚으로 인한 자살사태 등은 이기적인 삶이 어떤 것인가를 보여주고 있다. 사회병리현상으로 각종 범죄가 늘어나고 자살, 살인 등 인명의 경시풍조까지 도를 넘고 있다.

III. 공동체의식

사람은 이 세상에 태어나면서 가정공동체 속에서 부모형제의 보살핌을 받으면서 자라나 사회구성원으로 된다. 인간은 이웃과 함께 어울려 살아야 하는 사회적 존재이다. 가정이 건전해야 사회도 밝게 된다. 그러나 오늘 우리 사회에서는 기본적으로 가정윤리가 깨어지고, 결혼의 신성성이 무너지고 있다. 최근 우리나라의 이혼율이 50%에 육박하고 있다는 보도는 참으로 놀라운 현상이다. 황혼기에 있는 노부부가 이혼하는가 하면 최근 재벌가의 며느리가 이혼하고 15억원을 위자료로 받았다는 사실은 어떻게 받아들여야 하는가?

사회구성원이 자기 욕심만을 내세우고 이웃을 외면하면 그 공동체는 망가지고, 다 함께 자멸의 길로 들어선다. 가정에서 부모가 희생하면서 자녀를 양육하고 서로 힘을 합칠 때 비록 그 집이 가난하다 하더라도 웃음을 짓게 되고, 아무리 돈이 많다 하더라도 집안 식구가 서로 자신만을 챙길 때에는 먹구름이 깔리게 되는 것은 소박한 이치이다.

국가도 마찬가지이다. 정치권력은 국민에게 봉사하고 공동선을 위해서 존재하는 것이다. 권력을 이용하여 부정을 저지르는 자는 내부의 적이다. 하루 속히 권력형 비리를 비롯한 각종 의혹을 밝히고 진실이 통하는 사회로 탈바꿈하여야 한다. 이를 위하여 정부를 비롯한 사회지도층이 먼저 공동선을 실현하고 도덕성을 회복해야 한다. 정직한 삶의 풍토를 조성하고 "죄의 구조"를 벗겨 우리 후손에게 부끄러움이 없는 조상이 되겠다는 마음가짐이 요구된다. 우리 민족이 숱한 시련을 겪고, 남북분단 등 아주 열악한 환경 속에서도 이 작은 나라를 경제대국으로 올려놓고 있지 않은가?

정부는 어떠한 경우에도 법과 원칙에 따라 억지가 통하지 않는 사회공동체로 이끌어야 한다. 우리는 누구나 공동체의식을 가지고 자신의 권리행사로 다른 사람의 권리를 방해하지 않아야 할 의무를 지고, 또 그 행위에 대한 책임을 지겠다는 자세를 갖추어야 한다. 즉, 개인이든 국가이든 권리행사는 의무와 책임이 따르는 것임을 인식하고, 이웃과 함께 하고자 할 때에 우리 사회는 밝아질 것이다. 그리고 우리 각자는 어지러운 세상에서 혼자 바르게 산다는 것이 무슨 의미가 있느냐고 푸념할 것이 아니라 나 한 사람만이라도 희생을 감수하고 떳떳하게 살겠다는 자세로 올곧게 살아야 한다. 소돔, 고모라가 의인 열 사람이 없어 유황불로 멸망했다는 구약성경(창세기 18:20-19:20)의 말씀을 깊이 음미할 필요가 있다.

〈2003.12. 비교사회법학회 학술발표회에서〉

시민운동과 도덕적 가치

I. 머리말

그리스도의 복음의 빛을 밝히기 위한 시민운동으로서 '사회정의시민행동'이 활동하기 시작한지 3년이 흘렀다. "빛이 이 세상에 왔지만, 사람들은 빛보다 어둠을 더 사랑하였다."(요한 3:19)는 말씀처럼 우리 사회는 빛을 향하여 나가기보다는 어둠 속을 헤메어 갈피를 잡지 못하는 모습이라는 느낌이 든다. 여기에서 가톨릭교회의 사회적 가르침에 따라 '사회정의, 공동선, 가난한 이들을 위한 우선적 선택'을 지향정신으로 하고 있는 '사회정의시민행동'의 활동이 기대되고 있다.

우리의 활동은 수많은 시민단체의 활동에 비하여 미약해 보일지도 모른다. 그러나 그리스도의 영성에 따라 자신을 희생하고 차분하게 활동하는 '사회정의시민행동'이 꾸준히 그 보폭을 넓혀 간다면 오히려 우리 사회의 표양이 되어 이 땅을 밝히는데 크게 기여할 수 있을 것이다. 자신의 개혁수도회에 많은 젊은이들을 끌어들였던 클레르보의 베르나르도 성인은 '인류는 소수의 사람들 덕분에 살아갑니다. 그들이 아니었다면 세상은 사라졌을 것입니다.'(교황 베네딕토 16세의 회칙 '희망으로 구원된 우리' 15)라고 말씀하셨다. 소돔과 고모라의 멸망이 의인 열명이 없어서였다는 창세기 19장의 말씀은 이를 뒷받침하고 있다고 느끼면서 여러분의 활동에 주님의 은총을 빈다.

II. 윤리의 타락과 죄의 구조

1. 윤리의 뜻과 사회현상

윤리(ethics)는 사람이 마땅히 행하거나 지켜야 할 도리, 곧 실제의 도덕규범이 되는 원리라 할 수 있고, 사람이 공동생활에서 어떻게 행하여야 하는가를 정하여 그 행위의 잘잘못을 가리는 도덕적 기준이 되는 원리가 바로 사회윤리이다. 법은 인간의 외면적인 행위를 규제하나, 도덕은 양심 또는 내면적인 심정으로 평가되는 점에서 차이를 둘 수 있으나, 법은 건전한 사회윤리를 바탕으로 할 때에 공동선을 실현하는 평화의 질서로서 작용할 수 있을 것이다.

사람은 영혼과 육신이 결합되어 이성과 양심을 지니고 있는 가장 존엄한 사회적 존재로서 옳고 그름을 판별할 수 있다. 그러므로 인간이 이성의 명령에 따라 양심에 비추어 옳은 일을 행하고 옳지 아니한 것을 삼가는 것이 사회윤리에 부합하는 것이다. 우리는 유교의 전통적인 가르침에 따라 삼강(三綱: 君爲臣綱, 父爲子綱, 夫爲婦綱), 오륜(五倫: 君臣有義, 父子有親, 夫婦有別, 長幼有序, 朋友有信)의 정신에 따라 도덕적 가치를 중시해 왔다. 그러나 일제의 강점과 6·25 전쟁을 거치고 물질문명이 지배하면서 도덕적 기반이 무너져 사회적 혼돈을 거듭하고 있는 것이 현실이다.

우리 사회는 사회윤리가 타락하여 총체적인 부정부패로 몸살을 앓고, 죄의 구조가 깊게 뿌리박고 있는 것이 현실이다. 이는 법질서가 제대로 확립되어 있지 못하여 사회 지도층인사부터 이웃과 함께 살아야 한다는 공동체의식을 버리고, '수단과 방법을 가리지 않고 나만 잘 살면 된다.'는 이기주의를 벗어나지 못한 데서 비롯된 것이다. 법의 적용이나 그 집행에 있어 공정성을 잃어 법원칙이 무시되고, 거짓이 난무하는 사회에서는 사회윤리가 제대로 설 수 없고 정의로운 사회를 기대할 수는 없다.

2. noblesse oblige

높은 신분을 지닌 사람은 그에 따른 의무를 지고 있다는 noblesse oblige라는 말은 많은 사람들의 입에 오르내린다. 우리 사회는 신분사회는 아니다. 그러나 공직을 수행하거나 사회지도층의 인사는 자신의 영달을 꾀하기보다는 국가나 사회 또는 그가 속한 기관에 대한 책무를 지고, 그에 따른 도덕적 가치를 구현하도록 힘써야 하는 것이 그들에게 주어진 최소한의 의무이다.

영국을 비롯한 서구국가에서 전쟁이 일어나면 귀족이나 지도층의 인사들이 먼저 군에 지원하고 전쟁터에 나가 싸워 나라를 지키는 데 앞장선다. 그러나 우리나라에서는 6·25 전쟁 이후 지도층 인사들이 자신의 아들을 먼저 군에 보내겠다고 나선 사람이 과연 얼마나 있었는가? 병무행정의 비리를 들춰낸다면 한이 없을 것이다. 심지어는 6·25 때 군대에 가지도 않고 제대증을 소지하고 고위직까지 오르고, 총리를 지낸 사람까지도 영장이 나오지 아니하여 군대에 가지 않았다고 뻔뻔한 소리를 하고 있는 실정이고, 이들을 떠받들고 있는 나라이다.

총리나 장관에 대한 인사청문회를 시행한 국민의 정부 이후에 나타난 현상은 우리에게 얼마나 큰 상처를 주고 있는가? 도덕적으로 흠이 없는 사람이 그렇게도 없는가? 인간은 많은 약점을 지니고 있어 누구나 흠이 없는 사람은 없다고 할 수 있다. 그러나 사회윤리적으로 크게 비난받지 않고 묵묵히 자기 본분에 충실하게 사는 사람이 그래도 많다. 그 때문에 우리 사회는 그런대로 지탱하고 있는 것이다.

현정권에서는 과거 정권에서는 도저히 받아들여지지 않던 사안이 인사청문회에서 드러나고 범법의 혐의가 짙어도 그 직무를 감당할 능력이 있다고 해서 총리나 장관자리에 그대로 임명하고 있는 것을 어떻게 받아들여야 하는지 가늠하기 힘들다. 적어도 국군통수권을 가진 대통령을 보필하는 총리라는 막중한 자리에 석연치 않은 군면제자를 등용하는 것은 군의 사기를 위해서나 나라의 기강을 위해서도 삼가야 하는 것이 최소한의 윤리라고 생각한다. 현 총리의 인사청문회와 맞물려 터진 사건은 어깨탈골 수술로 군면제를 받은 200여명을 경찰이 집중적으로 수사한다는 보도였다. 이를 우리는 어떻게 보아야 할 것인지 깊이 생각해 볼 필요가 있다. 그리고 최근 사회통합위원회 위원장으로 앉힌 사람도 각 정권마다 자리를 차지하고 영장이 안나와 군대를 가지 아니했다는 장본인이라는 점은 이 나라의 도덕성을 그대로 반영한 것이다. 정부가 도덕성을 잃으면 국가는 파행을 면치 못한다. 우리나라 역대 정권의 말로가 비참하고 혼돈을 거듭한 것은 정부가 도덕성을 갖추지 못했기 때문이다.

noblesse oblige 이는 사회공동체를 바르게 이끌기 위해서 공직자와 지도층이 먼저 지키고 따라야 하는 책무이고, 그에 걸맞지 않는 사람은 스스로 자리에서 물러나 속죄하는 것이 나라의 앞날을 위해서도 마땅할 것이다.

3. 정경유착과 권력형 비리

오늘날 우리 사회의 총체적 부패는 정경유착으로 인한 권력형 비리의 축적에서 비롯된 것이다. 해방 이후 자기만 잘 살겠다고 일본에 빌붙어 민족을 배반한 자에 대한 책임을 묻지 않고 좋은 자리에 앉힌 것은 "수단과 방법을 가리지 않고 제몫을 챙기는 것이 현명하다"는 그릇된 가치관을 심어주어 사회윤리의 타락으로 이어졌다.

우리나라는 1960년대 이후 산업사회로 진입하면서 고도의 경제성장을 이루었고, 1996년에 OECD에 가입하여 세계에서 상위권의 경제국가로 발돋움하고 있다. 그러나 경제개발에 중점을 두고 인간의 윤리적 가치를 도외시함으로써 수많은 부작용을 낳기도 했다. 특히 역대 정권의 타락과 정경유착으로 인한 권력형 비리가 이어져 사회적 부패가 부풀어지고 사회윤리는 땅에 떨어졌다.

우리나라에서 정경유착의 문제가 언제부터 제기되었는가는 확실치 않으나, 박정희의 공화당정권에서부터 그 움이 텄다고 생각한다. 공화당 창당과정에서 불거진 4대의혹사건, 지하철공사를 위한 외자도입과정에서의 의혹 등은 그 예라 할 수 있다. 전두환, 노태우가 청와대에서 기업으로부터 불법자금을 받아챙긴 것은 권력형 비리의 극치이고, 김영삼 정권에서도 상무대 비리, 율곡사업 비리, 수서사건 등 의혹사건이 드러났으나 어느 하나도 그 진상을 밝히지 않고 넘어갔다. 그리고 문민정부와 국민의 정부에서 대통령의 아들이나 측근들에 의하여 저질러진 비리도 빼어놓을 수 없다. 참여정부도 결코 예외는 아니다.

타락한 정치사회는 언제나 부정한 금품거래를 미끼로 하고 있다. 부정한 방법으로라도 이기고 보아야 한다는 정치풍토는 기업에 자금을 요구하게 되고, 기업은 비자금이라도 조성하여 공급할 수밖에 없었다는 현실이 사회적 부패를 키워왔다고 할 수 있다. 1997년 IMF 외환위기를 겪으면서 국가경제가 어려움에 빠져 있고, 게다가 2001년 부패행위를 효율적으로 규제하기 위한 부패방지법을 제정하여 시행하고 있는 상황에서도 이른바 차떼기 등 부정한 정치자금으로 선거를 치르고 정권을 잡겠다고 나선 이른바 정치인들의 도덕적 불감증은 우리 사회의 단면을 그려주고 있다. 이는 가장 깨끗한 선거를 치렀다는 2002년의 대선과 관련하여 참여정부에 이르러서 강력한 검찰수사로 기업의 비자금이 불법적인 대선자금으로 이용된 실상이 밝혀져 국민의 마음을 허탈하게 하였고, 우리 사회의 도덕적 해이가 어떤 수준인지 보여주었다. 특히 불법적인 대선자금이 법조인의 손을 거쳐 조달되었다는 점, 가톨릭신자가 관여되었다는 점에 대하여 우리 모두는 크게 뉘우쳐야 할 것이다.

이러한 권력형 비리를 눈덩이처럼 키워 우리를 부끄럽게 한 원인은 탐욕에 눈이 어두운 자들에게 권좌를 맡긴 국민 모두의 책임이기도 하나, 국가의 소추권을 독점하고 있는 검찰의 책임이 무엇보다도 크다. 그 동안 역대정권에서 검찰이 법의 권위를 살리지 못하고 그 권력형 비리를 축소 은폐한 잘못은 지울 수 없고, 참여정부에 들어와 불법대선자금에 대한 강력한 수사와 소추로 정경유착의 고리를 어느 정도 끊은 것은 그래도 다행이다. 그러나 이명박 정권에 들어와서 벌어진 박연차 사건의 수사를 보면서 아직도 정경유착의 고리가 끊어지지 않고 있음을 암시하고 있는 것이 아닌가 생각되어 씁쓸하다.

4. 사회부조리의 만연

오늘날 우리 사회에서 이권이 있는 곳에서는 으레 부정한 돈이 오가는 현상을 찾아볼 수 있다. 지난 날 우리나라에서는 세무부조리, 병무행정의 부조리, 인허가를 둘러싸고 오고가는 뇌물사건, 부실공사, 심지어는 교육계의 부조리까지 겹쳐 정치, 경제, 사회, 교육 등 각계에서 부조리현상이 만연되어 있다.

대형 금융사고가 잇따라 일어나고, 일부 공직자들이 공금을 유용하는 현상은 어제 오늘의 일이 아니다. 현 정권이 들어선 후에 불거진 한모 국세청장에 대한 뇌물상납사건, 사학분쟁에서 학원비리와 관련된 자들을 도와 학원을 다시 소용돌이로 몰고 있는 교과부의 행태 등은 그 진위를 떠나 사회윤리의 타락으로 수단과 방법을 가리지 아니하고 자기의 이익을 챙기면 된다는 그릇된 풍토가 아직도 자리잡고 있음을 보여준다.

뇌물을 주는 자의 눈에는 '그것이 요술 보석 같아 그가 몸을 돌리는 곳마다 안되는 일이 없다(잠언 17:8)'라고 가르치고 있는데, 뇌물은 부패의 고리이고, 사람의 영혼을 파멸로 이끄는 독소라 할 수 있다. 뇌물을 주고받는 사람들이 은밀하게 거래를 하고, 관뚜껑을 덮을 때까지 비밀을 지키겠다는 약속이 무슨 의미가 있겠는가?

공직자는 국민에 대한 봉사자이다. 공직자가 업무와 관련하여 부정을 저지르는 것은 자신은 물론 사회를 파멸로 이끄는 짓이다. '털어서 먼지 나지 않는 사람은 없다'는 속언은 우리를 한없이 부끄럽게 하는 것이다. 목소리가 크고 억지를 부려도 그에 따라가는 한심한 세태는 공직자가 떳떳한 자세를 견지할 수 없는 부조리 때문이다. 역대 대통령은 한결같이 부정부패를 척결하겠다고 외쳤지만 참여정부에 이르기까지 실효를 거두지 못했다. 우리는 이를 근절하기 위한 제도적인 보완과 더불어 보다 철저한 윤리의식으로 사회악을 제거하는데 힘써야 한다.

국민권익위원회가 발표한 '2009 청렴도'에서 1위가 행정중심복합도시건설청 9.43점이고, 37위 대검찰청 7.88점, 38위 보건복지가족부 7.83점, 39위 경찰청 7.48점으로 나타났고, 또 기초단체장 230명 중 36명이 비리로 퇴출(중앙일보 2009.12.11. 8쪽)되었다는 보도는 우리 사회의 단면을 그려주는 것이다.

사회적 부조리를 척결하고 하루 속히 건전한 사회로 탈바꿈하여야 하는 것은 우리 모두의 바람이고, 이는 공정한 법의 운용으로 갖가지 비리를 철저히 가려 엄격한 책임을 묻는 데서 출발하여야 하고, 사회윤리가 이를 뒷받침해 주어야 한다.

5. 인권의 침해

첨단과학이 발달하고 물질문명이 판을 치는 세상에서도 그 중심은 인간이다. 인간의 존엄과 가치가 존중되지 않는 사회는 재앙을 불러오게 된다. 헌법 제10조는 기본적 인권의 보장에 관하여 규정하고 있다. 이러한 헌법의 규정은 천부적인 인권의 보장을 확인한 것으로 국가의 공권력은 바로 국민의 기본권을 존중하고 행복하게 살 수 있도록 보살피는 데 그 존재이유가 있음을 밝힌 것이다.

우리나라에서는 지난 군사독재정권하에서 이른바 시국사건관련자들에 대하여 국가보안법을 남용하고 가혹한 고문을 가하여 인권을 침해한 사실이 드러났다. 부천서의 성고문사건 등은 그 전형적인 예이고, 1987년의 박종철 고문치사사건에서 그 절정에 이르고 있다. 이러한 인권의 침해사실은 불법적으로 연행하여 고문을 가한 수사기관의 책임뿐 아니라 이를 바탕으로 기소하고 재판한 검찰이나 사법부에게 보다 큰 책임이 있다고 하여야 할 것이다.

특히 1974년의 인혁당 재건위원회사건은 조작되었다는 의문이 제기되었으나, 1975. 4. 8. 대법원이 고등군법회의의 판결에 대한 상고를 기각 사형이 확정된 다음날 새벽에 박정희는 그 8명에 대한 사형을 집행했다. 이는 반인륜적 범죄고, 당시 대법관들은 재판살인에 가담한 끔찍한 죄인들이다. 군사정권시절 권력의 하수인의 역할을 한 검찰이나 법관이 저지른 잘못에 대하여 깊이 성찰할 필요가 있다. 그리고 작년 말 용산철거민의 철거과정에서 생긴 이른바 용산 참사는 이 정권에서 저질러진 대표적인 인권침해 사건이라 할 수 있다. 개발이라는 이름으로 가난하고 소외된 사람들의 눈에서 피눈물을 흘리게 하는 것은 올바른 정책이 될 수 없다.

권위주의 정권이 무너지고 민주화가 회복된 후 인혁당 사건을 비롯하여 국가가 불법적으로 가혹행위를 저질러 유죄를 인정한 많은 사건이 재심절차를 통하여 무죄 또는 면소판결이 선고되고, 국가가 그에 대한 손해배상책임을 지고 있음은 참으로 부끄러운 일이다. 지난 10월 12일 서울중앙지법 민사합의 13부는 1981년 반국가단체를 결성해 활동했다는 혐의(국가보안법 위반) 등으로 징역형을 선고받은 '아람회'사건 연루자와 유족 등 37명에게 "총 위자료 80억원과 이자를 지급하라"고 선고하여 184억원의 배상판결이 났다는 보도가 났다(중앙일보 10.13자 31쪽). 이는 국가만이 책임을 질 것이 아니라 당시 수사한 수사관과 재판에 관여했던 검찰과 법관에게도 그 책임을 묻는 것이 필요하다고 생각한다.

오늘날 우리나라는 수많은 시련을 겪고 어느 정도 민주화가 실현되고 있는 상황에서도 수사과정에서 간혹 가혹행위가 있었다는 보도가 있기도 하나, 공권력에 의한 인권의 침해는 상당히 개선된 것으로 보인다. 그러나 자신의 안락한 삶을 위하여 낙태를 한다든가, 아동을 학대하고 외국노동자나 약자에 대한 처우를 제대로 하지 않고 있는 현상이나 성폭행과 같은 범죄가 늘어나고, 부정식품 등을 공급하고 있는 것은 인간의 존엄과 가치에 대한 인식이 바로 서지 못한 데서 나오는 것이다.

인간은 자유의지를 지니고, 선이나 악을 선택할 수 있는 유일한 존재이다. 이성을 갖춘 인간이 자유의지에 따라 선을 행할 때 인간의 존엄성이 살아나고, 악을 저지를 때에는 스스로 존엄한 가치를 짓밟는 것이다. 그리하여 인간이 도덕적 가치를 존중하고 이웃과 더불어 서로 사랑을 나누며 살 때에 인간의 존엄과 가치를 지닌다고 보아야 할 것이다. 따라서 사람이 자신의 몫만을 챙기고 이웃에 대한 배려를 하지 않는 것도 음으로 양으로 남의 인권을 침해하는 행위임을 자각할 필요가 있다. 그리고 '네 이웃을 너 자신처럼 사랑해야 한다'(마르 12:31)는 사랑의 계명에 따라 사회구성원 모두는 자신의 인권이 중요하면 남의 인권도 종요하다는 인식을 하여야 하고, 공무집행 중인 경찰관에게 도전하는 행위는 어떠한 경우에도 용납하지 않는다는 사회적 공감대가 형성되어야 하고 보다 강력한 대응이 필요하다.

III. 시민운동과 도덕적 가치

> "야훼여, 우리는 임금들이나 고관들이나 조상들까지 모두가 주께 죄를 얻어 얼굴을 들 수 없게 되었습니다." (다니 9:8)

나는 비정부기구인 NGO는 도덕성을 갖추고 있을 때에 힘이 생기는 것이고, 이를 잃어버리면 그 활동의 근거가 무너진다고 생각한다. 그런데 우리나라에서 시민운동에 참여하고 있는 사람들 가운데는 묵묵히 자기 희생을 감수하고 사회정의의 실천을 위하여 헌신하고 있는 분들도 있으나, 자신들의 이익을 앞세우고 있는 것은 아닌지 깊이 반성할 필요가 있다. 국가 보조금이나 기업체로부터 받아들인 기금을 투명하고 공정하게 사용하지 못하고 물의를 빚는 것은 오히려 국민들에게 실망을 안겨주는 것이다. 시민운동단체의 보조금 유용사례들이 보도되고 있는 것은 그 사실 여부를 묻지 않고 커다란 상처를 입히는 것이다.

교황 바오로 6세께서는 회칙 '민족들의 발전'에서 "평신도들은 현세적 질서의 쇄신을 자신들의 의무로 여겨야 한다. 평신도들이 즐겨 모든 민족들 가운데 정의와 공평의 도덕률을 확립하기 위하여 선봉대가 되어야 한다"(민족들의 발전 81 참조)는 점을 강조하고 있다. 가톨릭 시민운동은 바로 이런 정신에 터잡고 있다고 할 수 있다.

교황 레오 13세의 새로운 사태를 효시로 역대 교황님들이 반포하는 회칙이나 사회교리는 인간의 도덕성을 강조하고 있다. 이를 들어보기로 한다.

인간의 진정한 존엄성과 고귀함은 전적으로 도덕, 곧 덕행으로 응답하는 태도에 있다. 덕은 높은 신분의 사람이건 낮은 신분의 사람이건 부유한 자이건 가난한 자이건 상관없이 모든 사람이 공평하게 쌓을 수 있는 공동유산이다(새로운 사태 17).

도덕적 법칙은 우리의 모든 행위에 있어서 최고 최종 목적을 찾도록 명하고, 우리의 구체적 행위에 있어서는 특수목적을 일반목적에 제대로 종속시키면서 자연법 또는 대자연의 창조주께서 설정하신 그 목적을 똑바로 추구하라고 명한다(사십주년 17).

사회개혁은 그리스도교 정신의 심원한 쇄신에서 시작되어야 한다는 것을 분명히 알 수 있는데, 불행히도 경제활동에 종사하는 많은 사람들이 그 정신으로부터 이탈하였다. 만일 세상의 죄악을 척결하는 해결책이 있다면 그것은 오로지 그리스도교적 생활과 그리스도교적 제도로 되돌아가는 길밖에 없을 것이다. 왜냐하면 그리스도교 정신만이 모든 악의 근원인 덧없는 사물에 대한 과도한 애착심을 효과적으로 치유할 수 있기 때문이다(사십주년 52).

국가 통치자들 사이에서 상호신뢰가 이뤄지고 그들 마음에 더욱 깊숙이 자리잡게 하기 위해서는 무엇보다도 먼저 진리와 정의의 법칙을 인정하고 또 모두가 다 이를 준수하여야 한다(어머니요 스승 207).

도덕과 덕행의 원리는 오로지 하느님 안에 있으므로 하느님을 떠나서는 필연적으로 도덕질서가 붕괴되고 말 것이다. 인간은 육체만이 아니라 영혼으로 이뤄져 있으며, 이성과 자유를 지니고 있기 때문이다. 또한 이렇게 이루어진 인간은 종교에 뿌리박은 도덕률을 절대적으로 요구한다. 도덕률은 개인생활과 시민사회는 물론 개별 국가와 전 세계에 관련되는 문제들의 해결을 위하여 그 어떠한 외적 세력이나 이익보다 더욱 커다란 힘을 지니고 있다(어머니요 스승 208).

하느님께서는 인간의 내밀한 마음 안에 질서를 새겨주셨는데, 이것이 양심을 일깨우며 인간은 단순하게 이 양심을 따라야 한다. '인간은 그들 마음 속에 하나의 법이 있다는 것을 안다. 양심이 바로 그 근거가 된다.'(로마 2:15)(지상의 평화 5) 원칙적으로 볼 때 보편적이고 절대적이며 불변적인 윤리질서는 초월적이고 위격적인 하느님 안에 그 객관적 기초를 발견할 수 있다(지상의 평화 38).

권력은 윤리질서를 따라야 한다(지상의 평화 47). 공동선의 기본적 요소는 윤리적 질서의 인정과 존중이다(지상의 평화 85).

도덕적 질서가 인간 사회 안에서 공동선 실현을 위해 공권력을 요청하듯이, 같은 목적으로 공권력은 공동선을 요청한다(지상의 평화 136).

오늘날 사회적 갈등이 심화되고 양극화현상으로 사회적 혼돈을 겪고 있는 것은 도덕성의 상실에서 비롯되는 것이다. 가톨릭 사회교리는 세상의 복음화를 통해서 공동선을 촉구하고 그리스도의 사랑과 정의와 평화를 온 누리에 전파하고자 하는데 그 뜻이 있다 할 수 있다. 복음화는 비록 정치적 해방 자체가 목적이 될 수는 없지만 모든 억압세력과 구조에서 인간을 해방시키는 것을 내포해야 한다. 복음화는 언제나 불의한 사회체제의 변화를 요구한다. 복음화의 주요 과제 가운데 하나는 그러한 불의들을 고발하고 거기에 맞서는 것이다(영국 웨일스 주교회의 성명서 1996, 40항). 그리고 교회는 인간의 기본권과 영혼들의 구원이 요구할 경우에는 정치질서에 관한 일에 대해서도 윤리적 판단을 내리는 것은 당연하다(사목헌장 76항).

그러므로 가톨릭 시민단체로서 사회정의시민운동은 도덕성을 갖추고 그리스도의 사랑과 정의를 선포하고 사회적 불의를 시정하기 위하여 끊임없는 노력을 기울여야 할 것이다. 다만 우리는 우리 스스로의 힘에 의해서 이러한 모든 일을 할 수 있다는 생각은 금물이고, 우리는 하느님의 뜻이 이루어지도록 최선을 다한다는 자세가 중요하다고 할 것이다.

Ⅳ. 맺는 말

우리 사회는 정치윤리가 타락하여 정부의 도덕성 상실로 믿음이 없는 사회로 전락하고 있다. 거짓이 난무하고, 공직자의 비리, 뇌물을 주고받기 등 갖가지 부조리현상이 만연되어 사회기강이 흔들리고, 가정이 파괴되어 자살과 낙태 등 인명경시풍조가 짙어지고 있다. 사기, 절도, 강도, 살인, 폭력, 인터넷 범죄 등 각종 범죄는 기승을 부리고 있다. 그리고 각종 분규에서 이해당사자들은 극한적인 대립양상을 자아내어 대화와 타협보다는 억지를 부려서라도 자신의 이익을 챙기려는 그릇된 모습을 보이고 있다.

최근 법무부의 업무보고 자리에서 이명박 대통령은 '검찰이 철저히 권력형비리와 토착비리를 척결하는데 힘써야 한다'는 점을 강조하는 것을 보았는데, 스스로 도덕성을 갖추지 못한 정부에게 이를 기대하기는 쉬운 일이 아니다. 물론 검찰이 심기일전하여 주어진 소임을 다하면 어느 정도의 성과를 거둘 수 있을 것으로 기대한다.

이제 우리는 진정 사회공동체의 잘못을 참회하고 속죄하여 도덕성을 회복하지 않으면 사회적 혼란으로 인한 참화를 면치못할 것이다(루가 13:1-5 참조). 복음을 선포하고 사회에 관한 교리를 가르치며 인간의 기본권을 존중하고 영혼을 구하기 위하여 윤리적 판단을 내려야 할 교회(사목헌장 76)도 이 땅에서 그 동안 세상의 소금과 빛으로서의 역할을 다하지 못했음을 깊이 뉘우치며, 도덕적 가치를 존중하고 공동선의 실현을 위하여 노력해야 할 것이다. '사회정의시민행동'의 역할이 그 어느 때보다도 중요한 것은 이 때문이다.

〈2010.12. '사회정의시민행동' 모임에서〉

평등주의와 사회적 갈등

헌법 제11조 1항은 '모든 국민은 법 앞에 평등하다'고 선언하고 있다. 사람은 누구나 하느님 모상으로 태어나 출신이나 신분을 가리지 않고 똑 같이 행복한 삶을 추구할 권리를 가진다. 인간평등은 인간으로서 존엄과 가치를 지니는 인격의 평등을 의미하는 것이지 그 능력이나 사람됨이 같다는 뜻은 아니다. 어떤 사람은 부지런하고 열심히 일해서 보다 나은 삶을 살고자 애쓰는가 하면 어떤 이는 게으르고 씀씀이가 헤퍼 갈피를 잡지 못하기도 한다. 인간은 사회공동체에서 서로 어울려 사는 존재이고, 이웃을 배려하면서 살아야 하지만 각자 역량이나 노력에 따라 삶의 질이나 방법이 다를 수 있다.

사회적 평등 내세워 갈등 부추겨

우리나라는 시장경제를 바탕으로 하는 자본주의국가다. 재산권이 보장되고, 개인은 자신의 노력으로 부를 축적할 수 있다. 자신의 피땀으로 정당하게 이룩한 재산 소유를 비난하거나 질시할 수는 없다. 탐욕을 부려 가지는 것에만 집착해 투기를 하거나 부정한 방법으로 재물을 얻는 것은 공동체를 해치는 악이다. 이를 규제하고 불로소득을 억제하는 것은 국가의 책무다. 그러나 국가가 가진 자와 가지지 못한 자의 갈등을 부추기고, 사회적 평등을 내세워 가진 자를 죄악시하는 것은 사회를 어둡게 하는 요인이다.

교황 레오 13세는 1891년 회칙 '새로운 사태'(Rerum Novarum)에서 사유재산을 부인하고 국가의 배려에 맡기도록 하는 것은 "정의에 어긋날 뿐 아니라 상호간의 원한, 비방, 불목의 분위기가 조성될 것이고, 개인의 재능과 근면을 고취시키는 자극이 전혀 없어져 재화의 원천이 근원적으로 고갈되고 사회주의자들이 그토록 염원해 온 평등의 꿈은 결국 굶주림과 헐벗음이 널리 만연되는 지경에 이르고 말 것이다."(11항)라고 경고하셨다. 볼세비키 혁명에 의한 공산국가 형성과 몰락을 통해서 그 예언이 적중되었다. 굶주림에 시달리는 북한 주민의 실상은 사회주의 이념으로 건전한 국가발전을 기할 수 없음을 보여준다.

인간은 개인 능력이나 환경에 따라 그 삶이 달라질 수 있다. 강남 출신 자녀들이 서울대에 60%(실제는 12%라 함)나 입학하고 있는 것이 문제라는 노무현 대통령의 발언은 참으로 놀랍다. 가진 자에 대한 비방이나 불목보다는 개인의 창의력이나 성취욕을 살려 누구에게나 피땀흘려 노력하면 그런 기회가 주어지고 있는 자유주의 사회의 장점을 사도록 해야 한다.

선의의 경쟁으로 삶의 질 높여야

사회보장이나 복지의 개념은 사회주의 국가가 아닌 자본주의 나라에서 발전했다. 인간의 존엄과 가치를 존중하는 나라는 그래도 사회주의 국가가 아니라 자본주의 국가다. 우리 삶의 터전을 희망이 넘치는 사회로 이끌기 위해서도 각자 재능을 살려 서로 선의의 경쟁을 통해서 삶을 풍요롭게 하도록 해야 한다.

1987년 회칙 '사회적 관심'에서 "경제적 창의의 권리가 부인되거나 사회에서 모든 이의 '평등'이라는 명분으로 제한을 가할 경우에 시민의 창조적 주체성이 위축되거나 실제로 완전히 파괴된다. 그 결과로 진정한 평등과는 거리가 먼 '전반적 하락'이 발생한다……. 국민으로 하여금 국가생활로부터 관심을 돌리게 만들며 많은 수가 이민을 가게 되거나 적어도 '심리적' 이민이라는 형태를 조장하게 만든다."(15항)는 교황 요한 바오로 2세의 가르침이 우리 현실에 어떻게 비춰지고 있는가를 살펴야 한다.

개인이든 국가든 경쟁없이 살 수는 없다. 고교평준화가 가져온 병폐, 서울대가 사교육비를 증대시켜 이를 폐지해야 한다는 발상은 우리의 경쟁력을 떨어뜨린다. 유능한 인재를 기르고, 기업의 투자 의욕을 고취하고, 가진 자든 아니든 국가와 사회에 기여하도록 이끌어야 한다. 평등주의를 표방해 사회적 갈등을 부추기고, 개인의 재능과 창의성을 위축시키는 정책은 국민 모두를 함정에 빠뜨리는 어리석은 짓임을 일깨워야 한다.

〈평화신문 2005.10.2. 7쪽〉

기업윤리와 사회적 책임

I. 머리말

사람은 영혼과 육신이 결합되어 정신적이면서 물질적인 삶을 누리는 사회적 존재로서 이웃과 함께 어울려 살아야 한다. 물질문명이 발달하고 정신적인 가치를 도외시하는 사회적 구조는 윤리의 타락으로 갈등을 빚어낸다. 21세기에 들어와 미국의 서브프라임으로 비롯된 금융위기는 세계경제를 뒤흔들고 있다. 이는 인간의 탐욕에서 비롯된 것이고, 이로 말미암아 그 어느 때보다도 큰 시련을 겪게 될 것으로 예고되고 있다. 이러한 상황에서 개인의 삶은 물론 기업경영에도 고통이 따를 것이나, 인간이 서로 어울려 어려움을 함께 나누고자 노력하면 반드시 극복할 수 있다고 생각한다.

기업은 인적·물적 설비를 갖춰 영리활동을 하는 경제주체이다. 기업은 투자자와 경영자, 종업원인 근로자와 고객이 함께 어울려 살아 움직이는 생명체이다. 이러한 기업이 건전하게 생성 유지 발전해야 경제의 활력과 더불어 국가경쟁력이 높아진다. 따라서 기업은 국민에게 일자리를 마련해 줄 뿐 아니라 삶의 질도 향상시켜 사회의 안정망을 구축하게 된다. 그러므로 건전한 기업경영은 그 자체로서 사회에 공헌하는 것이다.

기업은 본질적으로 이윤추구를 목적으로 한다. 재화와 용역을 생산하고 그 열매로서 이윤을 내지 못한다면 기업은 더 이상 설 자리를 잃는다. 그리하여 국가나 사회는 기업이 건전한 영업활동을 통해서 이윤을 창출할 수 있도록 보장해야 한다.

20세기를 지나 21세기에 들어와 기업환경은 급변하고 있다. 종래 기업경영은 이익을 창출하여 투자자에게 배당하는 것을 우선적 목표로 하였으나, 오늘날 기업은 갖가지 이해관계인(stakeholders)의 이익을 고려하여야 하고, 그 경쟁력은 소비자의 신뢰를 바탕으로 하는 윤리경영에 기반을 두어야 한다.

II. 기업환경

상법은 기업생활관계를 규율하는 법으로서 기업의 생성, 발전, 유지를 뒷받침하여 기업하기 좋은 풍토를 가꾸는 것이 필요하다. 시장경제라는 측면에서 기업은 자유경쟁에서 이겨 살아남아야 한다는 강박관념이 따를 수 있으나, 완전 자유경쟁이란 존재하지 않는다. 어떠한 기업활동도 법의 규제를 받으면서 새로운 제품을 생산하고 가치를 창출하여 시장에 공급하고 소비자의 선호를 받아야 하는 것이다.

기업환경은 바로 기업이 재화 등을 생산하여 시장에서 수요자에게 공급하여 이윤을 획득할 수 있는 환경이라 할 수 있다. 기업이 시장진입이나 영업망의 조직을 통해서 그 생산된 재화나 용역을 제공하고 열매를 거둘 수 있어야 영업활동이 원활해지고, 창의성을 살려 지속가능한 사업을 찾아 투자하고 연구개발에 나설 것이다.

기업환경은 법적 장치뿐 아니라 공무원이나 NGO의 역할도 중요하다. 그리고 노사관계의 갈등을 극복하고 개발이라는 이름으로 자연환경을 파괴하지 않고 환경친화적인 기업을 육성하는 것이 요구되고 있다. 온실가스의 유출로 오존층을 파괴하는 등 심각한 환경

오염을 일으키고 있는 상황에서 자연환경의 보존에도 힘써 인류의 자연유산을 아름답게 가꾸도록 하는 것도 염두에 두어야 한다.

우리나라는 1996년에 OECD에 가입하여 세계시장에 진입하여 경쟁을 벌이는 경제국가로 발돋움하고, IT산업과 정보강국으로 부상하고 있다. 이것은 국가의 정책적 뒷받침도 한몫을 하였으나, 무엇보다도 기업인들의 끊임없는 노력이 돋보인다.

21세기에 들어와 기업경영도 세계화(Global) 시대에 접어들어 세계시장을 무대로 경쟁을 벌여야 한다. 우리나라의 기업이 국내시장의 열악한 환경 속에서도 이를 극복하고 세계시장에서 경쟁력을 강화하여 우리나라의 국제경쟁력을 펴고 있는 것은 기업이 창의성을 살려 적극적으로 영업을 전개한 덕이다.

III. 기업윤리

우리나라는 경제개발에 중점을 두고 인간의 윤리적 가치를 도외시함으로써 수많은 부작용을 낳기도 했다. 특히 역대 정권의 타락과 정경유착으로 인한 권력형 비리가 이어져 사회적 부패가 부풀어지고 도덕성이 상실되어 갔다. 그리고 그 동안 우리나라의 경제구조에서 이러한 사회현상과 맞물려 일부 기업에서는 이른바 비자금을 축적하여 이를 부패의 고리로 악용하여 사회병리를 키워왔고, 또한 분식회계로 거품(bubble)을 부풀려 경영위기를 맞기도 했다. 이것은 1997년 외환(IMF)위기를 맞아 많은 기업이 도산하고 구조조정으로 곤욕을 치르게 한 원인이기도 하다.

우리나라의 가장 고질적인 문제는 정직하지 못하고, 그때그때 임기응변을 하면서 "좋은 것이 좋다"는 잘못된 인식이 자리잡고 있다는 점이다. 아직도 기업의 비자금 사건 등 크고 작은 부조리현상이 이어지고, 과거의 타성을 벗지 못하고 있는 현상이 이를 말해 주고 있다. 정부와 정치권을 비롯하여 우리 모두는 지난날의 잘못을 깊이 뉘우치고 도덕성의 회복으로 밝은 미래를 내다보는 것이 필요하다.

윤리는 인간이 특정한 상황에서 마땅히 해야 할 일을 행했거나 행하지 아니한 경우 그 행위의 잘잘못을 가리는 기준이 되는 원리이다. 사회는 어떤 상황에서 사람이 어떻게 하여야 하는가를 정하여 인간행위에 적용할 원리를 설정하고 있는데, 이 윤리를 기업에 적용할 때 이를 기업윤리(business ethics)라고 부른다. 결국 윤리는 인간의 이성과 양심에 따라 무엇이 옳고 나쁜가를 판단하는 사회적 인식을 바탕으로 마련된 일종의 도덕규범(code of morals)이다.

정경유착으로 인한 사회적 부패와 외환위기를 겪으면서 수많은 기업이 구조조정을 거치고, 기업의 불법자금 문제가 검찰의 수사대상으로 떠오르면서 기업풍토도 바뀌고 있다. 1997년에 OECD 국제상거래뇌물방지협약이 채택되어 1999년 2월에 발효되었고, 미국의 윤리임원협회(EOA: Ethics Officer Association)는 "기업윤리경영표준안"을 제정하여 이를 세계표준으로 채택하도록 요구하고 있다.

기업의 윤리경영은 세계적인 관심사이고, 우리 기업이 국내에서뿐 아니라 국제적인 무대에서 신뢰를 회복하여 새로운 도약을 위해서도 윤리경영은 필수적이다. 우리 기업도 과거의 잘못된 관행을 벗어나 윤리경영이 아니면 기업의 생존도 어렵다는 인식이 확산되어 윤리강령을 제정하여 시행하고 있다.

기업은 공정하고 투명한 절차에 따라 이익을 추구해야 하고, 불공정거래로 이익을 창출하는 것은 기업윤리에 어긋난다. 가령 기업이 뇌물을 바치는 등 부정한 방법으로 거래를 함으로써 막대한 이익을 얻을 수 있는 경우에는 비록 그 거래에서 기업의 이익을 극대화할 수 있다 하더라도 이를 포기하는 것이 윤리적으로 마땅하다. 그 동안 우리는 '수단과 방법을 가리지 않고 자신의 몫을 챙기는 것이 현명하다.'는 그릇된 관념으로 윤리적인 문제를 등한시한 면을 부인할 수 없다. 불법적인 비자금의 조성과 이를 이용한 정치권의 로비 등 각종 비리는 이를 말해 주고, 이러한 현상이 사회적 부패를 키웠으며, 기업의 명예를 실추시켜 궁극적으로는 기업의 불이익으로 작용한다는 점을 일깨우는 것이 필요하다.

미국발 금융위기가 세계경제를 흔들고 있다. 이는 파생상품 등 기교를 부린 금융상품의 거래가 혼란을 부채질한 것으로 보인다. 일시적인 흥행이 된다 하더라도 도박과 같은 거짓이 숨겨진 거래는 결국 부실을 초래할 수밖에 없다는 교훈을 남긴 것이다.

〈기업이 윤리적으로 경영해야 할 9가지 좋은 이유〉

1. 소송/기소 회피(Litigation/indictment avoidance)
2. 단속에 자유로움(Regulatory freedom)
3. 공중의 용인(Public acceptance)
4. 투자자의 신뢰(Investor confidence)
5. 공급자/동업자의 믿음(Supplier/partner trust)
6. 고객에 대한 충실(customer loyalty)
7. 고용인의 작업이행(Employee performance)
8. 인간적인 자존심(Personal pride)
9. 정당성(It's right)

* Hartman, Perspectives in Business Ethics, 3d, 2005, pp. 95-6

Ⅳ. 기업의 사회적 책임

기업의 사회적 책임이란 여러 가지 뜻으로 사용되고 있고, 기업윤리와도 깊은 연관을 맺고 있다. 흔히 기업의 사회적 책임은 대기업에만 해당하는 것으로 인식하고 있으나, 어떠한 기업이든 경제활동의 주체로서 사회에 기여하는 것이고, 크든 작든 그에 상응한 사회적 책임을 지고 있다.

미국에서 1916년 8월 영업연도가 개시되면서 Ford 자동차회사는 영업이 번창하여 50만대 이상의 자동차 판매와 6천만달러 이상의 이익이 기대되는 가운데, 1915년도에 배당가능이익의 60%만을 주주에게 배당하고 나머지는 시설확장 등 재투자비용으로 유보했다. 이에 John과 Horace Dodge라는 두 주주는 포드회사의 주된 목적은 주주들을 위하여 이익을 창출하는 것이라고 믿고 이익배당을 요구한 사건에서 Henry Ford 사장은

> "나의 포부는 더 많은 사람을 고용하고, 최대한 많은 사람에게 이 산업의 혜택을 누리도록 하고, 그들의 생활 여건을 향상시키도록(build up their lives and their homes) 돕고자 하는 데 있다. 이를 위하여 우리는 이익의 상당부분을 기업에 유보해야 한다."

라고 대답하고 있다(Dodge v. Ford Motor Co., 204 Mich. 459: 170 N.W. 668(1919). 20세기초 아직 기업윤리나 사회적 책임이 논의되기 전에 Ford가 경영철학의 방향을 제시한 혜안(慧眼)은 부럽기도 하다. 1932년에 Harvard 대학 Dodd 교수는 "회사경영자는 주주뿐 아니라 종업원, 소비자 및 일반 공중의 이익에도 관심을 기울여야 한다."라고 말하고 있는데, 이는 기업의 사회적 책임과도 연관지을 수 있다.

여기서 기업의 사회적 책임은 기업의 목적에 따라 법과 질서를 지키고 이윤을 추구하여 투자자의 이익을 보장할 뿐 아니라 그 기업의 종업원의 복지나 생활향상을 꾀하고, 소비자 등에게 좋은 상품이나 용역을 제공하고 환경을 보호하는 데 있는 것이지 그 이익의 일부를 사회에 환원하여야만 하는 것은 결코 아니다. 즉, 기업은 정당한 이윤을 추구하고 일자리를 창출하여 가난한 사람들의 고통을 덜어줄 수 있도록 이바지하는 것이 사회적 책임을 다하는 것이다.

그 동안 우리나라에서는 정치권력의 타락과 횡포로 정치권과의

연결고리를 맺지 않고는 원활한 기업경영이 힘들었다는 점도 부인할 수 없다. 그러나 기업이 윤리경영을 선언하고 윤리강령을 채택한 후에도 이를 어기고 관행에 따랐다는 것은 부끄러운 일이다. 법이 지켜지지 않는 사회풍토 속에서 기업이 윤리규범을 따르지 아니했다고 비난할 수만은 없는 것이 아니냐고 항변할 수도 있다. 윤리강령은 하나의 장식품으로 마련한 것이 아니라 기업의 임직원 모두가 반드시 지키고 따라야 할 행동지침이다. 기업이 투명한 경영으로 부정한 정치자금을 차단하고 윤리경영으로 국민의 신뢰를 받고 국가경제를 떠받치는 역할을 담당해야 한다. 모든 기업이 공정한 경쟁을 통해서 상호 존중하고 협력하여 그 헌장을 지킬 때에 우리 기업의 윤리경영은 성공을 거둘 수 있을 것이다. 이것은 또한 우리 기업문화를 바로 세우고, 사회적 책임을 이행하는 것이 될 것이다.

요컨대 자본주의 경제사회에서 경영자가 시장질서를 지키고 법과 원칙에 따르는 윤리경영으로 기업의 이익을 극대화하고 투자자를 비롯한 이해관계인과 사회에 기여하겠다는 마음가짐으로 맡은 바 직무를 성실하게 수행한다면 건전한 기업발전에 이바지하고 기업의 경쟁력도 증진시킬 수 있다. 이는 또한 기업의 사회적 책임을 다하는 것이다.

Ⅵ. 맺는 말

기업의 지배구조의 건전화는 세계적 대세이고, 이는 정부와 기업 및 시민사회 등 다각적인 이해관계인이 함께 이루어야 할 과제이다. 기업의 투자의욕을 높이고 창의적인 영업활동으로 적정한 이윤을 추구하고 국민에게 양질의 재화와 용역을 제공할 수 있는 기업환경을 조성하는 것은 우리 모두의 소임이다.

기업의 경영자는 급변하는 시대의 변화와 흐름에 따라 지속적인 발전을 꾀할 수 있도록 대응해야 한다. 기업의 이윤추구는 출자자뿐 아니라 기업의 종사자인 근로자와 고객에게도 이익이 되고 공동선에 이바지할 수 있도록 하여야 한다. 그리고 경영자는 법과 원칙을 무시하고 비윤리적인 경영으로 회사의 이익을 창출하였다 하더라도 이는 그 기업의 명예와 신용을 실추시키고 사회의 공적으로서 책임을 져야 한다는 투철한 의식이 필요하다.

기업이 윤리경영으로 공정하고 투명한 기업활동을 영위할 때 윤리적인 기반을 형성하여 소비자의 신뢰를 받는 기업으로 거듭날 수 있다. 우리는 분단국가로서 지니고 있는 열악한 환경을 기업하기 좋은 나라로 이끌어 세계시장에서 당당히 경쟁할 수 있도록 이끌어야 한다. 이는 우리 민족의 긍지를 살려 서로 존중하고 돕는 풍토를 조성하면 충분히 그 역량을 발휘할 수 있을 것으로 믿는다.

〈2009.3.16. 세종대 최고경영자과정 특강〉

뇌물이야기

뇌물과 사회윤리의 타락

뇌물은 부정부패의 고리이고, 사회를 병들게 한다. 사람들이 뇌물을 주고 받는 것은 사회적 암을 키워 자신은 물론 사회를 파멸로 이끈다. 어느 시대 어느 사회에서나 뇌물이 오가는 현상이 없다고 말할 수는 없다. 우리나라는 정치권력의 타락으로 권력형 비리가 양산되어 역대 대통령이 하나같이 추한 모습을 띠고, 사회적 부패가 심화되면서 이권이 있는 곳에서는 으레 부정한 돈이 오가고, 뇌물 사건의 보도는 끊임이 없다.

잠언은 "뇌물을 주는 자의 눈에는 그것이 요술 보석 같아 그가 몸을 돌리는 곳마다 안되는 일이 없다."(17:8)라고 적고 있다. 이것은 공직자들이 직무와 관련하여 뇌물을 받게 되면 악마의 유혹에 걸려들어, 준 자의 청을 거절할 수 없고 시키는대로 따르는 현상을 가리키는 것일께다. 뇌물을 줄 때까지는 굽실굽실하던 사람이 일단 상대방이 그 돈을 받아 챙기면 이를 미끼로 오히려 큰 소리칠 수 있지 않을까.

나는 공화당 시절에 어느 장관에게 돈심부름을 했다는 말을 우연하게 엿듣고, 그 공직자에게 좀더 깨끗하게 업무를 처리할 수 없느냐고 거든 일이 있다. 그는 '요즘 그런 돈을 못먹는 것이 바보다. 뇌물죄는 쌍벌죄로서 준 자가 돈을 주었다고 말하지 못하므로 안전하다는 것이다.' 참으로 어처구니 없는 소리이고, 사회윤리의 타락현상을 드러낸다.

관뚜껑까지의 비밀과 양심의 고통

강의 중 뇌물에 관한 말을 하면서 '나는 뇌물을 좋아한다. 다만 나에게 뇌물을 가져온 자에게는 관뚜껑을 덮을 때까지 절대로 비밀을 지키겠다는 약속을 하게 하고, 믿을 수 있는 사람으로부터만 돈을 챙기고 있다. 다행히 누구도 그 사실을 발설하지 아니하여 매우 깨끗한 사람으로 알려졌다. 그러다가 죽음을 맞이하여 하느님 앞에 섰을 때 하느님께서 나를 어떻게 받아들이실 것으로 보느냐?'고 학생들에게 질문을 던진 일이 있다.

물론 학생들은 모두가 '하느님께서는 곱게 받아주시지 않을 것이다.'라고 대답하였다. 나는 하느님께 '제가 얼마나 잘 살았으면 저 세상 사람들이 참으로 청렴하고 모범적으로 살았다고 칭송하는데 하느님만 저를 그렇게 몹쓸 사람이라고 나무라십니까?' 하고 하소연하면 하느님은 어떻게 대하실 것으로 보느냐고 학생들에게 되물었다. 역시 부정적인 대답이 나올 수밖에 없는 것은 당연하다.

사람은 누구나 이성과 양심을 지니고, 무엇이 옳고 그르냐를 판별할 수 있다. 다른 사람이 나의 행실을 알았느냐 몰랐느냐는 상관이 없다. 거짓과 위선으로 사람을 속일 수 있을지 모르지만 나의 양심은 속일 수 없고, 더구나 하느님 앞에 떳떳하게 설 수는 없다. 내가 스스로 교묘하게 불의를 저지르고도 남들이 그 사실을 눈치채지도 못하여 성인군자처럼 행세하고 남의 칭찬을 받고 있다 하더라도 내 양심은 얼마나 괴로울 것인가?

영혼의 파멸과 재앙

자본주의 사회에서 돈은 우리 삶에 필요한 도구일 뿐 행복의 잣대는 아니다. 돈에 집착하거나 물질적인 가치에 치중하여 부정한 돈이라도 가리지 않는다면 악마는 미소를 짓고 덤비게 된다. 성경은 우리에게 "너희는 하느님과 재물을 함께 섬길 수 없다"(마태 6:24)라고 가르치고 있다. 인간이 도덕적 가치를 도외시하고 뇌물을 주고 받아 선량한 사회질서를 무너뜨리는 것은 자신의 영혼의 파멸과 재앙을 불러오는 끔찍한 범죄다.

"욕망은 잉태하여 죄를 낳고, 죄가 다 자라면 죽음을 낳는다."(야고 1:15)는 말씀처럼 사람의 죄는 욕심에서 비롯된다. 노자(老子)도 "재앙은 만족함을 모르는 것보다 더 큰 것이 없고, 허물은 얻으려는 욕심보다 더 큰 것이 없다."(도덕경 46장)고 이른다. "불의하게 모은 보화는 소용이 없지만 정의는 사람을 죽음에서 구해 준다"(잠언 10:2)는 성경말씀을 깊이 간직하면서 뇌물과 같은 부정한 거래가 없는 밝은 사회를 이룩하도록 힘쓰는 것이 우리에게 주어진 소명이다.

〈평화신문 2009.7.19. 18쪽〉

5 삶의 가치와 세상살이

떳떳한 삶이 값지다

섬기려는 마음을 간직해야

인간의 존엄과 삶의 가치

욕심을 버리고 바르게 살아야

희망을 간직하고 떳떳하게 살아야

내 삶을 흔든 작품

신앙인의 자세

십자가를 바라보며

책임은 최선을 다하는 것이다

떳떳한 삶이 값지다

사람은 귀한 존재

나는 초등학교에 들기 전에 서당에서 천자문(千字文)을 배웠다. 동몽선습(童蒙先習)은 첫머리에서 하늘과 땅 사이의 만물 가운데 사람이 가장 귀한 존재임을 일깨우고 삼강오륜(三綱五倫) 등 사람이 살아가는 도리를 가르치고 있다. 과학문명이 발달하고 하루가 멀다고 새로운 문물이 넘쳐나서 과학만능, 기술만능주의에 빠지고 있는 이 시대에도 그 중심은 인간이 차지하고 있다.

사람은 이 세상에 태어나 가족공동체 속에서 부모형제의 도움과 사랑을 받으면서 성장하여 사회구성원이 된다. 사람은 누구나 로빈손 쿠루소처럼 외딴 섬에서 혼자 살 수 있는 것이 아니라 이웃과 함께 어울려 살아야 하는 사회적 존재이다. 내가 없으면 이웃도 있을 수 없지만 이웃이 없으면 나도 또한 살 수 없다. 아무리 재산이 많아 남의 도움없이 살 수 있다고 큰 소리치는 사람도, 농부의 피땀으로 지어낸 먹거리가 없으면 당장 생명을 이어갈 수 없는 것이 소박한 이치이다.

성경은 하느님께서 당신의 모습으로 사람을 지어내셨다(창세 1:27)고 가르쳐 인간은 참으로 귀한 존재임을 드러내고 있다. 사람은 육체와 영혼으로 구성되어 그 겉모양은 볼 수 있어도 내면에서 활동하는 영을 들여다 볼 수는 없다. 시공(時空)을 초월하여 넘나드는 생각의 날개를 펼쳐보면 인간이 얼마나 신비스러운 존재인가를 느낄 수 있다. 여기에 인간의 존엄과 가치는 한없이 존중되어야 하는 이유가 깃들어 있다. 나의 생명도 스스로 택한 것이 아니므로 자신이 마음대로 처분할 수 없고, 이를 아름답게 가꾸도록 힘써야 한다. 인간이 서로의 가치를 인정하고 존중하면서 질서를 지키고 평화롭게 살도록 이끄는 것이 사람답게 사는 기본적 덕목이다.

그럼에도 불구하고 과학문명이 발달하면서 인간의 존엄성을 망각하고 물질적 가치를 앞세운 사람들의 행위로 사회적 혼돈이 이어지고 있다. 오늘날 정치권력의 타락으로 빚어진 정치, 경제, 사회 각 분야에서 일어나고 있는 각종 비리로 얼룩진 사회 현실이 이를 드러내고 있다. 이는 수단과 방법을 가리지 않고 제 욕심을 채우려는 인간의 잘못된 이기심에서 오는 것이다. "욕심이 잉태하면 죄를 낳고, 죄가 자라면 죽음을 가져온다"(야고보서 1:15)는 가르침은 사람이 정신적 가치를 버리고 자기 욕심을 채우려고 할 때에는 스스로 파멸의 길로 들어서게 됨을 경고하는 것이다. 이성을 갖춘 인간이 양심의 소리를 멀리하고 정신적 가치를 손상하여 도덕과 윤리가 타락하게 되면 아무리 풍요로운 삶을 누린다 해도 결국 재앙을 불러들이게 된다.

책은 나의 벗

사람은 끊임없이 배우고 생각하는 삶을 누리고 있다. 어머니의 태교에서 시작하여 어린 시절 부모님의 언행이 미치는 영향은 이루 헤아릴 수 없을 것이다. 사람이 자라면서 어떤 사람을 만나고, 어떤 책을 가까이 하느냐에 따라 그 운명이 달라질 수 있다. 좋은 스승을 만나고 좋은 책을 골라 읽는 것은 그만큼 중요하다. 좋은 책을 읽고 그 속에 담겨진 말씀을 마음에 간직하고 이를 자신의 살과 피로 스며들게 하여 성실하게 사는 사람은 떳떳하게 살아갈 수 있을 것이고, 나쁜 책을 가까이 하고 안일한 삶을 추구하면 그 뿌리가 흔들리고 말 것이다. 말하자면 책은 우리의 벗으로서 좋은 책은 좋은 벗이고, 나쁜 책은 나쁜 벗에 비길 수 있다.

나는 어려서부터 어머님의 손을 잡고 성당에 나갔다. 시골 성당에서 신부님을 만나 교리를 배우고, 성인의 삶에 관심을 기울이게 된 것은 자연스러운 현상이고 하나의 축복이었다. 6·25 전쟁이 터지고 학생의 신분으로 학교공부도 마치지 못한채 해군에 입대하여 4년 남짓 지낸 사병생활에서도, 많은 어려움을 극복하고 짬짬이 책을 읽으면서 착실하게 살 수 있었던 것은 교회의 가르침 덕이었다.

이 세상에서 모든 사람들이 한결같이 찾고 읽는 책으로 성경을 꼽을 수 있다. 내가 성경을 읽기 시작한 것은 대학에 들어서였고, 이를 되풀이하여 읽고 묵상하는 것은 이 각박한 세상에서도 우리의 삶을 평화롭게 이끌어 주고 있기 때문이다. 공동체의 구성원 모두가 "네 이웃을 네 몸같이 사랑하여라"(루가 10:27)는 사랑의 계명을 새기고 산다면 그것을 적극적으로 실천하지 못한다 하더라도 자신의 욕심 때문에 남을 해치려 들지는 않을 것이고, 사회의 안정도 찾을 수 있을 것이다.

참된 지혜를 찾아 선을 행하고 악을 피하는 사람은 사회를 밝게 한다. 공자(孔子)는 착한 사람에게는 하늘이 복을 주고, 착하지 못한 사람에게는 하늘이 재앙으로 벌한다고 가르치고 있다. 그러나 사람이 살아가는 데는 끊임없는 유혹이 따르고, 눈앞의 이익을 쫓는 사람들이 바르게 살려는 사람을 모함하여 고통을 주기도 한다. 가령 우리의 역사에서도 송강 정철이 권력투쟁의 산물로 모함당하여 유배지에서 귀양살이하다가 세상을 마감하였다든가 조광조의 억울한 죽음은 이를 말해 주고 있다. 그리고 로마의 집정관이었으며 철학자였던 보에시우스(Boetius)도 곧은 성품 때문에 간신들의 모함에 빠져 파비아라는 유배지에서 처형되었다고 한다.

보에시우스는 유배지에서 처형을 기다리며 철학의 위안(De Consolatione Philosophiae)이라는 책(정의채 신부 역, 1964, 바오로출판사)을 남겼다. 이 책은 시와 산문으로 이어지고 있는데, 그는 황제의 미움을 받아 하루 아침에 현세적 부귀를 잃고 일어나는 자신의 내적 갈등을 그리면서, 철학의 여신의 입을 통해서 의롭게 살다가 가는 사람이 결코 외롭지 않다는 것을 잘 그려주고 있다.

"중한 죄인에게나 내려질 무거운 벌이 죄없는 사람을 괴롭히는가.
배덕(背德)의 악한들이 높은 자리에 앉아
의인들을 불의하게 해치며 유린하니
덕망의 빛은 암흑 속에 감추어지고
악인들의 죄악을 의인들이 짊어지는도다." (詩 5.에서)

보에시우스의 이 시를 보면 동서고금을 막론하고 시기와 질투로 얼룩진 사악한 인간이 지배하는 사회는 언제나 갈등이 있음을 엿보게 해 준다. 그러나 사필귀정(事必歸正)이라는 말이 보여주는 것처럼 간신들은 역사의 지탄을 받고 의로운 사람들의 삶은 빛을 더하게 된다.

1982년 8월에 대한변호사협회 창립 30주년 기념심포지움에서 나는 "분쟁예방과 변호사의 직능"이라는 주제로 발표한 바 있다. 이 자리에서 변호사법 제1조에서 "변호사는 기본적 인권을 옹호하고 사회정의를 실현함을 목적으로 한다"라고 규정하고 있는데, 변호사회가 기본적 인권의 보호와 사회정의의 실현에 얼마나 기여했는가를 돌이켜 보아야 한다고 문제를 제기했다. 당시는 광주의 민주화운동을 무력으로 짓밟고 들어선 전두환 정권에 의하여 강압정치가 이뤄지고 있었던 시기였기 때문이다.

나의 문제제기에 대하여 어느 변호사는 "양교수는 세상 물정을 너무 모른다. 그렇게 하는 사람은 모두 죽는다"라고 말했다. 나는 변호사가 개인으로서 활동하는 것은 한계가 있고, 변호사단체인 변협이 중심이 되어 인권문제를 다루어야 하는 것이 아니냐고 반문하면서 보에시우스의 다음의 시를 인용한 이유가 여기에 있다고 대답한 일이 있다.

"어떠한 운명에도 의연한 사람은
거만한 운명을 발 밑에 깔고
행운과 불운을 올바르게 쳐다 보며
그 얼굴 태연하게 보존할 수 있네.
……
가련한 사람들아! 어찌하여 너희는
하잘 것 없이 횡포스럽기만 한 폭군들을
무서워 떤단 말이냐.
아무 것도 바라지 않고
아무 것도 두려워 않는다면
너, 폭군의 진노를 무력(無力)케 하리로다.
그렇지만 무서워 떨거나
항구치도 합당치도 못한 것만을 탐하는 자는
방패를 버리고 제 자리를 떠남과 같으니
자기를 묶을 쇠사슬을
마련하는 것이니라." (詩 4에서)

〈대한변호사협회지 1982.9. 39쪽 이하〉

포악한 정치권력에 맞서 저항하는 것은 그리 쉬운 일은 아니다. 그러나 공인(公人)이 폭정이 무서워 그에 협조하거나 방임하는 것은 더 큰 불행을 가져오는 것이다. 공인은 공직에 있든 아니든 사회에 영향을 미칠 수 있는 사람으로서 잘못된 사회현실을 보면서 자신의 욕심을 채우기 위하여 불의와 타협하고 그저 “좋은 것이 좋은 것이다”라는 그릇된 관념으로 적당히 사는 것은 공동체를 파괴하는 파렴치한 행위임을 일깨울 필요가 있다.

내부의 적

나는 1977년에 로버트 케네디가 쓴 ‘내부의 적’(The Enemy Within)을 번역하여 삼성문화문고로 출간했다. 1950년대 미국에서 강력한 팀스터 노조위원장인 데이브 베크를 중심으로 지미 호퍼 등 노동조합 간부들이 일부 정치인까지 한몫 끼어 엄청난 부정을 저지르면서 국가적인 명사로 군림했다. 케네디는 이러한 부정행위를 조사하기 위한 상원특별위원회의 수석고문으로 취임하여 1956년부터 1958년에 걸친 3년 동안 끈질긴 조사로 그 부정부패를 파헤치고 그 실상을 드러낸 보고서가 바로 이 책이다. 케네디는 권력을 이용하여 부정을 저지르는 자를 ‘내부의 적’이라고 규정하고 바깥의 적보다도 국가를 파괴하는 힘이 드세어 이를 그대로 놓아둔채 강력한 자유국가로 성장할 수 없음을 지적하고 있다.

이 책을 통해서 보면 권력형 비리를 파헤치기는 어느 나라에서나 쉬운 일이 아님을 느낄 수 있다. 비리관련자들이 직접 또는 간접적으로 압력을 가하기도 하고, 회유하기도 한다. 로버트 케네디는 그 부정의 고리를 파헤치면서 노조의 간부들로부터 그의 형 존 F. 케네디가 대통령으로 출마하는 경우 자신들의 도움이 필요하다는 점을 들어 조사활동을 중지해 주기를 요청받기도 하고, 또 생명의 위협을 받기도 했음을 털어놓고 있다. 그러나 그는 자기 형이 대통령이 되느냐 안되느냐보다는 어떠한 희생을 무릅쓰고라도 내부의 적이 발붙일 수 없도록 하는 것이 중요함을 역설하고 있다. 상원 조사위원회의 법률고문으로서 어떠한 압력에도 굴하지 않고 부정을 철저히 가려, 관련 당사자의 책임을 묻고 경종을 울려준 그의 용기에 경의를 표한다.

우리나라는 민주국가로 발돋움한지 벌써 반세기가 지났다. 그러나 우리는 광복 후 오늘에 이르기까지 역사의 교훈을 외면하고 권력형 비리가 끊임없이 이어지고 있다. 역대 대통령이 하나같이 국민의 존경을 받지 못하고 있는 이유도 여기에 있다. 이승만이 사사오입개헌 등 불법적으로 장기집권을 꾀하다가 4·19 학생혁명으로 넘어졌고, 박정희는 변칙적인 삼선개헌과 유신체제를 구축하여 결국 부하인 정보부장의 총에 쓰러지는 참사를 겪었다. 전두환이 부정축재로 백담사로 쫓겨가는 모습을 보고도 노태우는 엄청난 비자금 축적으로 또 망신을 당했다. 그리고 한푼도 돈을 받지 않겠다고 공언한 김영삼은 측근과 아들의 비리로 고개를 들 수 없게 되었고, 뒤이은 김대중도 아들들이 비리와 관련하여 형사처벌을 받는 수모를 겪고 있다. 그리고 참여정부도 불법적인 대선자금문제로 골머리를 앓고 사회적 혼란을 부추기고 있는 것이 오늘의 현실이다.

이러한 현상은 지난 날 검찰 등 사정기관이 부패한 권력의 눈치를 살피고 그들의 부정을 철저히 파헤쳐 책임을 묻지 아니한 데서 오는 것이다. 박정희, 전두환으로 이어진 군사정권에서는 그렇다 하더라도 문민정부라는 김영삼 정권에 이르러서도 율곡비리, 상무대 비리 등 굵직한 사건을 속시원하게 밝히지 않고, 대통령이 국정조사에도 협조하지 않는 서글픈 모습을 보이기도 했다. 이것은 내부의 적에게 권력을 맡긴 결과라 하면 지나치다고 할 수 있을지 모르겠다.

1997년 외환위기를 몰고와 IMF 한파로 수모를 겪은 것은 수단과 방법을 가리지 않고 제 욕심을 채우려는 자들에 의하여 저질러진 부패의 고리에서 온 것이라 할 수 있다. 많은 기업이 도산하고 일부 금융기관이 외국의 투기자본에 의하여 지배되고 실업자를 양산하고 있는 상황에서도, 정치권이 기업으로부터 불법적인 대선자금을 거둬들여 검찰의 조사를 받고 있는 현실은 참으로 부끄러운 일이다. 검찰은 어떤 희생을 치르더라도 그 전말을 철저히 가려 내부의 적을 청산하는 기회로 삼아야 할 것이다.

정직한 풍토의 조성

민주국가는 법에 의하여 다스려지는 나라이다. 법은 공동선을 실현하여 국민의 복리증진을 꾀하고 평화로운 사회질서를 확립하여 건전한 공동체를 이끄는 데 기본목적이 있다. 이를 위해서는 무엇보다도 사회구성원이 서로 믿고 살 수 있는 정직한 사회풍토를 조성하여야 한다. 도산 안창호는 구한말 쓰라린 역사의 소용돌이 속에서 우리 민족이 우매하고 힘이 모자라 일본의 식민지로 넘어간 것을 뼈저리게 느끼고, 민중의 계몽과 교육에 힘쓴 선각자이시다. 도산은 "농담으로라도 거짓말을 말아라. 꿈에도 성실을 잃었거던 통회하여라"라고 가르치고 있다. 진실하고 성실하고 참되게 익혀 배우고 착실하게 힘을 길러 힘써 행(務實力行)하도록 타이르고 이를 몸소 실천했다.

성경은 바오로 사도가 "거짓말을 하지 말고 이웃에게 진실을 말하십시요"(에페소서 4:25). "거짓말로 서로 속이지 마십시요"(골로사이서 3:9)라고 신앙공동체에 보낸 편지를 담고 있다. 예일대학의 법학교수인 카터(Stephen L. Carter)는 그의 저서 정직성(Integrity, 1996)이라는 책의 서두에서 "초등학교 1학년 때 빙 둘러앉아 눈을 가리고 술래잡기를 하는 놀이에서 눈가리개(blindfold)를 느슨하게 하여 끝까지 살아남아 다른 친구로부터 대단한 능력이 있다고 부러움을 샀으나, 자신의 성공은 규칙을 어긴 것(to break the rules)에 따른 것이었다고 고백하고 있다. 이를 눈치챈 선생님은 카터를 불러 반 친구들

앞에 세우고 규칙을 어기고 속인 일이 얼마나 잘못된 일인가를 꾸짖어 그는 큰 수치를 당했음을 일깨우면서 그 사실이 자신의 도덕성을 키워주었음을 적고 있다.

정직하고 거짓을 말하지 않고 사는 것은 서로 믿고 살 수 있는 기본 틀이다. 그러나 우리 사회현상은 어떠한가? "법을 지키면 손해를 보고 양심이 밥을 먹여주는가"라는 푸념이 예사롭고, 자신에게 불리하면 어떻게든 진실을 은폐하고 거짓을 일삼는 현상을 자주 보게 된다. 여기서 우리 사회가 바로 서기 위하여 무엇보다도 긴요한 것은 정직한 사람이 떳떳이 살 수 있는 풍토를 만들도록 힘써야 한다. 그리고 법치국가로서의 면모를 갖추기 위하여는 법의 공정한 집행으로 잘못을 저지른 자에게는 그가 누구든 책임을 묻고 또 책임을 지는 사회로 탈바꿈하여야 한다.

잉글랜드 웨일즈 가톨릭주교회의 성명서 공동선(1997) 40항은 "복음화는 언제나 불의한 사회 체제의 변화를 요구한다. 그 주요과제 가운데 하나는 그러한 불의들을 고발하고 거기에 맞서는 것이다"라고 가르치고 있다. 공직자들이 갖가지 비리에 연루되고 서로 눈감아 주고 감싸는 것은 사회적 부패를 키워 더욱 타락하게 하는 요인이 된다. 그러나 우리 사회에서는 남의 부정을 고발하는 사람을 좋지 않게 생각하는 경향이 있다고 여겨진다. 이는 잘못된 인식이고, 공동선의 실현에 어긋나는 것이다. 카터 교수는 사람은 누구나 "진실된 삶을 위하여(in order to live with integrity) 때로는 자신에게 위험이 따를지라도 자신이 진실하고 정당하며 바르다(true and right and good)고 믿는 바를 공개적으로 부딪치는 어려운 발걸음(difficult step)을 내딛는 것도 필요하다"고 말하고 있다.

나는 1973년에 미국에서 워터게이트 사건으로 닉슨 대통령이 곤욕을 치르고 있을 때 정치학교수 한 분을 만났다. 그는 과열된 정치풍토에서 도청 등 잘못을 저지를 수도 있으나, 이를 거짓말로 속이는 것은 용납할 수 없다고 말하고, 닉슨이 그 사실을 솔직하게 시인하고 국민에게 사죄하였으면 용서할 수 있으나, 거짓말을 했기 때문에 반드시 탄핵되어야 한다고 주장했다. 결국 닉슨이 대통령 자리에서 물러난 것은 자신의 잘못을 감추려는 거짓말 때문이었다고 할 수 있다.

공자는 백성의 믿음(民信)이 정치의 가장 기본이라고 가르쳤다. 국가의 지도자가 정직하지 못하면 국민의 신뢰를 받을 수 없고, 그 사회가 건전하게 발전할 수는 없다. 사람은 누구나 잘못을 저지를 수 있다. 그 잘못의 윤곽이 드러나고 있는 데도 자기는 모르는 일이라고 발뺌을 하고 있는 풍토는 바로잡아야 한다. 표절시비가 붙어도 간교한 말로서 이를 회피하는 자가 대학교수로서의 자리를 지킬 수 있고, 각종 비리에 연루된 자도 정치지도자로 군림할 수 있는 나라에서는 총체적인 부패로 몸살을 앓을 수밖에 없을 것이다. 우리 사회가 각종 비리로 얼룩져 서로 속고 속이는 현상이 벌어지고 있는 까닭도 바로 여기서 찾을 수 있을 것이다.

"감추인 것은 드러나게 마련이고 비밀은 알려지게 마련이다"(루가 12:2). 진실을 숨기는 것은 어리석은 짓이고, 사회를 어둡게 하는 요인이다. 사람이 이 세상에 태어나 어떤 자리를 차지했느냐가 중요한 것이 아니라 어떻게 살았느냐가 보다 중요하다. 공직에서 높은 자리에 앉아 큰 소리치면서 산 사람이 거짓을 일삼고 비리에 연루되었다면 그 모습은 더욱 초라하고 후손까지도 부끄러워 고개를 들 수 없는 것이 세상의 이치이다. 묵묵히 자기 직분에 충실하고 떳떳하게 사는 사람들이 그래도 우리 사회를 떠받치고 있고, 이들의 삶이 얼마나 값진 것인가를 깊이 음미해야 한다.

"세상은 떳떳한 사람이 사는 곳이요,
흠없는 사람만이 살아 남는 곳이다.
불의하게 살면 세상에서 끊기고
신용없이 살면 뿌리가 뽑히고 만다." (잠언 2 : 21-22)

개인이든 국가든 떳떳한 자세를 갖추고 공동선을 지향하여 나아갈 때에 사회는 밝아진다. 그리고 사람이 잘못을 저지른 때에도 이를 숨기고 거짓말을 하기보다는 솔직히 그 잘못을 시인하고 뉘우쳐 정직한 삶을 살고자 하면 보다 훌륭한 일꾼이 될 수 있다. 성 아우그스틴의 고백록은 이를 증명해 주고 있다. 과학기술이 발달하여 인간의 삶이 아무리 풍요롭다 하더라도 도덕성을 잃으면 혼돈을 가져온다. 우리는 우리 후손에게 아름다운 나라를 물려주어야 하고, 부끄러운 조상이 되지 않도록 힘써야 하지 않겠는가?

공인이 제 욕심을 앞세워 뇌물을 챙기고 위선을 부리는 것은 참으로 부끄러운 일이고, 영혼을 파멸로 이끄는 것이다. 사람은 공동체 속에서 이웃을 배려하고 사랑을 나누면서 살아야 한다. 자신의 권리행사는 상대방의 권리를 침해하지 않도록 해야 할 의무가 따르는 것이고, 그 의무를 다하지 못하여 남에게 해를 끼친 때에는 응분의 책임을 져야 하는 것이 인간의 기본적 도리이다. 사람은 비록 고통스럽다 하더라도 하늘을 우러러 부끄러움 없이 떳떳하게 사는 것이 가장 값진 것이다.

우리 사회는 각종의 비리로 혼란스럽기는 하지만 묵묵히 자기 직분에 충실한 사람들이 사회를 떠받치고 있는 한 일시적인 진통을 슬기롭게 극복하여 좋은 나라로 거듭 날 것이다. 적어도 공인은 떳떳하고 겸허한 자세로 공동체를 아름답게 가꾸어 희망찬 나라로 이끌어야 할 소명을 띠고 있음을 자각할 필요가 있다.

〈멘토르 시리즈 3 다섯수레의 책, 서울대출판부, 2004. 수록〉

섬기려는 마음을 간직해야

사람의 사회성과 리더

최희준의 노래 하숙생은 "인생은 나그네 길, 어디서 왔다가 어디로 가는가…. 구름이 흘러가듯 정처없이 흘러서 간다"고 읊고 있다. 그러나 사람은 누구나 뜬 구름처럼 정처없이 흐르는 존재가 아니다. 부모님의 사랑으로 이 세상에 태어나 부모형제와 이웃의 보살핌을 받으며 성장하여 사회의 일원으로 자리잡게 되는 가장 귀한 존재이다.

성경은 "하느님께서 당신의 모습으로 사람을 창조하셨다"(창세 1:27). "흙의 먼지로 사람을 빚으시고, 그 코에 생명의 숨을 불어넣으시니, 사람이 생명체가 되었다"(창세, 2:7)라고 기록하고 있다. 사람은 영혼과 육신이 결합되어 물질적인 삶을 누리면서도 정신적 능력을 간직한 신비스런 존재이다. 창조설을 따르지 않는다 하더라도 사람은 생명체로서 이성, 선악의 구별능력, 자유의지와 같은 인간의 정신적 작용을 부인할 수는 없다.

사람은 이성과 양심을 지니고 있는 사회적 존재로서 외따로 살 수는 없다. 사람은 다른 사람과 관계없이는 살 수 없고, 그 자질을 발휘할 수도 없어 언제나 이웃과 함께 어울려 살게 된다. 가정을 비롯하여 정치, 경제, 사회, 문화의 각종 모임이나 직장 또는 자치단체나 국가와 국제사회에 이르기까지 크고 작은 모임에는 그 공동체를 이끄는 사람이 있게 마련이다. 이들을 우리는 리더 또는 길잡이라고 말할 수 있다.

리더는 맨 앞에서 그 모임이나 조직을 이끄는 사람으로 한정되지 않는다. 회사를 놓고 볼 때 사장은 물론 부장, 과장, 계장 또는 팀장 등은 각각 그 부서의 리더이고, 어떤 계획을 수립하고 연구를 하는 데도 리더가 있게 마련이다. 그리고 크고 작은 모임에는 아무런 직책을 가지고 있지 않더라도 그 사회에 영향력을 미치고 있는 분이 있고, 이들도 리더 속에 들어간다. 이렇게 보면 수많은 리더들이 우리 사회를 이끌고 있다. 우리 모두는 리더가 될 수 있고 또한 리더로서의 꿈을 키워야 한다.

섬기려는 마음

도산 안창호 선생은 우리의 선각자이시다. 일제의 침략으로 쓰러진 구 한말의 비운을 보고, 청운의 꿈을 안고 미국에 건너간 도산은 길거리에서 상투를 잡고 싸우는 동포를 보았다. 얼마나 부끄럽고 창피스러운 일인가. 도산이 당신의 꿈을 접고 동포들의 집집을 찾아서 청소를 하고 환경을 정리해 주면서 민족의 대동단결을 이루도록 힘쓰신 일화는 우리의 심금을 울려준다. 이는 도산의 희생과 섬김의 정신이 묻어난다. 나라의 지도자들이 그 정신을 조금이라도 닮으려고 했다면 이처럼 혼란스럽고 갈등의 구조를 깊게 하지는 않았을 것이다.

인간은 지성을 갖추고 살아가는 존재로서 사회윤리를 필요로 한다. 윤리가 타락하면 사람 사이의 신뢰관계가 무너지고, 그 사회는 어두어진다. 그러나 좋은 리더는 도덕성을 바탕으로 사람들이 서로 믿고 의지하며 살 수 있도록 모임을 이끌 수 있다. 웃음을 지으며 오손도손 서로 도우며 사는 집안은 리더인 아버지나 어머니가 자기보다는 가족을 생각하고 보살피며 희생을 바치고 있음을 엿볼 수 있다. 어른이 제 욕심만 채우고 호통만 치고 있다면 그 집안 꼴이 어찌 되겠는가? 이것은 어떤 조직이나 단체도 마찬가지이다.

리더가 다른 사람 위에 군림하려 하지 않고 섬기려는 마음으로 그들을 배려하고 함께 하고자 하면 신뢰를 얻을 수 있고, 그 모임은 활기차게 꾸려나갈 수 있다. 예수님은 "너희 가운데서 높은 사람이 되려는 이는 너희를 섬기는 사람이 되어야 한다…. 사람의 아들도 섬김을 받으러 온 것이 아니라 섬기러 왔고, 또 많은 이들의 몸값으로 자기 목숨을 바치러 왔다"(마태 20:26-28)라고 제자들에게 이르셨다. 그리고 불쌍하고 소외된 사람들을 돌보시고 스스로 십자가상의 제물로 바치셨다.

진정성이 있어야

사람을 섬긴다는 것은 말만으로 되는 일이 아니다. 겉으로는 끔찍하게 배려하는 모습을 보인다 하더라도 진정성이 없으면 오히려 안한 것만 못하다. 지킬박사와 하이드에서 보는 것처럼 앞에서는 착하게 굴면서 뒤에서는 가진 악덕을 저지르는 이중적인 태도는 혐오를 일으킨다. 우리나라 역대 대통령이 말로는 국민을 사랑한다고 하면서 자신들의 욕심을 앞세워 직·간접적으로 부정에 연루되어 하나같이 국민의 존경을 받지 못하는 추한 모습을 띠고 있음은 참으로 불행한 일이다.

오늘날 첨단과학의 발달과 물질주의가 팽배하면서 도덕적 가치가 상실되는 현상이 나타나고 있다. 무엇보다 정신적 가치를 잃어가는 세태는 우리를 얼마나 슬프게 하는지 가늠할 수도 없다. 거짓과 위선은 누구에게나 독이다. 도산은 꿈에라도 거짓말을 했으면 참회하라고 타일렀다. 위선적인 리더는 그 모임이나 조직을 혼란스럽게 한다. 정직하고 솔직한 자세를 갖춘 리더는 화합을 이루고 그 공동체를 활성화한다. 그러면 그 조직은 서로가 존중하고 자유로운 의사표현으로 조화와 협력이 자연스럽고, 일의 능률이나 창의성, 효율성도 살아날 것이다.

다산(茶山)의 목민심서 율기육조(律己六條) 1. 몸가짐은 절도 있게(飭躬)에서 공자가 이르기를 "위에 있으면서 너그럽지 아니하고 예를 행할 때에 공경함이 없으면 내가 무엇을 보랴" 하였으며 또한 이르기를 "너그러우면 많은 사람을 얻는다"고 하였다고 가르치고 있다(盧台俊 역해 42쪽). 리더의 덕목으로 음미하고 따라야 할 가르침이다.

리더는 너그럽고 진정한 마음으로 다른 사람을 배려하면서 결단을 내려야 할 때에는 단호하게 이끌어야 한다. 꾸준히 인격을 닦고 실력을 길러야 하는 것도 그에게 주어진 소명이다. 리더가 욕심을 부리면 재앙을 불러오고, 공동체가 합심하여 뚜렷한 목표를 세워 섬기고자 하는 마음으로 리더로서의 역할을 다한다면 하느님의 축복도 함께 따를 것이다.

〈Korean Re 2009 여름호 vol. 120 26쪽〉

인간의 존엄과 삶의 가치

I. 머리말

사람은 누구나 건강하고 행복하게 살기를 바란다. 과학문명이 발달하고 물질적인 풍요로움이 인간을 행복하게 하는가? 작년부터 미국의 서브프라임으로 비롯된 금융위기로 말미암아 세계경제가 침체되어 그 어느 때보다도 어려울 것으로 예고되고 있다. 실업자의 수가 늘어나고 경기가 풀리지 않으면 당장 먹고 사는 문제를 걱정하게 되고 사회적 혼돈을 일으킬 수 있다.

이러한 상황에서 Wellbeing의 문제를 다루는 것은 사치스러운 일이 아니냐고 반문할 수도 있을지 모른다. 그러나 주변환경이 어떠한 상황에서도 인간은 건강하고 기쁘게 살 수 있도록 관심을 기울여야 한다.

사람은 이성과 양심을 지니고 무엇이 옳고 그른가를 판단하여 행동할 수 있는 유일한 존재이다. 아무리 고도의 과학기술이 발전하고, 물질문명이 넘쳐흐른다 하더라도 그 중심은 사람이다. 사람은 이 세상에 태어나면서 언젠가는 죽음을 맛보아야 하는 존재라는 점에서 인간의 존엄과 삶의 가치가 무엇인지 살펴보는 것은 뜻이 있다고 여겨진다.

인권에 관한 세계선언(1948.12.10.) 제1조는 "모든 사람은 날 때부터 자유롭고 동등한 존엄성과 권리를 가지고 있다. 사람은 천부적으로 이성과 양심을 가지고 있으며, 서로 형제애의 정신으로써 행동하여야 한다."

헌법 제10조는 "모든 국민은 인간으로서의 존엄과 가치를 가지며, 행복을 추구할 권리를 가진다. 국가는 개인이 가지는 불가침의 기본적 인권을 확인하고 이를 보장할 의무를 진다."라고 기본적 인권의 보장에 관하여 규정하고 있다.

이러한 인권선언이나 헌법의 규정은 천부적인 인권의 보장을 확인한 것이다. 국가의 공권력은 바로 국민의 기본권을 존중하고 행복하게 살 수 있도록 보살피는 데 그 존재이유가 있고, 인권의 문제는 국제적인 관심사가 되지 않을 수 없다.

II. 인간의 존엄성

사람이란 영혼과 육신이 결합되어 이성과 양심을 지니고 있는 사회적 존재이다. 성경은 "하느님께서 당신의 모습으로 사람을 창조하셨다."(창세 1:27) "흙의 먼지로 사람을 빚어 그 코에 생명의 숨을 불어넣으시니 사람이 생명체가 되었다."(창세 2:7)라고 기록하고 있다. 우리는 창조설과 진화론 가운데 어느 것이 옳으냐는 논쟁이 이어지고 있으나, 인간은 물질적인 존재로서 끝나지 않고 정신적인 삶을 함께 하고 있음을 부인할 수는 없다.

사람이 생각의 날개를 펴면 시공을 초월하여 어디든 넘나들 수 있는 신비로운 존재임을 쉽게 느낄 수 있다. 따라서 사람은 다른 짐승과는 달리 이성과 양심을 지닌 가장 귀한 존재로서 인격을 갖추고 이웃과 함께 서로 어울려 살아야 하는 사회적 존재이다.

이성: 사물을 판단하는 능력, 즉 옳고 그름을 판단할 수 있는 능력.

양심: 도덕적 가치를 판단하여 옳고 그름, 선과 악을 깨달아 바르게 행하려는 의식

인격: 인간의 품격이고 인간존엄성의 바탕을 이룬다.

인간은 사람마다 그 개성을 지니고 있고, 또한 이웃과 함께 살아야 하는 사회성을 띠고 있다. 따라서 인간의 존엄성은 하느님의 모상으로 태어난 신비로운 존재로서 존엄한 인격을 갖추고 있기 때문이다. 인간은 자유의지를 지니고, 선이나 악을 분별할 수 있다. 이성을 갖춘 인간이 자유의지에 따라 선을 행할 때에는 인간의 존엄성이 살아나지만 악을 저지를 때에는 스스로 존엄한 가치를 짓밟는 것이다. 그리하여 인간이 도덕적 가치를 존중하고 이웃과 더불어 서로 사랑을 나누며 살 때에 인간의 존엄과 가치를 지니고 사람다운 삶을 누리고 있다고 할 수 있다.

인간의 존엄성은 인권의 보장과 실현을 통하여 보증될 수 있다. 이러한 인권은 인간의 창조에서 주어진 천부적 권리이고, 이를 포기하거나 남에게 양도할 수 있는 것이 아니다. 그리고 사람은 개인에 따라 육체적·지적 능력에 차이가 있으나, 인간의 본성은 동일하다. 그리하여 인간의 기본권은 그것이 사회적이든 문화적이든 또는 성별, 인종, 피부색, 지위, 언어, 종교 등에 기인한 차별은 용인되지 않는다. 따라서 인간은 수태한 순간부터 자연사에 이르기까지 생명을 존중하고 보호하여야 하며, 나만 귀한 것이 아니라 남의 인권도 존엄하다는 의식을 깊게 하여야 한다.

III. 삶의 가치

인간은 이 세상에 태어나 사람답게 행복을 추구하며 살 수 있는 권리를 가진다. 사람은 이 세상에 태어나 언젠가는 생을 마감하는 운명을 지니고 있다. 그리하여 사람은 이 세상에 태어나 산다는 것

은 죽음을 향해서 가는 것이고, 죽음은 새로운 삶(영생)의 문턱으로 들어가는 것이다. 여기에서 삶의 가치는 사람답게 사는 것이고, 인간은 생명을 존중하고 아름답고 즐겁게 사는 것이 삶의 가치라 할 수 있다.

과학문명이 발달하고 풍요로운 물질은 인간의 삶에 크게 이바지하고 있지만, 한편 인간의 탐욕으로 인한 가치의 혼돈은 사회를 어지럽게 하고 있다. 즉, 과학의 발달로 인한 진보는 인간의 내적 성숙과 윤리의식에 부합하지 않는다면 인간사회에 커다란 위협이 될 수 있다. 개인이나 집단이 자신의 이익만을 앞세우고 이웃을 배려하지 않을 때 그 사회는 평화의 질서가 무너지고 갈등으로 말미암아 인류의 멸망을 초래할 수 있음은 역사가 이를 입증하고 있다.

인류문명이 발달하고 물질적인 삶이 풍요로워지고 사람이 이웃과 더불어 살아야 한다는 공동체의식을 저버리고 개인적인 이기심을 앞세우는 사람은 도덕적 가치를 상실하고 있다. 수단과 방법을 가리지 않고 자신의 이익을 챙기려는 인간의 탐욕은 사회악의 씨앗이다. 오늘날 정치, 경제, 사회 등 각 분야에서 부정과 부패로 몸살을 앓고 있는 것도 사람이 지키고 따라야 할 윤리의 타락으로 도덕적 가치를 잃어버린 사람들의 욕심에서 오는 것이다.

미국발 금융위기나 중국발 멜라민 파동을 비롯한 부정식품은 자신만의 이익을 챙기기 위한 인간의 욕심에서 기인한 것이다. 도박과 같은 파생상품을 만들어 이익을 챙기고 결국은 파탄을 초래한 것이 금융위기이고, 멜라민 가루를 우유에 집어넣어 쉽게 돈벌고자 하는 그릇된 행위는 인류의 공멸을 가져오는 범죄행위라고 할 수 있다.

이러한 점에서 삶의 가치는 돈이나 물질에 있는 것이 아니라 인간의 정직한 심성이 작용할 때에 진정한 wellbeing을 이룰 수 있음을 보여주는 것이다. 정직하고 떳떳하게 사는 것이 기본이다. 그리고 사람은 환경의 지배를 받고 있으므로 인류의 건강한 삶을 위해서는 지구의 온난화를 방지하고 환경을 아름답게 가꾸는 것도 필수적이다. 그러므로 비록 고통스럽다 하더라도 자연환경을 보존하기 위한 노력도 함께 기울이는 것이 요청된다고 생각한다. 참된 삶의 가치는 도덕성을 갖춘 삶이다.

사람이 살아가는 데는 건강이 중요하다고 한다. wellbeing 시대에 접하여 건강에 대한 관심이 높은 것은 당연하다. 부모님이 물려주신 생명이든 하느님이 창조하신 생명이든 그 생명을 간직하기 위하여 육체적·정신적 건강을 돌보는 것은 우리에게 주어진 의무이다. 사람이 살아가는 데는 최소한의 의식주 문제를 해결해야 하고, 휴식이나 의료봉사 등 건강한 삶을 살 수 있도록 보살피는 것이 필요하다.

Ⅳ. 맺는 말

인간은 이 세상에서 가장 존엄한 가치를 지닌 사회적 존재로서 혼자 외롭게 사는 것이 아니다. 이웃과 함께 살아야 하고, 이웃에 대한 배려와 관심이 있어야 한다. 그럼에도 불구하고 나 자신의 안위와 행복을 우선시하여 욕심을 부리는 것은 자신의 건강을 해칠 뿐 아니라 사회적으로도 비난을 받게 된다. 사회공동체의 이익을 고려하고 진리와 정의에 부합하는 삶을 살고자 할 때에 건강하고 웃음 짓는 삶을 누릴 수 있다.

오늘 우리 사회는 도덕적 가치를 도외시하고 수단과 방법을 가리지 않고 제 욕심을 채우려는 사람들로 인한 사회적 병폐가 심하다. 자신의 욕망이 채워지지 않고 좌절하게 되면 스스로 자신의 목숨을 끊는 자살이 늘어나는 것도 생명의 존엄성을 망각하고 윤리의식의 결핍에서 비롯되는 것이다. 자신만의 이익을 위해서 남을 해치는 행위는 스스로 자신의 존엄성을 해치고 파멸의 길로 나아가는 짓이다. 사람이 아무리 부자라 하더라도 이웃을 돌보지 않고 자신의 욕심만을 앞세우면 언제나 불안하고 평화를 누리지 못하여 건강한 삶은 누리지 못한다는 점을 다시 한번 강조한다.

〈2009.3.18. 세종대 웰빙경영자과정 특강〉

욕심을 버리고 바르게 살아야

야고보서 1,15: 욕망을 잉태하여 죄를 낳고,
죄가 다 자라면 죽음을 낳습니다.

사람은 하느님의 모상으로 창조되어 이성과 양심을 지닌 사회적 존재이다. 인권에 관한 세계선언(1948.12.10.) 제1조는 "모든 사람은 날 때부터 자유롭고 동등한 존엄성과 권리를 가지고 있다. 사람은 천부적으로 이성과 양심을 가지고 있으며, 서로 형제애의 정신으로써 행동하여야 한다."고 선언하고 있다.

인간은 이성과 양심을 지니고 무엇이 옳고 그른가를 판단하여 행동할 수 있는 유일한 존재이다. 인류의 조상이 하느님의 계명을 어기고 에덴동산에서 내침을 당한(창세 3:22-24) 이래 인간은 자유의지를 남용하고 그 욕망을 채우기 위하여 갖가지 잘못을 저지르고 사회를 어지럽게 하고 있는 것이 역사이기도 하다.

인간의 지성은 하느님의 지혜로부터 빛을 받아(사목헌장 15) 인류 문명의 꽃을 피워왔고, 오늘날 첨단과학의 발달로 그 어느 시대보다도 풍요로운 삶을 누리고 있다. 그러나 인간이 도덕적인 가치를 존중하지 않고 경제적 이익만 추구하면 오히려 인간에게 재앙을 불러온다. 오늘날 지구온난화 등 환경재해는 이를 드러내고 있다.

모세의 10계명의 아홉 번째와 열 번째 계명은 "남의 아내나 남의 재물을 탐내지 말라."고 되어 있다. 모든 죄는 인간의 욕심, 즉 탐욕에서 나오는 것이라 할 수 있다. 인간의 죄의 구조는 개인적인 죄 속에 뿌리를 두고 있으며, 반드시 개인들의 구체적인 행동과 결부된다(사회적 범죄도 그것은 개인의 죄에 바탕을 둔다. 공직자의 비리, 뇌물). 결국 죄의 구조는 도덕성을 상실한 인간의 욕망에서 기인하고 올바른 발전을 저해하는 장애물이다.

사람은 영혼과 육체로 결합된 존재이므로 인간의 삶에는 정신적 가치는 물론 물질적인 면도 무시할 수는 없다. 사람이 물질적인 욕구가 강하면 '소유'의 노예로 전락하고 가지면 가질수록 욕망이 더 커진다. 사람은 무엇을 갖는 것 having과 어떤 인간이 되는 것, be-ing 사이에 차이가 있다. 악은 '갖는 것' 자체에 있는 것이 아니라 자기가 가진 재화의 질과 위계를 고려하지 않고 소유를 하는데 있다.

우리 사회의 부조리현상은 바로 인간의 잘못된 욕심을 충족시키기 위하여 부정한 돈이 오가면서 법과 원칙을 무시하는 데서 비롯된다. 공화당 창당과정에서 불거진 4대의혹사건을 비롯하여 권력형 비리가 이어지고, 이에 대하여 말끔히 청산하지 못하고 있다. 1997년에 외환위기를 맞아 IMF의 구제금융을 받을 당시 착한 서민들은 금덩이까지 내놓으면서 그 위기를 벗어나고자 몸부림쳤는데 그런 와중에서 이른바 공적자금을 투입하여 구조조정 등 회생에 힘쓰는 금융기관 등 기업의 임직원이 과다한 퇴직금을 지급하고 심지어는 공직자와 합세하여 탈세, 횡령, 해외자금유출 또는 정치자금으로 유용하는 철면피한 도덕적 해이현상을 보였다(공적자금관리백서 2006. 8. 참조). 현재 특검의 수사대상이 되고 있는 삼성 비자금사건은 그 여파로 생긴 것이고, 그 기업에 국한된 것으로 보는 이는 아무도 없을 것이다.

박철언 장관의 비자금관리 60억원이 대학교수까지 끼어 고소고발이 이루어지고 있는 추한 모습. 인간의 삶은 이성과 양심에 따라 절제된 삶을 사는데 참된 가치가 있다. 희망과 꿈을 가지고 올바로 살고자 힘을 쏟고 언제나 감사하고 즐거운 삶을 살고자 할 때 하느님의 축복을 받을 수 있다.

〈2008.3.11. 세종대 채플에서〉

희망을 간직하고 떳떳하게 살아야

I. 머리말

미국의 서브프라임으로 비롯된 금융위기는 세계경제를 흔들고 있다. 이에 따라 각 나라는 경제적인 고통으로 청년실업이 사회문제로 대두되고, 앞날을 매우 어둡게 관망하고 있다. 우리나라도 예외는 아니고, 더구나 남북의 분단으로 인한 긴장관계가 이어오고 있다. 남북의 화해와 민족의 화합을 이루고자 하는 노력보다는 갈등을 부추기고 있는 서글픈 현상이 지속되고 있다. 금강산 관광이나 개성공단의 문제가 더 꼬여가고, 북한 미사일문제로 세계의 시선이 집중되고 있는 것이 한반도의 현상이다.

인류의 역사는 고난과 시련을 이겨내면서 문화를 꽃피워 왔다. 우리나라는 반만년의 역사를 지니고 문화민족으로서의 긍지를 간직하고 있다. 남북분단과 6·25 전쟁을 겪고, 정치권력의 타락으로 사회적 부패를 양산하고 있으면서도 국민과 기업의 피땀어린 노력으로 세계 12대 무역국가로서 자리매김을 하고 그 어느 때보다도 풍요로운 삶을 누리고 있다. 그러면서도 우리 사회는 안정을 찾지 못하고 어딘지 모르게 불안한 요소를 지니고 있다. 이는 전통적으로 지켜오던 유교적인 도덕관념이 무너지고 물질적인 가치에 경도되면서 '수단과 방법을 가리지 않고 제 몫을 챙기면 된다'는 그릇된 가치관으로 사회윤리가 바로 서지 못하고 있는 데 그 원인이 있다고 생각한다.

정부는 경제살리기를 제1 과제로 내세우고 있다. 경제살리기는 돈만 푼다고 되는 것이 아니라, 인간의 존엄과 가치를 살리면서 사람들이 희망을 간직하고 떳떳한 삶을 살고자 할 때에 이뤄질 수 있다. 척박한 환경 속에서 여러 가지 어려움을 극복하고 피겨 여왕으로 우뚝 선 김연아는 이를 우리에게 보여주고 있다.

II. 인간의 존엄과 가치

사람은 이 세상에서 가장 귀한 존재로서 존엄한 가치를 지닌다. 동몽선습(童蒙先習)은 첫머리에서 하늘과 땅 사이의 만물 가운데 사람이 가장 귀하다(天地之間 萬物之中 有人最貴)고 가르치고 있다.

인권에 관한 세계선언(1948.12.10.) 제1조는 "모든 사람은 날 때부터 자유롭고 동등한 존엄성과 권리를 가지고 있다. 사람은 천부적으로 이성과 양심을 가지고 있으며, 서로 형제애의 정신으로써 행동하여야 한다."

헌법 제10조는 "모든 국민은 인간으로서의 존엄과 가치를 가지며, 행복을 추구할 권리를 가진다. 국가는 개인이 가지는 불가침의 기본적 인권을 확인하고 이를 보장할 의무를 진다."라고 기본적 인권의 보장에 관하여 규정하고 있다.

이러한 인권선언이나 헌법의 규정은 천부적인 인권의 보장을 확인한 것이다. 국가의 공권력은 바로 국민의 기본권을 존중하고 행복하게 살 수 있도록 보살피는 데 그 존재이유가 있고, 인권의 문제는 국제적인 관심사가 되지 않을 수 없다.

사람은 영혼과 육신이 결합되어 이성과 양심을 지니고 있는 사회적 존재이다. 성경은 "하느님께서 당신의 모습으로 사람을 창조하셨다."(창세 1:27)고 가르치고 있다. 우리는 사람이 어디에서 왔는가에 대하여 창조설과 진화론의 다툼이 있음을 알고 있으나 그 어느 설이 옳으냐는 단정적으로 말할 수는 없지만, 인간은 단순한 물질적인 존재가 아니라 정신적 삶을 함께 하고 있는 신비스러운 존재라는 점을 부인할 수는 없다.

인간은 이성과 양심을 지니고 있다는 점에서 무엇이 옳고 그른가를 판별할 수 있으며, 사회적 존재라는 점에서 홀로 사는 것이 아니라 이웃과 함께 어울려 살아야 한다. 따라서 인간은 자유의지를 지니고 선을 행할 때에는 인간의 존엄성이 살아나지만, 악을 저지를 때에는 스스로 존엄한 가치를 짓밟는 것이다. 그리하여 인간이 도덕적 가치를 존중하고 이웃과 더불어 서로 사랑을 나누며 살 때에 인간의 존엄과 가치를 지니고 사람다운 삶을 누리는 것이라 할 수 있다.

결국 인간은 다른 동물과는 달리 이성과 양심을 지닌 사회적 존재로서 공동체를 이루고 살고 있다. 질서있고 풍요로운 공동생활을 위해서는 모든 인간이 인격을 갖고 있다는 원리가 그 바탕이 되어야 한다. 즉, 인간은 지성과 자유의지를 갖고 있고, 인간 본성에서 직접적으로 나오는 권리와 의무를 지닌 주체로서 이웃과 함께 사는 존재이므로, 언제나 나만이 아니라 이웃을 배려하고 존중하는 삶을 살고자 할 때에 도덕성이 회복되고 인간의 존엄과 가치가 존중되는 것이다.

사람은 희망 없이는 살 수 없다. 그런데 사람이 살아가는 데는 고통이 따르고, 그 고통은 인간을 보다 성숙하게 이끌어주는 수단이 될 수 있음을 이해할 필요가 있다. 전쟁과 테러가 자행되고 경제적인 고통으로 암울한 현상 속에서 참혹하기 그지없는 암흑 속을 헤매기도 한다. 이사야는 "암흑 속을 헤매는 자가 있거든 야훼의 이름에 희망을 걸 일이다. 자기 하느님을 의지할 일이다."(50:10)라고 설파하고 있다.

III. 사회현실과 도덕성

과학문명이 발달하면서 인간의 존엄성을 망각하고 물질적 가치를 앞세운 사람들의 행위로 사회적 혼돈이 이어지고 있다. 오늘날 정치권력의 타락으로 빚어진 정치, 경제, 사회 각 분야에서 빚어지고 있는 각종 비리로 얼룩진 사회 현실이 이를 드러내고 있다. 이는 수단과 방법을 가리지 않고 제 욕심을 채우려는 인간의 잘못된 이기심에서 오는 것이다. "욕심이 잉태하면 죄를 낳고, 죄가 자라면 죽음을 가져온다"(야고보서 1:15)는 가르침은 사람이 정신적 가치를 버리고 자기 욕심을 채우려고 할 때에는 스스로 파멸의 길로 들어서게 됨을 경고하는 것이다. 이성을 갖춘 인간이 양심의 소리를 멀리하고 정신적 가치를 손상하여 도덕과 윤리가 타락하면 아무리 풍요로운 삶을 누린다 해도 결국 재앙을 불러들이게 된다.

시편 작가가 "보라, 죄악을 잉태한 자가 재앙을 임신하여 거짓을 낳는구나. 함정을 깊숙이 파놓고서는 제가 만든 구렁에 빠지는도다(7:15-16)."라고 읊고 있는 것처럼 사람들은 죄의 유혹에 빠져 헤어나지 못하고 있는 모습을 보여주기도 한다. 오늘 우리 사회가 정치, 경제, 사회, 문화 심지어는 교육에 이르기까지 총체적인 부패로 몸살을 앓고 있는 것은 그 보기이다. 최근 박연차 리스트에 오르내리는 정치인들의 모습, 장자연의 자살로 빚어진 사회적 현실을 어떻게 받아들여야 하는가?

일제의 식민지를 벗어나 60년이 훨씬 넘은 오늘에 이르기까지 우리는 남북의 분단으로 인한 긴장관계를 벗어나지 못하고, 지역간의 갈등, 계층간의 갈등을 풀지 못하고 있는 것이 현실이다. 이에 따라 박정희 군사정권이래 인간의 존엄성과 가치를 중시하지 않는 풍토로 말미암아 인권이 침해되고 폭력사용, 낙태 등으로 수많은 생명을 앗아가고, 권력형비리를 비롯한 각종 의혹이 풀리지 않고 있기도 하다. 수단과 방법을 가리지 않고 자신의 욕망을 채우려는 추한 모습은 우리 사회를 어둡게 하고 있다.

물질문명에 의존하여 가치의 척도를 돈으로 따지는 사회풍토는 인간을 병들게 하고 있다. 역대 대통령이 모두 부정에 연루되어 있다. 폭력정치를 하던 박정희는 1979년 10. 26에 이른바 安家에서 어린 가수들을 끼고 술판을 버린 자리에서 당시 정보부장이었던 김재규의 총에 맞아 죽은 뒤 청와대에서 현금이 몇 억원이 나왔다는 보도가 있었고, 전두환, 노태우는 청와대에 앉아 돈을 챙겼다는 사실이 드러났다. 그리고 김영삼, 김대중 대통령도 자신은 깨끗하게 정치를 한다고 소리쳤지만 측근과 자식들이 부정에 연루되어 고개를 들 수 없게 되었다. 그리고 정치자금의 투명성을 이루었다는 노무현 대통령의 경우도 측근들의 비리, 요즘 검찰의 수사를 받고 있는 박연차 리스트는 우리를 얼마나 부끄럽고 한심스럽게 하고 있는가?

뇌물을 주는 자의 눈에는 그것이 요술 보석 같아 그가 몸을 돌리는 곳마다 안되는 일이 없다(잠언 17:8).라고 가르치고 있는데, 뇌물은 부패의 고리이고, 사람의 영혼을 파멸로 이끄는 독소라 할 수 있다. 뇌물을 주고받는 사람들이 은밀하게 거래를 하고, 관뚜껑을 덮을 때까지 비밀을 지키겠다는 약속이 무슨 의미가 있겠는가?

IMF 사태로 인한 구조조정을 위하여 은행 등 금융기관에 수조원의 공적자금을 투입하였는데, 그 돈의 일부가 로비자금 등으로 유입되고 방만하게 사용되었다는 것은 어떤 이유로도 정당화할 수 없다. 공금의 사용은 개인의 돈보다도 더 아끼고 투명하게 써야 한다.

老子의 道德經 46장 天下有道

禍莫大於不知足 咎莫大於欲得이니 고로 知足之足이면 常足矣니라. 재앙은 만족함을 모르는 것보다 더 큰 것이 없고, 허물은 얻으려는 욕심보다 더 큰 것이 없다. 그러므로 만족할 줄 아는 족함이라야 항상 풍족하다.

불의하게 모은 보화는 소용이 없지만 정의는 사람을 죽음에서 구해 준다. (잠언 10:2)

공자는 백성의 믿음(民信)이 정치의 가장 기본이라고 가르쳤다. 국가의 지도자가 정직하지 못하면 국민의 신뢰를 받을 수 없고, 그 사회가 건전하게 발전할 수는 없다. 사람은 누구나 잘못을 저지를 수 있다. 그 잘못의 윤곽이 드러나고 있는 데도 자기는 모르는 일이라고 발뺌을 하고 있는 풍토는 바로잡아야 한다. 표절시비가 붙어도 간교한 말로서 이를 회피하는 자가 대학교수로서의 자리를 지킬 수 있고, 각종 비리에 연루된 자도 정치지도자로 군림할 수 있는 나라에서는 총체적인 부패로 몸살을 앓을 수 밖에 없을 것이다. 우리 사회가 각종 비리로 얼룩져 서로 속고 속이는 현상이 벌어지고 있는 까닭도 바로 여기서 찾을 수 있을 것이다.

"감추인 것은 드러나게 마련이고 비밀은 알려지게 마련이다"(루가 12:2). 진실을 숨기는 것은 어리석은 짓이고, 사회를 어둡게 하는 요인이다. 사람이 이 세상에 태어나 어떤 자리를 차지했느냐가 중요한 것이 아니라 어떻게 살았느냐가 보다 중요하다. 공직에서 높은 자리에 앉아 큰 소리치면서 산 사람이 거짓을 일삼고 비리에 연루되었다면 그 모습은 더욱 초라하고 후손까지도 부끄러워 고개를 들 수 없는 것이 세상의 이치이다. 묵묵히 자기 직분에 충실하고 떳떳하게 사는 사람들이 그래도 우리 사회를 떠받치고 있고, 이들의 삶이 얼마나 값진 것인가를 깊이 음미해야 한다.

"세상은 떳떳한 사람이 사는 곳이요,
흠없는 사람만이 살아 남는 곳이다.
불의하게 살면 세상에서 끊기고
신용없이 살면 뿌리가 뽑히고 만다." (잠언 2:21-22)

개인이든 국가이든 떳떳한 자세를 갖추고 공동선을 지향하여 나아갈 때에 사회는 밝아진다. 그리고 사람이 잘못을 저지른 때에도 이를 숨기고 거짓말을 하기보다는 솔직히 그 잘못을 시인하고 뉘우쳐 정직한 삶을 살고자 하면 보다 훌륭한 일꾼이 될 수 있다. 성 아우그스틴의 고백록은 이를 증명해 주고 있다. 과학기술이 발달하여 인간의 삶이 아무리 풍요롭다 하더라도 도덕성을 잃으면 혼돈을 가져온다. 우리는 우리 후손에게 아름다운 나라를 물려주어야 하고, 부끄러운 조상이 되지 않도록 힘써야 하지 않겠는가?

Ⅵ. 맺는 말

우리 민족은 남북분단으로 6·25 전쟁을 겪고 폐허화된 역경을 딛고 오늘의 부를 창출하고 있다. 1997년의 IMF 경제위기도 민족의 단합으로 극복하고 일어선 나라이다. 지금의 경제위기를 절망으로 맞이할 것이 아니라 우리는 충분히 이를 극복할 수 있다는 용기와 희망을 간직하고 긍정적인 자세로 적극적으로 노력하면 반드시 그 꿈을 이룰 수 있음을 믿어야 한다.

사목헌장은 “하느님께 기초를 두지 않고 영생에 대한 희망이 없게 되면 오늘 흔히 볼 수 있는 것처럼 인간의 존엄성은 심한 상처를 받을 것이며 생명과 죽음, 죄와 고통의 수수께끼는 풀리지 않아 절망에 빠지는 사람도 적지 않을 것이다(21항)”라고 가르치고 있다.

공인이 제 욕심을 앞세워 뇌물을 챙기고 위선을 부리는 것은 참으로 부끄러운 일이고, 영혼을 파멸로 이끄는 것이다. 사람은 공동체 속에서 이웃을 배려하고 사랑을 나누면서 살아야 한다. 자신의 권리행사는 상대방의 권리를 침해하지 않도록 해야 할 의무가 따르는 것이고, 그 의무를 다하지 못하여 남에게 해를 끼친 때에는 응분의 책임을 져야 하는 것이 인간의 기본적 도리이다. 사람은 비록 고통스럽다 하더라도 하늘을 우러러 부끄러움 없이 떳떳하게 사는 것이 가장 값진 것이다.

우리 사회는 각종 비리로 혼란스럽기는 하지만 묵묵히 자기 직분에 충실한 사람들이 사회를 떠받치고 있는 한, 일시적인 진통을 슬기롭게 극복하여 좋은 나라로 거듭날 것이다. 적어도 공인은 떳떳하고 겸허한 자세로 공동체를 아름답게 가꾸어, 희망찬 나라로 이끌어야 할 소명을 띠고 있음을 자각할 필요가 있다.

〈2009.3.30. 세종대 ROTC 학생특강〉

내 삶을 흔든 작품

악행에 항거하고 바르게 살아야

보에시우스: '철학의 위안'(De Consolatione Philosophiae)

어머니는 나를 초등학교에 가기 전에 서당(書堂)에 넣으셨다. 천자문을 배우며 글을 읽히기 시작하여 지금까지도 책은 나의 스승이고 벗이 되고 있다. 어머니 손에 이끌려 시골 공소에서 주일첨례에도 나가고, 회장님께서 커다란 상본을 가지고 교리를 가르치시는 말씀을 들으면서 악마를 응징하시는 무서운 하느님을 연상하기도 했다.

나는 초등학교 2학년 때 집의 물건을 내다가 딱지치기로 모두 잃었다. 그리고는 언제나 거짓이 없어야 한다는 어머니의 가르침을 저버리고 시치미를 뗐다. 어머니는 회초리로 종아리를 때리고 거짓말을 하는 녀석은 공부할 필요가 없다고 꾸짖으시고 하룻동안 산에 가서 나무를 하라고 하셨다.

저녁에 어머니는 나에게 다시는 거짓말하지 말고 바르게 살아야 한다고 타이르시고 다음 날부터 다시 학교에 보내주셨다. 어린 나는 하염없이 눈물을 흘리고 거짓말을 하지 않고 정직하게 살겠다고 다짐했다. 어머니의 사랑의 매는 나의 일생을 지배하고 있음을 깊이 느끼고 지금도 어머니를 그리며 감사한다.

해방 후 중학교에 다니면서 내 손에 들어오는 책은 닥치는대로 읽었다. 페스탈로치의 전기를 읽으면서 아이들을 사랑하는 스승의 모습을 그리기도 했고, 백범일지를 읽으면서 나라의 독립을 위하여 애쓰신 백범 김구, 도산 안창호와 같은 선각자를 높이 사기도 했다. "죽더라도 거짓이 없으라. 농담으로라도 거짓말을 말아라."라는 도산의 가르침은 바오로 사도께서 "거짓말을 하지 말고 이웃에게 진실을 말하십시요"(에페 4:25), "거짓말로 서로 속이지 마십시요"(골로 3:9)라고 신앙공동체에 분부하신 말씀과 연관이 되고, 이것은 우리 삶의 지표가 되어야 한다.

세상은 그리 녹녹한 것이 아니다. 특히 정치권력이 타락하여 탐욕을 부리는 자들이 지배하는 사회는 더욱 그러하다. 세상이 공포 분위기에서 언론도 제 구실을 하지 못하는 박정희 군사정권을 겪으면서 나는 보에시우스의 "철학의 위안"(정의채 역, 1964)을 만났다.

보에시우스(Boetius)는 510년에 약관으로 로마의 집정관에 오른 철학자였으나, 그의 곧은 성품 때문에 간신들의 모함에 빠져 황제의 미움을 사서 파비아라는 유배지에서 처형된 사상가이다. 그는 유배지에서 처형을 기다리며 시와 산문으로 이어지는 이 책을 남겼다. 그는 자신의 내적 갈등을 그리면서 철학의 여신의 입을 통해서 의롭게 살다가 가는 사람이 결코 외롭지 않다고 설파하고 있다. 그리고 권력은 본래 선한 것이 못되고 선용(善用)함으로써만 좋은 것으로 취급될 수 있다고 결론짓는다(제2서 산문 6).

1982년 8월 대한변호사협회 창립 30주년 기념심포지움에서 "분쟁예방과 변호사의 직능"이란 주제로 발표하는 자리에서 나는 변호사법 제1조에 따라 변호사회가 기본적 인권의 보호와 사회정의 실현에 얼마나 기여했는지 묻고 싶다고 말했다. 나의 문제제기에 한 변호사는 "양교수는 세상 물정을 너무 모른다. 그렇게 하는 사람은 모두 죽는다"라는 반응이었다. 나는 변호사가 개인으로 활동하는 것은 한계가 있고, 변호사단체인 변협이 중심이 되어 인권문제를 다루어야 하는 것이 아니냐고 반문하면서 보에시우스의 다음 시를 인용한 이유가 여기에 있다고 대답한 일이 있다.

가련한 사람들아! 어찌하여 너희는/ 하잘 것 없이 횡포스럽기만 한 폭군들을/ 무서워 떤단 말이냐./ 아무 것도 바라지 않고/ 아무 것도 두려워 않는다면/ 너, 폭군의 진노를 무력(無力)케 하리로다./ 그렇지만 무서워 떨거나/ 항구치도 합당치도 못한 것만을 탐하는 자는/ 방패를 버리고 제 자리를 떠남과 같으니/ 자기를 묶을 쇠사슬을/ 마련하는 것이니라." (제1서 시 4에서)

폭압정치에 맞서 싸우는 것은 예나 지금이나 쉬운 일이 아니다. 동서고금을 막론하고 권력의 타락은 부패로 얼룩지고 사회병리현상을 깊게 한다. 보에시우스가 '배덕(背德)의 악한들이/ 높은 자리에 앉아/ 의인들을 불의하게 해치며 유린하니/ 덕망의 빛은 암흑 속에 감추어지고/ 악인들의 죄악을 의인들이 짊어지는도다'(제1서 시5에서)라고 적고 있다. 1974년 인혁당재건위사건은 박정희와 그 하수인들이 간첩으로 조작하여 군법회의를 거쳐, 1975년 4월 8일 대법원판결로 확정한 다음 날 새벽에 억울한 8명을 사형시킨 반인륜적인 범죄행위이다. 우리 역사는 이러한 끔찍한 범죄들을 바르게 기록하여 책임을 물어야 하는데, 그 박정희를 미화하는 어리석음을 저지르고 있는 것이 현실이다.

그리스도인은 '십자가상의 고통과 죽음을 통해서 부활하신 그리스도'를 믿고 따르는 사람이다. 사람은 하느님의 모습으로 창조되었고, 이성과 양심을 지닌 만물의 영장으로서 다른 동물과는 달리 하늘나라의 의를 구하여야 한다. 보에시우스는 철학의 여신을 통해서

"얼굴을 들어 하늘을 향하고,/ 눈으로 드높은 곳을 우러르는 너,/ 육신은 높은 곳을 향해 바로 섰으나/ 정신은 아래로 가라앉지 않게 / 네 정신을 천상에로 들어 올리라."(제5서 시5에서)라고 하고, 또 이 책의 끝자락에서

"너희는 악행에 항거하고 덕행을 닦으라. 올바른 희망에 마음을 들어 올리라. 하늘로 겸손된 기도를 올리라. 너희가 스스로를 속이

고자 하지 않는다면 너희는 바르게 살아야 할 크나큰 필연성을 지니고 있으니, 즉 너희는 모든 것을 투시(透視)하는 재판관의 눈 앞에서 행동하고 있기 때문이니라."라고 적어 우리에게 불의를 저지르지 않고, 악행에 저항하며 떳떳하고 바르게 살 것을 가르치고 있다.

6세기의 위대한 사상가인 보에시우스가 로마의 집정관이고 궁중 장관을 지내면서 언제나 정의에 입각하여 불의와 타협하지 않는 곧은 성품 때문에 반대파의 무고로 반역죄의 누명을 쓰고 처형되었다는 사실은 무엇을 말해 주는가? 우리의 주님이신 그리스도의 십자가상의 고통과 부활, 순교자들의 피는 불의와 타협하지 않고 굳건하게 살 수 있는 용기와 희망을 우리에게 안겨 주고 있다.

우리나라의 정치권력의 타락은 참으로 심각하다. 이러한 속에서 '좋은 것이 좋은 것이고, 둥글둥글 모나지 않게 사는 것이 현명하다'는 유혹이 뒤따른다. 역대 대통령이나 측근들이 부패에 연루되지 않은 자가 거의 없다. 역사의 교훈을 외면하고 국민을 섬기기보다는 군림하려는 자세를 버리지 못한 탓이다.

'사실 돈을 사랑하는 것이 모든 악의 뿌리입니다. 돈을 따라다니다가 믿음에서 멀어져 방황하고 많은 아픔을 겪은 사람들이 있습니다.'(1티모 6,10) 바오로 사도의 이 말씀은 이권에 눈이 멀어 뇌물을 챙기고 문제가 되면 잡아떼는 권력의 실세들을 보면서 깊이 새겨야 할 교훈이다. '욕망은 잉태하여 죄를 낳고, 죄가 다 자라면 죽음을 낳습니다.'(야고 1:15)라는 야고버 사도의 말씀도 깊이 묵상하고, 그리스도인으로서 보다 떳떳하고 바르게 살겠다는 마음가짐을 되새기자. 공동선의 실현이 공인들에게 주어진 소명임을 일깨우고, 하느님께 공손하게 기도하며 욕심을 버리고 올곧게 살도록 힘써야 하지 않을까.

〈경향잡지 2012. 6〉

신앙인의 자세

마태 16,24: 누구든지 내 뒤를 따라 오려면, 자신을 버리고 제 십자가를 지고 나를 따라야 한다.

그리스도교 신자는 요한 14,6: '길이요 진리요 생명이신' 그리스도를 믿고 따르는 사람들이다. 그리스도는 하느님의 아들로서 인류를 구원하시기 위하여 가난한 모습으로 오시어 복음을 선포하고 십자가의 죽음을 이기고 부활하여 승천하시고 세상 마칠 때까지 우리와 함께 하시는 분이시다.

이사야 53, 3-4: "사람들이 얼굴을 가리우고 피해갈 만큼 멸시만 당하였으므로 우리도 덩달아 그를 업신여겼다. 그런데 실상 그는 우리가 앓을 병을 앓아 주었으며, 우리가 받을 고통을 겪어 주었구나. 우리는 그가 천벌을 받은 줄로만 알았고, 하느님께 매를 맞아 학대받는 줄로만 여겼다." 이사야 예언서에 기록된대로 예수님은 참혹한 십자가의 죽음을 겪으신 분이다. 그리하여 그리스도 신앙인들은 그리스도의 십자가상의 고통에 동참하고 부활의 영광을 함께 누리는 사람이라 할 수 있다.

그런데 오늘날 물질문명이 발달하고 풍요로운 삶을 누리면서 그리스도교인들까지 십자가상의 고통을 외면하고 있지 않은지 반성할 필요가 있다. 우리나라에 천주교가 들어온지 3세기, 개신교가 전파된지 2세기가 되어 신앙인들은 1,000만을 넘고 있지만 오늘날 우리 사회는 갖가지 비리로 혼돈에서 벗어나지 못하고 있다.

시편 작가가 "보라, 죄악을 잉태한 자가 재앙을 임신하여 거짓을 낳는구나. 함정을 깊숙이 파놓고서는 제가 만든 구렁에 빠지는도다(7:15-16)."라고 읊고 있는 것처럼 사람들은 죄의 유혹에 빠져 헤어나지 못하고 있는 모습을 보여주기도 한다. 오늘 우리 사회가 정치, 경제, 사회, 문화 심지어는 교육에 이르기까지 사람들은 자신의 이익을 위해서는 수단과 방법을 가리지 않고 부정한 금품거래까지 서슴치 않는 현상이 이를 말해 주고 있다.

뇌물을 주는 자의 눈에는 그것이 요술 보석 같아 그가 몸을 돌리는 곳마다 안되는 일이 없다(잠언 17:8).라고 가르치고 있는데, 뇌물은 부패의 고리이고, 사람의 영혼을 파멸로 이끄는 독소라 할 수 있다. 뇌물을 주고받는 사람들이 은밀하게 거래를 하고, 관뚜껑을 덮을 때까지 비밀을 지키겠다는 약속이 무슨 의미가 있겠는가?

예수님께서 제자들에게 많은 고난을 받고 죽임을 당하셨다가 사흘날에 다시 살아나신다는 이른바 '수난과 부활'을 예고하셨을 때에 베드로는 "맙소사 주님! 그런 일은 주님께 결코 일어나지 않을 것입니다."하고 말씀들일 때에 "사탄아 내게서 물러가라. 너는 나에게 걸림돌이다. 너는 하느님의 일은 생각하지 않고 사람의 일만 생각하는구나!"라고 꾸짖으십니다(마태 16:21-23).

그리스도인도 사람이고, 인간적인 약점을 지니고 있다. 좀더 편안한 삶을 추구하고 싶은 욕망을 나무랄 수는 없다. 가난하고 소외된 사람들을 외면하고 거짓과 위선을 펼치면 재앙을 몰고 온다는 사실을 깊이 인식할 필요가 있다. 비록 손해를 보는 일이 있다 하더라도 정직한 삶을 추구하고 십자가를 지고 그리스도를 따른다는 자세를 가질 때 떳떳한 삶을 누리고 평화를 맛보게 될 것이다.

〈2008.9.9. 세종대 채플에서〉

십자가를 바라보며

1코린 1,22-24

유다인들은 표징을 요구하고 그리스인들은 지혜를 찾습니다. 그러나 우리는 십자가에 못박히신 그리스도를 선포합니다. 그리스도는 유다인들에게는 걸림돌이고 다른 민족에게는 어리석음입니다. 그렇지만 유다인이든 그리스인이든 부르심을 받은 이들에게 그리스도는 하느님의 힘이시며 하느님의 지혜입니다. 하느님의 어리석음이 사람보다 더 지혜롭고 하느님의 약함이 사람보다 강하기 때문입니다.

오늘 성경 말씀은 바오로 사도의 코린토인들에게 보낸 첫 번째 편지 1, 22-24이다. 바오로 사도는 바리사이파에 속하는 유대교도로서 그리스도를 믿는 사람들을 철저히 박해하던 분이고, 다마스쿠스의 그리스도인들을 잡으려고 가던 중 목적지 가까이에 이르러 갑자기 하늘에서 빛이 번쩍이며 땅에 엎어졌다. 여기서 사울은 예수님을 뵙고 회두하여 가장 열렬히 복음을 전하는 사도가 되었음을 우리는 알고 있다(사도행전 9장).

그리스도교에서는 이 시기는 4월 12일 부활절을 앞두고 예수님의 십자가상의 수난을 묵상하며 회개와 속죄를 하고 부활의 희망을 바라보며 극기를 하는 사순절이다. 바오로 사도가 예수님이 십자가 형틀에서 돌아가신 지 25년이 지난 후에 코린토인들에게 유다인이 찾는 표징과 기적, 그리스인이 찾는 지혜가 바로 십자가에 못박히신 그리스도임을 선포하고 있다.

그리스도교는 십자가에 못박혀 돌아가신 예수님을 믿고 따르는 종교이다. 일반인들의 눈에는 십자가의 죽음은 참으로 어리석게 보일 것이고, 그러한 예수님을 섬기고 받드는 신자들은 더욱 한심스럽게 느껴질 수도 있다. 그러나 바오로 사도는 십자가에 못박히신 그리스도를 선포하고, 부르심을 받은 이들에게 그리스도는 하느님의 힘이시며 하느님의 지혜임을 역설하고 있다.

이사야 예언자는 예수님이 받으실 고통을 미리 말해 주고 있다. 즉 "사람들이 얼굴을 가리우고 피해갈 만큼 멸시만 당하였으므로 우리도 덩달아 그를 업신여겼다. 그런데 실상 그는 우리가 앓을 병을 앓아 주었으며, 우리가 받을 고통을 겪어 주었구나. 우리는 그가 천벌을 받은 줄로만 알았고, 하느님께 매를 맞아 학대받는 줄로만 여겼다."(53:3-4)라고 기록하고 있다. 사실 그리스도의 십자가상의 죽음은 우리의 눈으로 볼 때 얼마나 어리석고 참혹한 일인가? 그러나 십자가상의 죽음을 이기고 부활하신 그리스도는 우리에게 새로운 희망으로 떠오르고 있고, 어떠한 고통이나 좌절 속에서도 삶의 의미를 찾게 해 주는 원동력이 되고 있다.

성경을 통해서 우리는 예수님이 하느님 나라를 선포하시고 갖가지 기적을 보여주셨으나 당시 유대인의 원로와 사제들은 자신들의 기득권을 유지하기 위하여 그리스도를 박해하고 군중을 선동하여 십자가에 못박아 죽이도록 했음을 엿볼 수 있다. 그리하여 우리는 예수님을 십자가에 못박은 것은 유다인이고, 그 책임은 유다인에게 있다고 생각한다. 그러나 예수님이 우리의 죄를 대신 짊어지고 십자가의 길을 걸으셨다는 사실을 묵상할 때, 우리 자신의 이기심으로 저지르는 죄가 예수님을 십자가의 형틀에 못박는 것임을 일깨워야 한다. 우리가 욕심을 채우기 위하여 거짓과 위선으로 남을 속이고 죄를 짓는 것은 바로 예수님을 형틀에 매달고 아프게 하는 것이고, 나아가서는 예수님을 팔아넘기는 죄악임을 일깨워야 한다.

오늘 우리나라는 1000만이 넘는 그리스도교 신자들이 있다. 그럼에도 불구하고 거짓과 위선이 판치고, 사회적 갈등이 심화되고 있다. 거짓말로 서로 속이지 말라는 바오로 사도의 가르침을 깊이 묵상하면서 십자가의 겸손과 희생정신을 받아들여 떳떳하고 바르게 살도록 힘쓰는 것이 그리스도인에게 주어진 소명이다.

〈2009.3.17. 세종대 채플에서〉

책임은 최선을 다하는 것이다

책임을 떠넘기는 추한 모습

지난 11월 유조선과 클레인선의 충돌로 생긴 태안 앞바다의 기름 유출사고는 바다를 오염시켜 생태계를 파괴하고, 환경재앙이 얼마나 무서운가를 보여주었다. 최첨단과학의 발달로 지식과 정보화시대를 살고 있다고 뽐내는 인간에게 사람의 작은 실수로 돌이킬 수 없는 재난이 닥칠 수 있음을 생생하게 경고하고 있다. 사람이 살아가는 곳에서는 언제나 잘못된 인간의 행위로 크고 작은 사고가 있게 마련이고, 그러한 사고의 원인이 무엇이며, 그 책임은 누가 져야 하느냐는 문제로 아귀다툼을 벌이기도 한다.

우리 민법 제3조는 "사람은 생존한 동안 권리와 의무의 주체가 된다."라고 규정하고 있다. 사람은 이성과 양심을 지니고 자유롭게 행동할 권리가 있고, 자신이 한 일에 대하여 잘못이 있으면 책임을 져야 하는 사회적 존재이다. 그럼에도 불구하고 동서고금을 막론하고 비슷한 양상이 있다 할 것이지만 일부 지도층 사람부터 어떠한 잘못이 있어도 그 책임을 지지 않고 넘기려는 추한 모습을 드러내기도 한다.

성경은 인류의 조상이 "뱀의 꼬임에 넘어가 하느님의 계명을 어기고, 아담은 하와에게, 하와는 뱀에게 핑계를 대고 있으나, 하느님께서는 그 책임을 물어 에덴 동산에서 내치시었다."(창세기 3장)는 기록을 남기고 있다. 그리고 예수님은 "세상 창조 이래 쏟아진 모든 예언자의 피에 대한 책임을 이 세대가 져야 할 것이다."(루가 11,50) 라고 경고하셨다. 우리들이 저지른 잘못에 대한 책임을 회피할 때 그 죄값은 고스란히 후손에게 넘어갈 수 있음을 깊이 묵상할 필요가 있다.

권력의 타락과 부패구조

홍길동과 춘향전은 비록 소설이지만 조선시대의 부패상을 잘 그려주고 있다. 백성을 괴롭히고 가렴주구하는 변사또의 이야기는 5·16 군사쿠데타 이후 권력의 타락으로 빚어진 부패구조와도 일맥상통한다. 공화당 창당과정에서 불거진 4대의혹사건을 비롯한 역대 정권의 부패구조를 제대로 밝혀 그 책임을 물어본 일이 없다. 박정희 정권의 실세가 자신은 떡고물을 먹었을 뿐이라고 실토했으나, 떡을 먹은 장본인은 아직도 가려지지 않고 있다. 전두환, 노태우가 청와대에서 기업으로부터 상납받은 뇌물의 일부가 밝혀지고, 그들에게 부과된 추징금도 아직 다 환수하지 못하고 있는 서글픈 현상을 바라보고 있다.

정경유착으로 인한 부패구조는 사회적 부패를 양산하여, 정치, 경제, 사회, 문화, 교육에 이르기까지 총체적인 부패로 얼룩져 왔다. 군사정권 이후 문민정부나 국민의 정부 또는 참여정부에 와서까지도 권력형 비리 내지는 측근의 비리가 말끔히 가시지 못하고 있다. 이는 인간의 존엄과 가치를 존중하는 윤리적 가치를 등한시하고, 경제 제일주의를 표방하여 잘 살면 된다는 그릇된 가치관이 낳은 병폐이다.

우리나라는 일제의 강점기와 남북분단으로 인한 민족전쟁을 겪고 폐허 위에서 기업과 국민의 피땀으로 세계에서 12대 무역대국으로 성장하는 위업을 이룬 자랑스러운 나라이다. 그러면서도 권력의 타락으로 인한 공직자의 부패와 개인적인 이기심으로 사기, 횡령, 투기행위 등 경제질서를 어지럽히고 오직 잘 살면 된다는 그릇된 풍토가 자리잡고 있기도 하다.

1996년 OECD에 가입하여 경제대국의 반열에 들었다고 자랑하던 우리나라는 채 1년도 되지 못한 1997년에 외환위기를 맞아 IMF의 구제금융에 손을 내밀어야 하는 수모를 겪었다. 그 원인은 부패구조 속에서 노태우 정권이 은행, 증권 및 보험사들을 과다하게 인가하여 부실을 키운 것도 한몫을 한 것으로 볼 수 있다. 그럼에도 불구하고 정책 담당자들은 누구도 책임을 지지 않고, 당시 착한 서민들은 집에 있는 금덩이까지 내놓으면서 그 위기를 벗어나고자 몸부림쳤다. 그런 와중에서 이른바 공적자금을 투입하여 구조조정 등 회생에 힘쓰는 금융기관 등 기업의 임직원에게 과다한 퇴직금을 지급하고 심지어 공직자와 합세하여 탈세, 횡령, 해외자금유출 또는 정치자금으로 유용하는 철면피한 도덕적 해이현상을 보였다(공적자금관리백서 2006.8. 참조). 지금 특검의 수사대상이 되고 있는 삼성 비자금사건은 그 여파로 생긴 것이고, 그 기업에 국한된 것으로 보는 이는 아무도 없을 것이다.

"주님, 저희의 임금들과 고관들과 조상들을 비롯하여 저희는 모두 얼굴에 부끄러움만 가득합니다. 저희가 당신께 죄를 지었기 때문입니다."(다니 9:8)라는 다니엘 예언서의 말씀은 우리에게도 해당된다. 각자 자신의 잘못을 뉘우치고 속죄하여 책임을 지고 정의로운 사회로 바뀌도록 힘써야 하는 것이 우리에게 주어진 과제이다.

최선을 다해야 할 책임

사람은 사회적 동물로서 이웃과 함께 어울려 살아야 한다. 정치는 공동선의 실현을 그 목표로 하고, 잘못을 저지른 자에게는 응분의 책임을 물어야 한다. 사회공동체의 평화로운 질서를 확립하기 위하여 법뿐 아니라 도덕과 윤리라는 사회규범이 마련되어 있다. 공동체의 구성원은 법에 따라야 할 의무를 지고, 법에 어긋나는 행위를 했을 때에는 그에 대한 책임을 묻도록 하는 것이 법의 이치이다.

책임은 민사책임과 형사책임으로 나눌 수 있다. 남에게 빚진 사람은 그 빚을 갚아야 할 책임이 있고, 남의 신체나 재산상에 손해를 끼쳤을 때에는 그 손해를 배상해야 할 책임을 지는 것이 민사책임이고, 사기, 절도, 폭력 등 각종 범죄를 저지른 자에게 내리는 벌이 형사책임이다. 민사상의 손해배상책임은 피해자의 모든 손해를 갚아주는 것이지만, 가령 태안 앞바다의 유류오염사고처럼 헤아릴 수 없는 모든 손해에 대한 책임을 선주에게 떠넘기기도 어렵다. 그리하여 1969년의 “유류오염손해에 대한 민사책임조약”은 그 책임한도액을 설정하고 있다. 태안 주민이 겪는 고통을 나누고, 기름제거를 위한 자원봉사자들의 발길은 우리에게 새로운 희망을 안겨주고 있다.

사람이 이 세상을 살아가면서 져야 할 책임은 법률상의 책임에 국한되는 것은 아니다. 비록 남에게 손해를 가하거나 죄를 지은 것은 아니라 하더라도 가령 굶주리는 형제의 고통을 외면하고 지나쳤을 때에는 도덕적 책임을 벗어날 수 없다. 성경은 최후의 심판 때에 “가장 작은 이들 가운데 한 사람에게 해 주지 않은 것이 나에게 해 주지 않은 것이다.”(마태 25:31-46)라고 질책하고 영원한 벌을 받게 된다고 타이르고 있다. 그리고 탈렌트의 비유에서 나타나는 “착한 종”과 “게으른 종”의 이야기(마태 25:14-30)는 우리에게 주어진 환경에서 최선을 다해야 할 책임이 있음을 일깨워주고 있다.

떳떳하게 책임지는 사람이 되어야

사람이 짐승과 다른 것은 이성을 지니고 자신의 판단에 따라 행동을 하고, 그 행위에 대한 책임을 지는 데 있다. 그런데 사람이 자기 욕심에 눈이 어두워 남을 속이고 국가나 사회에 해를 끼치고도 그에 대한 책임을 질줄 모른다면 어찌 금수보다 낫다 할 수 있겠는가? 첨단과학이 발달하고 물질의 풍요로움 속에서 수단과 방법을 가리지 않고 제몫을 챙기려는 인간의 이기심은 사회를 어둡게 하고 있다. 공직사회에서 뇌물이 오가고, 부정을 저지른 자들이 책임을 회피한다면 나라의 기강이 바로 서지 못한다. 우리 사회에서 억지를 부리고 큰 소리치는 사람이 이길 수 있는 풍토는 거기에서 나온다.

뇌물을 주고 서로 비밀을 지키며 이익을 챙기는 것은 인간의 영혼을 파멸로 이끌고 패가망신의 근원이 된다. 불의하게 모은 보화는 소용이 없지만 정의는 사람을 죽음에서 구해 준다(잠언 10:2)는 잠언의 말씀은 진리이다. 우리는 누구나 잘못을 저지를 수 있고, 그 잘못을 뉘우치고 떳떳하게 책임을 지겠다는 자세를 갖추는 사람은 어떠한 잘못도 용서받을 수 있다.

바오로 사도는 "서로 거짓말을 하지 마십시요."(콜로 3:9)라고 우리를 훈계하신다. 거짓을 일삼고, 게으름을 피우며 자신이 할 수 있는 일을 남에게 떠넘기는 행위는 사회를 병들게 한다. 잘먹고 잘 살도록 경제만 살리면 어떠한 거짓도 용서된다는 잘못된 인식은 우리 사회를 더욱 어렵게 만들 수 있다. 거짓과 위선이 판치면 나라에 재앙을 몰고 올 수 있다. 적어도 공직자를 비롯한 지도층인사들은 이웃을 배려하고 양심에 따라 정직하고 떳떳한 삶을 살고자 최선을 다해야 한다. 생명이 존중되고 법과 원칙에 따라 책임을 묻고 지는 사회는 평화를 누리고, 하느님의 축복을 받게 될 것이다.

〈경향잡지, 2008.3.〉

6 참담한 교육풍토

사학법 파동을 보면서

●

사학분규의 본질과 왜곡

●

교과부와 사분위를 고발한다

●

학교폭력과 일그러진 판결을 보고

사학법 파동을 보면서

지난 연말(2005.12.) 국회는 개방형이사제도를 도입하는 내용을 담은 사립학교법을 야당의 반대를 무릅쓰고 여당 단독으로 처리했다. 이에 따라 한나라당은 장외투쟁을 계속하고, 사학법인들은 개정된 법에 대한 불복종운동과 신입생 배정거부의사를 밝혀왔으며, 개정법의 위헌심사를 청구하는 헌법소원을 제기했다. 지난 6일 제주도의 사립고교에서 신입생 배정의 거부로 그 파동의 심각성이 드러났고, 사학이 그 거부를 철회함으로써 한 고비를 넘기고 있다.

힘으로 밀어붙여 갈등 심화

국가의 백년대계를 내다보며 교육을 해야 하는 학교문제가 이념문제로 번지고, 이러한 처절한 싸움으로 이어지는 현상을 어떻게 바라보아야 하는가? 정부는 사학비리를 척결하고 투명한 재단의 운영으로 건전한 교육풍토를 조성한다는 것을 그 법개정의 명분으로 들고 나왔다. 그러나 사학재단의 일부 비리학교는 현행법으로도 얼마든지 규제할 수 있고, 이념을 달리하는 사람들이 재단에 들어오면 혼란을 가져올 것이라는 이유로 이를 적극적으로 반대하고 법개정을 유보하도록 요청한 것으로 알려지고 있다.

사학재단은 공익법인이다. 법인의 운영이 교육의 이념에 따라 투명하게 이루어져야 하는 것은 당연하다. 대다수의 사학재단은 건전하게 운영되고, 일부 사학의 비리가 포착되고 있는 것이 현실이다. "빈대를 잡기 위하여 초가삼간을 태울 수 없다"는 것이 선현들의 지혜다. 우리는 왜 극단적인 처방으로 사회적 갈등을 심화시키고, 정부가 이에 앞장서는지 참으로 답답하다.

청와대는 사학법 파동과 관련하여 "차제에 일부 사학의 교사채용 비리를 비롯한 부패비리구조에 대해 성역없이 조사에 착수할 것"을 결정했다고 보도했다. 그 동안 사학비리를 눈감아주고, 신입생배정 거부사태가 번지니 이를 밝히겠다고 나선다면 이는 참으로 어리석은 일이다. 남의 약점을 이용하여 자신의 입지를 세우려는 것은 비겁한 일이고, 비리가 있으면 언제든 이를 척결해야 하는 것이 국가의 책무이다.

사학비리의 원인은 어디에 있는가? 이는 재단운영자 가운데 자신의 이익을 챙기기 위하여 비리를 저지르고 악용한 데서 온 것이나, 그에 대한 궁극적인 책임은 감독관청인 교육부에 있다. 정부가 좀 더 투명하고 공정한 감독권을 행사하고 원칙을 지켰으면 사학비리의 온상이 자랄 수 없다고 보기 때문이다. 정부는 지난날 부패한 정권에서부터 비리사학의 경영자와 뒷거래가 없었는지를 먼저 살피고 사학비리문제를 다스리면서 사학의 자율권도 보장해야 한다.

교육문제가 정치논리에 휘말려 혼돈을 계속하고 있음은 아주 부끄러운 일이다. 새싹을 키우고 길러내는 교육을 두고 여야의 극한적인 대립 속에서 법이 날치기 통과되고, 이를 바탕으로 서로 물고 뜯는 진흙탕 싸움으로 번지는 것은 누구를 위한 것인지 깊이 반성해야 한다. 사학이 학생을 담보로 대응하는 것은 용납될 수 없는 일이지만 정부가 처음부터 예견된 일을 힘으로 밀어붙이는 것도 혼란을 가중시킨다. 정부든 사학이든 서로가 한발씩 물러서 대타협을 이뤄 앞날을 내다보는 교육풍토를 바로잡도록 하는 것이 급선무다.

비리 척결하고 자율성 보장

정치는 국민의 신뢰를 바탕으로 이루어져야 한다. 공자의 말씀과 같이 백성의 믿음이 없으면 아무리 좋은 이상을 내세워도 그 정치는 실패하게 마련이다. 정부는 먼저 겸허하게 스스로를 돌이켜 보면서 무엇이 우리와 우리 후손에게 유익한가를 챙기고 사회적 갈등을 조금씩 해소하면서 사학의 문제를 풀도록 힘써야 한다.

〈평화신문 2006.1.15. 7쪽〉

사학분규의 본질과 왜곡

이달(2008년 7월) 들어 과거 사학분규로 임시이사가 파견됐던 사립대학들은 이사회가 없는 이상한 형태로 운영되고 있다. 지난해 개정된 사학법에 따라 그 전에 파견한 임시이사의 임기가 지난달 말로 끝난 뒤 후임이사를 선임하지 않고 있기 때문이다. 분규재단의 경우 개정사학법에 따라 학교법인의 정상화 추진사항의 심의를 맡고 있는 사학분쟁조정위원회(사분위)가 정상화추진계획서를 제출한 학교법인의 이사까지도 선임하지 않고 있는 것은 문제이다. 문제는 한걸음 더 나아가 최근 이렇게 분규재단 이사의 선임이 늦어지는 것이 과거 사학분규를 일으킨 비리관련자들이 다시 대학재단에 복귀하기 위한 것이라는 풍문이 자자하다는 데 있다.

이런 와중에 최근 일각에선 과거 분규재단에 임시이사를 파견한 것을 놓고, "좌파정권의 좌편향교육"이라거나 "분규 중인 사학재단의 소유권 및 경영권이 부당하게 탈취당한 경우가 적지 않았다"는 식의 논리를 편 기고가 일부 언론에 실리기도 했다. 풍문은 계속 꼬리를 물면서 과거 사학비리 관련자들이 '이명박 정부가 들어섰으니 이젠 대학을 다시 맡게 될 것'이라고 주장하고 다닌다는 소문이 정설처럼 돌고 있다. 이러한 풍문 때문에 이제야 분규를 딛고 정상화로 가고 있는 사학의 면학분위기가 훼손되고, 정부와 사분위가 어떠한 결정을 내리느냐에 촉각을 곤두세우고 있다.

사립대학은 민간인 설립자가 자기 재산을 내놓아 세운 것으로 학교

법인 설립자의 뜻은 존중되어야 한다. 그러나 사립대학교는 설립자가 법인에 재산을 출연하고 교과부장관의 허가를 받아 설립된 독립된 법인격을 가진 학교법인이 운영한다. 학교법인은 7인 이상의 이사로 구성하는 이사회를 두고 이사장이 의장이 되어 정관의 규정에 따라 운영하고, 교과부장관의 지도 감독을 받게 된다. 이에 따라 설립자가 전 재산을 출연하여 법인을 설립하고 대학교를 세웠다 하더라도 사학법이나 정관의 규정을 어기고 학교운영에 개입할 수는 없다.

사학재단의 분규는 이른바 운영자가 이러한 소박한 법리를 무시하고, 법인이나 학교를 자기 마음대로 운영할 수 있다는 그릇된 생각에서 비롯된 것이다. 학생들의 등록금으로 형성된 교비를 이용하여 재산을 축적하거나 개인의 이익을 챙기는 과정에서 생겨난 마찰은 결국 학원의 소요로 번지고 이사회의 기능을 마비시킨다. 감독관청은 이사장이나 일부 이사의 전횡과 비리로 얼룩진 대학재단을 방관할 수 없고, 이를 수습하기 위하여 임시이사를 파견하게 된다.

이는 법치국가인 대한민국이 취해야 할 자연스러운 과정이다. 정권이 진보이든 보수이든 아무 상관이 없다. 일부 대학의 분규는 문민정부 이전부터 이어오고 있다. 사학문제를 이념논쟁으로 비화시키는 것은 본질을 왜곡하는 것이다. 그런데 보수정권이 들어섰으니 비리관련자가 경영을 맡아야 한다는 논리가 어째서 나오는지 알 수 없다. 대학분규를 일으켜 정상적인 발전을 저해한 잘못을 뉘우치고 속죄하여야 할 장본인들이 거짓과 위선으로 책임을 남에게 돌리고 사학법인을 맡겠다고 나서는 것은 참으로 서글픈 일이다.

교육은 사람을 가르치고 기르는 일이고, 인간의 존엄과 가치를 존중해야 한다. 이에 따라 학교법인의 이사는 대학발전을 위해 봉사하겠다는 분으로 도덕성을 갖추어야 한다. 사학재단의 설립자라도 학교를 돈벌이 수단으로 생각한다면 학교법인의 이사로서 자격이 없다. 더구나 학교법인은 설립자의 자식에게 상속되는 재산도 아니다.

〈경향신문 2008.7.21. 31쪽〉

교과부와 사분위를 고발한다

전직대통령이 몸을 던져 숨을 거두는 세상, 상식과 윤리가 통하지 않는 사회가 이 땅의 현주소인가? 나는 세종대와는 아무런 인연도 없이 총장으로 선임되어 3년의 임기를 마치고 후임도 없이 물러났다. 나는 교과부의 상식에도 어긋나는 처사를 보면서 이를 사회에 고발하여 교육의 현장을 정화하도록 힘쓰는 것이 최소한의 윤리라고 생각한다.

세종대는 알려진 바와 같이 2004년 교육부감사에서 전임이사장의 113억원이라는 교비횡령 등 각종 비리가 드러났다. 이로 인하여 이사진의 퇴진과 임시이사의 파견으로 대학의 안정을 추구했고, 2기 임시이사의 임기는 2008년 6월 30일로 끝났다.

교과부는 대양학원에 정상화계획서를 내고, 정이사후보를 추천하도록 지시하여 이미 2008년 4월에 사학법의 규정에 따라 그 절차를 마쳤다. 그러면 사분위는 임시이사의 임기만료 전에 정이사를 선임하여 학원정상화를 뒷받침하는 것이 법리적으로나 윤리적으로 마땅한 일이었다.

이명박 정권이 들어서면서 과거 비리관련자들은 지난 정권에서 선임된 좌파이사들이 학원을 먹이사슬로 이권을 챙기고 있다고 선전하고, 정부도 이에 동조하는 듯하다. 세종대도 2008. 9. 17-30까지 10여일간 교과부의 집중적인 특별조사를 받았다. 이 특별조사는 비리로 물러난 전임 이사장의 9.11자 교과부장관에게 제출한 청원서에 따른 것이고, 그 결과는 몇몇 절차의 잘못을 제외하고는 부끄러운 점은 없었다.

어떻게 비리관련자와 그의 동조자들이 노무현 정부하에서 선임된 임시이사나 총장이 좌파라고 매도하고, 학원의 안정을 해칠 수 있는가? 대양학원은 그 설립자이신 주영하 박사 내외분이 살아계시고, 그 분들이 당신의 아들은 패륜아로서 학원에 개입시킬 수 없다는 확고한 의지를 연거푸 밝히고, 관계기관에 이를 호소했다.

사학법 제25조는 임시이사파견의 요건을 들고 있으나, 교과부의 지시에 따라 이미 정상화추진절차를 밟고 있는 학원은 그에 해당하지 않는다. 그럼에도 교과부는 계속 임시이사파견을 고집하여 밀고 갔다. 그리고 대양학원의 경우 설립자도 임시이사를 받아들일 수 없다고 강하게 주장하였으나, 지난 5월 28일 사분위는 대양학원에 임시이사파견을 결정했다. 이는 학원의 안정을 저해하는 교과부와 사분위의 횡포이고 또한 법치주의이념에도 어긋난다.

종래 문교부가 사학의 인가과정에서부터 투명하고 공정하게 수행하였다면 그 비리와 분쟁은 오늘처럼 심화되지 않았을 것으로 나는 확신한다. 교과부가 정상화추진을 촉구한 대학들이 다시 비리관련자들의 편을 들어 임시이사를 파견하고, 노무현 정권에서 임명한 사분위 위원의 임기가 만료된 후 새로 구성된 사분위에서 정상화를 추진하는 것이 어떤 의미를 가지는지 교과부는 국민 앞에 밝혀야 한다.

또한 교과부는 이 정권의 교육이념이 어떤 것인지. 교육의 현장에서 도덕적 가치를 무시해도 되는 것인지. 설립자인 부모가 패륜을 저질렀다고 고발해도 이를 외면하는 까닭이 무엇인지. 그 입장을 소상하게 밝히기를 요청한다.

교육은 무엇이 옳고 그른가를 판별할 수 있는 능력을 길러주는 것이다. 아무리 과학만능, 물질주의의 팽배로 삶이 풍요로워졌다 하더라도 도덕적 가치를 중시하지 않는 교육은 재앙을 불러온다.

후손들의 올바른 교육을 위해서도 국민 여러분의 현명한 판단과 적극적인 대응이 있기를 당부드리면서 정도를 일탈한 교과부와 사분위를 만천하에 고발한다. 〈한계레 2009. 6. 4. 23쪽〉

다음은 교육기술부장관, 사학분쟁조정위원회 위원에게 보낸 공문서이다.

교육과학기술부장관, 사학분쟁조정위원회 위원 제위께

기축년 새해를 맞이하여 교육과 사학분쟁조정에 헌신하고 계신 장관님과 사분위 위원님들께 건강과 평화가 깃드시기를 기원합니다. 저는 세종대학교 총장으로서 교과부와 사분위가 대양학원의 정이사 선정을 하루 속히 마무리지어주시기를 간청드리면서 다음 몇 가지 의견을 개진하고자 합니다.

1. 세종대학교의 현 상황

세종대학교는 주지하는 바와 같이 2004년 10월 교육부의 종합감사로 불법과 비리로 주명건 전이사장을 비롯한 이사의 책임을 물어 2005년 5월 임시이사가 파견된 이후 2기에 걸친 이사회는 2008년 6월 30일로 그 임기가 종료되어 현재는 이사회가 존재하지 않는 상황을 초래했습니다.

세종대학교는 2006년 4월 13일 당시 교육인적자원부로부터 임시이사 파견사유가 해소되었음을 통보받고 정상화방안을 제출하였으며, 2008년 4월 25일에는 사립학교법이 규정한 절차에 따라 대학설립자와 학내 구성원 모두의 합의로 선정된 정이사 후보를 제2기 임시이사회의 심의를 거쳐 사학분쟁조정위원회에 이미 제출한 바 있습니다.

세종대학교는 2005년 임시이사가 파견된 후 오늘까지 매우 안정된 분위기에서 대학의 본연의 교육과 연구를 착실히 수행하고 있습니다. 그럼에도 불구하고 이사회의 공백이 6월이 넘도록 정이사를 선정해야 할 사분위와 교과부가 이를 미루고 있음은 심히 유감스러운 일이고, 재단과 대학에 끼치는 고통은 이루 말할 수 없음을 지적하고자 합니다.

2. 정이사 선정의 지연과 주명건 전 이사장의 문제

정이사 선정이 늦어지는 이유는 임시이사 파견 사유를 제공한 이사장의 대우와 연관되고 있는 것으로 짐작합니다.

가) 학원재단은 개인이 교육사업을 위하여 출연한 재산으로 이뤄진 재단법인입니다. 학교법인은 출연자와는 독립된 인격을 지니고, 출연자의 창학이념에 따라 정해진 정관에 좇아 이사회를 구성하여 운영되는 공익법인으로서 출연자라 하더라도 그 정관의 규정을 어기고 부정과 비리를 저지른 경우에는 이사의 자격을 박탈하는 것이 법리라 할 것입니다.

나) 지난 2008.6.5.과 2008.10.15. 사학분쟁조정위원회의 이해관계인 의견청취시 설립자이신 최옥자 목사는 "주명건은 절대로 안된다." 라고 증언하였고, 세종대학교의 2007년 2월, 2008년 2월 졸업식 축사에서 거듭 주명건의 비리와 학교에 끼친 잘못에 대하여 사과하고 "앞으로 절대로 주명건과 그 가족이 대양학원에 관여하는 일이 없도록 하겠다."는 약속을 하였습니다.

다) 전 이사장 주명건은 2004년 10월 교육부의 종합감사결과 각종 부정과 비리로 사퇴하였고, 특히 설립자이신 주영하 박사, 최옥자 목사는 그의 친부모로서 "대통령께 드리는 호소문"(스포츠서울 의견광고 2008.9.25)에서 "주명건은 패륜아"로서 대양학원에 전적으로 개입할 수 없음을 밝히고 있습니다.

라) 이러한 상황에서 교과부나 사분위가 대양학원에 기여한 바도 없고, 학원을 소요로 몰고 간 장본인인 주명건의 의견을 들어 정이사 후보를 선정하는 경우에는 교육개혁을 선언한 이명박 대통령의 교육철학에도 어긋날 뿐 아니라 교육현장을 오염시키는 역사적 죄악을 저지르는 것이라고 생각합니다.

3. 교육현안정책토론회와 관련된 의견

가) 2008. 12. 10. 국회의원 정두언, 조전혁, 자유교육연합이 국회의원회관 대회의실에서 주최한 "임시이사파견제도의 문제점과 대책"에서 발표자인 이재교 교수는 "학교법인의 영속성을 보장하기 위하여 관선이사로 가기 직전의 이사에게 정이사 후보 추천권을 주어야 한다"는 논리를 폈고, 이지환 교수는 "관선사학은 임시이

사장과 임시이사, 학교의 장 그리고 분규에 앞장섰던 교직원을 중심으로 도덕적 해이가 극대화되어 헤아릴 수 없는 불법과 부정 비리를 저질러 해당사학의 학생과 학부모의 교육권이 심각하게 훼손되는 사태에 이르게 되었다"고 지적했습니다.

나) 저는 토론이 끝난 다음 발언권을 얻어 그 발표와 토론을 보면서 서글프다는 말을 하고, 세종대학교가 자유교육연합과 주명건의 청원으로 지난 9.17-30일까지 교과부의 집중적인 조사를 받았으나, 우리는 부끄러움이 없음을 밝히고, "대양학원의 설립자가 건재하시고, 그 분들이 각종 비리에 얼룩진 주명건에게는 절대로 학원을 맡길 수 없다"고 말씀하시는 데도 주명건에게 그 추천권을 주어야 하느냐고 질문을 한 바 있습니다. 그 자리에서 발표자 이재교 교수는 "설립자가 살아계시다면 다른 문제이지만…"하고 대답했습니다.

다) 저는 정책토론회에서 발표한 논지에 찬성할 수도 없지만 그 날 토론회는 현행 사학법이 구 정권에 의하여 개정된 법이라는 이유로 이를 무력화하고 우파인 비리관련자들에게 학원재단을 돌려주어야 한다는 주장을 펴고 있다는 인상을 깊게 했습니다. 그러나 세종대학의 학원현장에서는 그러한 이념논쟁이 존재하지도 않고, 무엇이 옳고 그르냐는 문제만이 판단의 잣대라고 보고, 도덕적으로나 윤리적으로 용인할 수 없는 사람들이 학교법인의 이사로 복귀하는 것은 학원을 다시 소용돌이로 몰아넣는 결과를 초래할 것입니다.

4. 임시이사 파견설에 대한 우려

세종대를 비롯한 광운, 조선, 상지대학의 재단법인의 정이사 선정이 늦어지면서 한정적으로 임시이사를 파견하려는 움직임이 있다는 소문이 들려오고 있습니다. 이는 단순히 하나의 소문에 그치기를 바랍니다만 만일의 경우 이것이 현실화될 경우를 가정하여 우려의 말씀을 드리고자 합니다.

가) 교과부에서 이미 임시이사 파견사유가 해소되었다고 통보하여 법의 절차에 따라 정이사 후보를 추천한 상황에서 당해 대학교의 동의없이 사분위가 임시이사를 선임하여 교과부가 이를 받아들이

는 것은 사학법 제25조의 임시이사 파견사유에 해당하지 아니하여 위법이라고 풀이합니다.

나) 교과부나 사분위가 지난날 사학분규의 원인을 제공한 비리관련자들과 대학 구성원 사이의 의견이 조정되지 않는다는 이유로 임시이사를 선임하여 파견하는 것은 법적으로나 윤리적으로 용납할 수 없는 부끄러운 처사라 할 것입니다. 그리고 이러한 사태가 생긴다면 다시금 학원의 분규가 재연될 것이고, 이에 대한 책임은 전적으로 정부에게 돌아간다는 점을 명백히 하고자 합니다.

2009. 1. 5.

세종대학교

총장 양승규 드림

학교폭력과 일그러진 판결을 보고

학교폭력이 심각하다. 교육환경의 황폐에서 온 것이다. 거짓과 위선이 난무하고 사회윤리는 바닥을 헤맨다. 교육계까지 부패하고, 교과부가 비리관련자들 편에 서서 비리사학을 정상화하자는 것은 폭력을 부추기는 것과 무엇이 다른가? 하나의 실증적 예를 들어보자.

대양학원 설립자인 부모는 그 아들에게 이사장자리를 내어 주고 학교경영을 맡겼다. 그러나 그 아들은 교비에 손을 대는 등 비리를 저지르고 이를 나무라는 부모님께 행패를 부렸고, 교육부의 특감으로 비리가 밝혀져 임시이사체제로 넘겼다. 이로 인한 학원정상화를 추진하는 과정에서도 그 아들은 설립자인 부모에게 책임을 돌리고, 부모의 가슴에 상처를 입혔다. 이에 그 설립자인 부모는 그 아들을 '패륜아'라고 대통령께 호소도 했다.

이른바 사학분쟁심의위원회에서 그 설립자의 울분섞인 증언이 이어지고, 아버지가 그 아들은 당신들이 세운 학교나 관련법인에는 전혀 관여할 수 없도록 하라고 유언을 남기기도 했다. 그럼에도 교과부장관은 설립자의 기본권보다 종전이사의 권리행사를 우선적으로 존중한다는 사분위의 위헌적인 결정에 따라 그 아들이 추천한 5명을 이사로 선임했다. 이는 대법원 2007.5.17. 선고 2006다19054 판결 등에도 어긋나고, 그 아들은 명예이사장으로 행세하면서 학원을 흔들고 있다. 윤리를 존중해야 할 교육의 현장이라 할 수 있는가?

학원설립자인 부모는 교과부장관을 상대로 5명의 이사선임처분을 취소하라는 행정소송을 제기했다. 서울행정법원은 설립자에게는 사학설립의 자유만이 있고, 운영의 자유는 인정되지 않는다는 해괴한 논리로 그 아들의 신뢰관계가 상실된 것이 아니라는 이유로 원고의 청구를 기각하고(2011.3.4. 선고), 서울고등법원은 '설립자라는 이유만으로 학교법인의 자주성을 대변할 수 없다는 궤변으로 아버지가 돌아가신 후 역시 설립자인 어머니가 올린 항소를 당사자적격이 없다고 각하했다(2022.11.30. 선고). 이는 선량한 사회질서에도 어긋난다.

나는 이 판결을 보고 그 법리는 고사하고 법관의 윤리와 정의감이 무엇인가? 법학교수로 일생을 바쳐온 삶이 부끄럽고, 법원까지 이렇게 무너질 수 있을까 가늠하기 힘들다. 하기야 일부법관이나 검사가 돈에 팔리고 있는 현상에서 새삼스러운 일이 아니라고 하는 분들도 있다. 돈많이 드는 변호사들이 움직이면 안되는 일이 없다고 하기도 한다. 그러나 이것은 하나의 풍문이기를 빌고 상고심에서는 바로 잡아지지 않겠는가 희망을 건다.

대법원은 전원합의체판결을 통하여 사립학교는 설립자의 의사와 재산으로 독자적인 교육목적을 구현하기 위해 설립되는 것이므로 설립자에게 사립학교 설립 및 운영의 자유를 보장하는 것은 그 무엇과도 바꿀 수 없는 본질적 요체라 선언하고, 학교법인의 정상화는 임시이사의 선임에 의하여 강제적으로 정지되어 있던 설립자 및 학교법인의 사립학교 설립 및 운영의 자유를 회복하는 것을 본질로 하며, 또 설립자의 기본권은 입법권, 행정권, 사법권 등을 기속하는 대국가적 효력과 헌법의 기본적 결단인 객관적 가치질서로서 대사인적 효력이 있다고 엄중하게 판시하고 있다(대법원 2010.4.22. 선고 2008다38288 전원합의체 판결 등). 설립자는 위 대법원판례에 근거하여 학교법인 정상화과정에서 헌법에 보장된 설립자의 기본권에 따라 권한이 있다는 취지의 상고이유서를 지난 25일에 대법원에 제출했다.

아무리 사회윤리가 타락하였다 하더라도 최소한 교육의 현장에서는 인간의 존엄과 가치가 존중되고 윤리적으로 비난받는 사람이 관여할 수 없도록 하는 것은 학교 교육을 위해서도 필수적이다. 부모의 덕으로 외국유학까지 마치고 많은 재산까지 물려받은 아들이 그 부모를 배신하고 설립자인 부모가 반대해도 권력에 줄을 대면 된다는 인식을 심어준 교과부장관의 처분을 받아들이는 법원이 이 나라 사법부의 위상이 될 수는 없다. 이러한 일그러진 판결은 학교폭력을 부추기고, 이 나라를 나락으로 내모는 짓과 무엇이 다르겠는가?

법은 정의의 척도이다. '하늘이 무너져도 정의를 세워라.' 이것이 법조인에게 주어진 소명이다. '어느 민족이나 정의를 받들면 높아지고, 어느 나라나 죄를 지으면 수치를 당한다.'(잠언 14:34)는 가르침을 깊이 새겨보자. 가정윤리를 저버리고 패륜적인 사람이 학교법인에 관여하여 뒤흔드는 현상을 방임하는 것은 법과 상식 그리고 정의에 어긋나는 중대한 죄악이고, 교육환경을 파괴하는 것이다. 학교폭력을 방지하기 위해서도 정의가 이긴다는 확신을 심어주어야 한다. 법과 양심에 따라 재판하는 법관의 윤리의식이 높아지기를 기원한다.

〈한겨레 2012.1.31. 29쪽〉

7 인간의 삶과 보험

인간의 존엄과 보험의 선의성

●

현대생활에서 생명보험의 의미

●

보험의 원리와 윤리의식

●

보험사기, 재앙의 불씨이다

●

대산보험대상을 받고… 감사의 말씀

인간의 존엄과 보험의 선의성

사람은 이성과 양심을 지닌 이 세상에서 가장 귀한 존재이다. 아무리 첨단과학이 발달하고 물질문명이 극치를 이루고 있다 하더라도 그 중심은 언제나 인간이 차지하고 있다. 인간의 존엄과 가치가 존중될 때에만 사람들이 평화를 누리며 살 수 있고, 물질적인 가치에 매몰되면 재앙을 불러온다.

아이티의 강진으로 인한 엄청난 참사 속에서도 한 사람이 구조되어 살아 나오는 모습을 보며 찡하니 눈물이 솟고 감사하고 있지 않은가! 잖더미가 무너지고 온통 폐허가 된 그 자리에서도 자신의 희생을 무릅쓰고 한 사람이라도 생존자를 구하려고 각 나라에서 모여들어 피땀을 흘리는 구조대원들의 활동에서 인간이 얼마나 값진 것인가를 다시 한번 일깨운다.

인간은 혼자 사는 것이 아니라 이웃과 함께 더불어 사는 사회적 존재이다. 사람이 살아가는 데는 끊임없이 수많은 위험이 따르고 있다. 지진참사와 같은 천재지변이 아니라 하더라도 화재나 교통사고와 같은 크든 작든 사고가 끊임없이 일어나고, 그 사고는 피해당사자에게는 커다란 고통을 안겨준다. 이를 혼자의 힘으로 감당하기는 어려운 경우가 허다하다. 아이티의 강진으로 인한 피해를 '구호의 손길'이 없이 아이티 사람들이 알아서 해결하도록 한다면 그 사람들이 어찌 살 수 있을 것인가를 생각해 본다.

원시경제시대로부터 사람들은 어떤 재난으로 피해를 입은 이웃을 서로 도와주어야 한다는 상부상조(相扶相助)의 정신을 키워왔고, 이것이 오늘날 보험으로 발전한 것이다. 그리하여 보험은 인간의 이성이 찾아낸 가장 훌륭한 제도로서, 수많은 사람들이 보험료를 내어 기금을 마련하여 뜻밖의 사고로 피해를 입은 사람에게 보험금을 주어 안정된 삶을 살도록 이끌어 주는 역할을 하고 있다.

보험은 그 출발단계부터 위험공동체의 구성원들이 재난으로 인한 고통을 함께 나누어 극복하고자 마련된 제도이다. 이에 따라 보험학자인 Lewis는 '보험이 자선단체가 베푸는 어떠한 구호보다도 형제적인 사랑을 더욱 돈독하게 하는 데 기여하고 있다.'고 말하고 있다. 우리의 삶을 위협하는 각종 위험에 대비하여 각자가 보험에 들고, 뜻밖의 사고로 인한 경제적 수요를 보험금을 받아 해결할 수 있다면 피해당사자도 떳떳하고 고마운 일이 아닐 수 없을 것이다.

보험의 이러한 특성은 보험사와 보험계약자 사이의 개별적인 계약으로 이루어지는 보험계약에도 반영되고, 보험계약자는 우연한 사고로 자금의 수요가 생긴 사람이 자기 자신이 될지도 모르는 상황에서 서로 도움을 준다는 마음 가짐이 필요하다. 수년 전에 어떤 분이 자기의 집을 몇해 동안 화재보험에 붙였지만 보험사로부터 서비스를 받아본 일이 없고, 만기가 되면 그 계약을 다시 들도록 안내장만 보낸다고 불평하는 소리를 들은 일이 있다. 당시 나는 그 분에게 '손해보험의 경우 보험사의 반대급부를 받지 않는 것이 가장 좋고, 당신이 낸 보험료는 화재로 고통받는 사람에게 돌아가 실의를 딛고 일어설 수 있도록 도와주었다고 생각하면 좋지 않겠는가'라고 말한 일이 있다.

보험은 주지하는 바와 같이 같은 위험에 놓여 있는 수많은 사람들이 위험단체를 구성하여 그 위험에 대비하는 제도이다. 우연한 사고는 누구에게나 일어날 수 있는 것이지만 모든 사람에게 똑같이 일어나는 것은 아니다. 그리하여 보험계약은 개별적으로는 사행계약에 속하고, 보험계약자는 미리 보험에 들어 보험료를 내야 하고,

보험사고가 발생한 때에 비로소 보험금을 받을 수 있게 되는 것이 보험의 구조이다. 따라서 보험은 보험계약에서 정한 사고가 발생한 때에 금전적인 이익을 제공하려는 것이 아니라 그 사고로 인한 피해를 극복하도록 도와주어 그 전과 같은 경제생활을 영위할 수 있도록 힘을 실어주는 데 뜻이 있다.

재난으로 인한 고통을 분담하여 서로 도움을 주는 것은 인간의 이성의 힘이고, 이웃 사랑의 실천이다. 보험계약에서 보험계약자가 의식하든 아니든 상관없이 그가 출연한 보험료는 우연한 사고에 공동으로 대비하는 기금이 되어, 어느 누구인가 보험사고로 인한 고통을 덜어주는데 보탬이 된다. 자선구호금을 내는 것도 필요하지만 각종 위험에 대비하여 보험료를 출연하여, 건전한 보험발전에 이바지하는 것이 보다 중요하다. 보험의 발전은 그 나라의 문화의 척도가 되고, 국민경제의 안정도를 측정하는 바로미터가 된다는 말의 뜻을 헤아릴 수 있다.

'한 사람은 만인을 위하여, 만인은 한 사람을 위하여' 존재하는 보험의 구조는 어떠한 계약에서보다도 당사자의 선의성이 요구되고 있다. 1906년의 영국해상보험법 제17조는 '해상보험계약은 최대선의에 기초를 둔 계약이다.'라고 정하여 보험계약의 선의성을 드러내고 있다. 이러한 규정이 없다 하더라도 당사자의 선의성을 바탕으로 보험계약자는 보험단체에 들어 서로 도움이 된다는 생각으로 보험에 들고, 보험사업자는 그 위험을 효율적으로 관리하여 보험사고로 고통을 받는 사람에게 보험보호를 하도록 하는 것이 마땅하다.

그런데 오늘날 인간의 그릇된 욕망으로 보험을 악용하여 사회적 물의를 빚는 일이 자주 일어난다. 자동차사고를 가장하여 보험금을 노리고, 심지어는 생명보험이나 상해보험 피보험자를 사고로 가장하여 살인하고 보험금을 타내고 있는 보험범죄가 늘고 있는 것은 참으로 서글프다. 이러한 보험범죄를 저지르는 자는 스스로 인간이기를 포기하고, 사회를 구렁텅이로 몰고 있는 것이다. 아이티의 지진참사에서 혼자 살겠다고 약탈하는 사람들에 대한 보도를 보면서 어떤 느낌이 드는가?

보험사기를 비롯한 보험범죄는 철저히 막아야 한다. 거짓을 꾸며 보험금을 타낸 사람이 그로 인하여 복을 누릴 수는 없고, 오히려 도덕성을 갖추고 이웃을 배려하면서 인간의 존엄과 가치를 존중할 때에 진정한 행복을 맛볼 수 있다. 사람이 우연한 사고로 인한 피해를 공동으로 담보하기 위하여 이용하는 보험의 참뜻을 헤아려 보험산업을 건전하게 발전시키는 것이 바로 국민생활의 안정에도 이바지 한다.

우리의 경제생활에서 보험의 선의성을 살려 우연한 사고에 대비하고, 각종 사고로 고통받는 사람들을 돕고자 하는 보험의 이념을 살릴 때에 인간의 존엄성을 간직하고 건전한 보험문화가 꽃필 것이다. 보험사업자를 비롯하여 고객 모두가 이를 마음 속 깊이 간직할 필요가 있다고 여긴다.

〈손해보험 2010.2. 권두언〉

현대생활에서 생명보험의 의미

현대사회는 IT 산업을 비롯한 고도의 과학기술이 발전하여 물질적으로는 삶이 풍요롭고 편리해지고 있다. 이에 따라 우리 사회의 구조도 급속히 변화하여 고령화시대에 접어들고 세계화의 현상 속에서 금융시장도 자유화와 국제화의 물결을 타고 있다. 미국의 금융위기가 우리의 금융시장에 파장을 몰고 오고, 미국에서 시작된 변액보험 등 파생상품이 우리 보험시장에도 충격을 주고 있는 것이 현실이다.

사람은 영혼과 육체로서 결합되어 이성적인 판단을 할 수 있는 사회적 존재이다. 그리하여 사람은 누구나 이웃과 함께 어울려 서로 도움을 주고 받으며 살아야 한다. 사람이 살아가는 데는 갖가지 위험이 따르고 질병, 각종 재해로 인한 장애, 조기사망 등으로 개인이나 가족이 어려움에 빠질 수 있다.

이러한 위험을 공동의 힘으로 극복하고자 마련된 제도가 보험이다. '한 사람은 만인을 위하여, 만인은 한 사람을 위하여' 존재하는 보험의 구조는 인간의 이성이 발견한 가장 훌륭한 제도이다. 상부상조(相扶相助) 정신은 원시경제시대로부터 움터 왔으며, 보험의 단체적 구조는 이를 드러내고 있다. 개인주의 현상이 두드러지게 나타나고 있는 현대의 복잡한 사회구조 속에서 개인이나 단체가 부딪칠지도 모를 위험을 공동체의 힘으로 대비하고 극복하는 것이 보험이다.

생명보험은 사람의 삶과 죽음을 보험사고로 하는 보험이나, 각종 재난이나 질병이 늘어나면서 이러한 위험을 담보하기 위하여 재해담보특약, 질병보험, 개호보험 등 그 영역이 넓어지고 있다. 인간이 각종 위험을 극복하여 안정된 삶을 추구하도록 뒷받침하기 위하여는 생명보험의 건전한 발전이 필수적이고, 국민의 경제생활의 사적 보장의 중심을 이루는 것이 바로 생명보험이다.

우리나라는 남북분단으로 인한 긴장관계와 열악한 환경 속에서도 세계의 유수한 국가와 경쟁하여 12~3위의 무역대국으로 성장하였고, 생보산업은 국민의 협조와 업계의 피나는 노력으로 2008년 기준으로 전세계에서 8위를 기록하고 있다. 생·손보사 전체의 기준으로는 10위를 차지하고 있는데, 2008년의 생보의 주요실적은 다음 표와 같다.

(단위 : 억원, %)

구 분	FY07	FY08	증감률
당 기 순 이 익	21,054	5,703	△72.9
수 입 보 험 료	750,956	735,614	△2.0
지 급 보 험 금	448,766	475,438	5.9
신 계 약	3,901,069	3,924,355	0.6
보 유 계 약	16,443,373	16,894,668	2.7
총 자 산	3,053,997	3,283,320	7.5

생명보험은 각종 위험에 따르는 인간의 삶을 보장하는 보장적 기능과 자산을 축적하는 저축적 기능을 지니고 있다. 생보사는 수많은 보험계약자와 보험계약을 체결하고 대수의 법칙에 따라 계산된 보험료를 받아 이를 관리하여 피보험자에게 보험사고가 발생한 때에 보험금액을 지급하여 경제적 수요를 충족시켜 주는 위험관리인(risk manager)으로서의 역할을 한다. 또 한편으로는 수많은 보험계약자로부터 받아들인 보험료의 축적된 보험자산을 운용함으로써 금

융기관 내지는 기관투자자로서의 지위를 확보하고 있다. 이에 따라 현대의 경제사회에서 생보사가 차지하는 비중은 나날이 높아지고 있다.

생명보험은 인간 생명의 경제적 가치를 담보로 하는 보험이라는 점에서 손해보험과는 근본적으로 다르다. 그러나 인간의 생명은 존엄한 것이고 존중되어야 하는 신비스러운 것이다. 이를 돈의 가치로만 환산하여 다루는 것은 많은 위험을 내포하고 있다. 고액보험에 가입하여 보험사고를 가장한 살인 등 보험범죄가 늘어나는 것도 경계해야 한다. 재해담보특약에 의하여 몇 배의 보험금을 지급하는 제도는 그 요건을 엄격하게 제한하여, 보험을 이용한 도덕적 위험을 억제하도록 하는 것도 필요하다.

사람은 이 세상에 왔다가 언젠가는 죽어야 하는 것이 하늘의 섭리이다. 사람이 이 세상에서 활동하는 것은 생명이 붙어 있어야 하는 것이고, 그 생명의 주인은 인간 자신에게 있는 것이 아님을 일깨워야 한다. 인간이 정신적 가치보다는 물질적인 가치에 치중하면 사회윤리가 타락하고 생명을 경시하여 스스로 목숨을 끊거나 남을 죽게 하는 끔찍한 범죄가 늘어난다. 우리나라의 자살률이 OECD 가맹국에서 가장 높다는 것은 부끄러운 현상이고, 생명보험의 자살약관에 대한 신중한 검토도 있어야 한다.

요컨대 현대생활에서 국민의 경제생활의 안전망을 구축하기 위해서도 생명보험의 건전한 발전이 있어야 하고, 그 보험에 대한 올바른 인식이 뒤따라야 한다. 오늘날 생명보험이 금융상품의 일종으로 인식되기도 하나, 위험관리와 직결되어 있다는 점에서 은행이나 증권과는 그 성격을 달리하는 특수한 구조를 지니고 있음을 알아야 할 것이다.

〈월간 생명보험, 2009.8. 권두칼럼〉

보험의 원리와 윤리의식

1. 경제생활과 보험의 기능

21세기에 접어든지 어느덧 일곱 해가 지나고 있다. 남북분단과 사회적 혼돈이 거듭되고 있으면서도 우리나라는 경제대국으로 성장하여 세계보험시장에서 당당히 10위권 안의 나라로 발돋움했다. 이는 묵묵히 자기 자리를 지키며 최선을 다하고자 노력한 분들이 흘린 피땀의 덕이다. 참으로 놀라운 일이고 우리의 자랑이며 긍지가 아닐 수 없다. 그러나 우리는 이러한 외형적인 성장에 비하여 내실을 갖추고 있는가를 깊이 반성해야 한다. 왜냐하면 내실을 다지지 못하고 도덕적 해이현상이 그대로 이어질 때에는 10년 전에 경험한 IMF 사태와 같은 혹독한 시련을 다시 겪을 수 있기 때문이다.

보험은 같은 위험에 놓여 있는 수많은 사람들이 위험단체를 구성하여 우연한 사고로 경제적 수요가 생긴 경우 이를 충족시키고자 하는 제도이다. 즉, 보험은 인간의 이성이 찾아낸 가장 훌륭한 제도로서 우연한 사고로 고통받는 이웃에게 서로가 도움의 손길을 뻗쳐 경제생활의 안정을 추구하고자 마련된 제도라 할 수 있다.

사람은 누구나 이 세상에 살면서 갖가지 위험에 노출되어 있고, 그것을 혼자의 힘으로 감당하기는 어렵다. 그리하여 인간의 경제생활을 위협하는 갖가지 위험을 대수의 법칙에 따라 보험단체를 통해서 분산함으로써 개별적인 보험가입자는 적은 보험료를 지급하고 보험사고의 발생으로 인한 경제적 손실을 보상받아 삶의 안정을 찾을 수 있도록 하는 것이 보험의 주된 기능이다.

'한 사람은 만인을 위하여, 만인은 한 사람을 위하여' 존재하는 보험의 구조는 인간의 경제생활에 필연적으로 따라다니는 각종의 위험으로 인한 개인적 손실을 집단적으로 구제하고자 마련된 제도임을 보여주고 있다. 이에 따라 개인이든 기업이든 뜻밖의 사고로 생길 경제적 손실에 대비하여 보험을 이용하는 것은 필수적이다. 보험제도의 기능에 대한 올바른 인식이 요구된다. 따라서 보험시장의 질서를 바로 세워 도덕적 위험을 배제하도록 하는 것은 사회의 안정에도 커다란 도움이 된다.

2. 보험과 도덕적 위험

보험은 우연한 사고에 대비하는 제도이다. 보험계약자는 적은 보험료를 내고 큰 보험금을 받게 되는 보험의 특성에서 인간의 이기심으로 이를 악용하는 도덕적 위험이 도사리고 있기도 하다. 보험계약자가 보험금을 노려 인위적인 사고를 내고 보험사고로 위장하거나 손해액을 부풀려 보험금을 청구하는 등 그 수법은 다양하다.

최근 검찰에 따르면 '멀쩡하게 살아있는 남편이 지리산 계곡의 급류에서 실종되었다고 신고하여 7억여원의 보험금을 타서 호화로운 삶을 살고, 또 다른 사고를 꾸며 10억여원의 보험금을 노리다가 부부가 동시에 구속되었다.'는 보도가 있었다(중앙일보 07.11.8). 이를 어떻게 받아들여야 하는가? 부정한 돈이라도 챙겨 잘 살아야겠다는 생각은 자신을 파멸로 이끄는 것은 물론 사회를 병들게 하는 끔찍한 범죄이다.

물질문명이 발전하고 윤리적 가치를 소홀히 하는 세상에서는 정치, 사회, 경제 등 각 분야에서 도덕성을 잃고 수단과 방법을 가리지 않고 제 몫을 챙기고자 하는 사람들의 추한 모습이 드러난다. 인간의 윤리가 존중되지 않고 도덕이 타락한 사회에서는 보험사고를 가장하여 일확천금을 노리는 보험사기가 느는 것도 당연한 이치인지 모른다. 게다가 보험감독 당국이 보험사고의 발생에 의문이 있는 경우에도 피보험자 또는 피해자 보호라는 이유로 보험금 지급을 독려하거나 음주운전이나 무면허운전 등 범죄사고에 대하여도 피보험자의 상해에 대한 고의가 입증되지 않는다는 이유로 보험자의 보험금지급책임을 인정하는 법원의 판례는 보험범죄를 부추기는 역할을 하기도 한다. 이는 건전한 보험질서를 해치고, 사회적 비용을 증가시켜 선의의 보험계약자에게 그 부담을 지우는 것임을 일깨울 필요가 있다

보험사기 적발현황 (단위 : 건, 백만원, %)

구 분	2004년		2005년		2006년	
		증감률		증감률		증감률
적발건수(A)	16,513	77.3	23,607	43.0	34,567	46.4
적발금액(B)	129,039	112.9	180,198	39.6	248,995	38.2
건당금액(B/A)	7.8	20.0	7.6	△2.6	7.2	△5.3
피해금액	36,779	208.2	47,718	29.7	43,697	△22.7

보험감독원 제공

3. 보험윤리의 확립

윤리는 인간이 특정한 상황에서 마땅히 해야 할 일을 행했거나 행하지 아니한 경우 그 행위의 잘잘못을 가리는 기준이 되는 원리라 할 수 있다. 사회는 어떤 상황에서 사람이 어떻게 하여야 하는가를 정하여 인간행위에 적용할 원리를 설정하고 있다. 결국 윤리는

인간의 이성과 양심에 따라 무엇이 옳고 그른가를 판단하는 사회적 인식을 바탕으로 마련된 일종의 도덕규범(code of morals)이다.

보험은 우연한 사고로 인한 보험가입자의 경제적 손실을 집단적으로 구제하여 삶의 안정을 추구하도록 하는 제도이다. 보험은 일종의 금융사업에 속한다 하더라도 보험사고로 인하여 경제적 수요가 생긴 사람에게 어떤 이득을 제공하고자 하는 제도는 아니다. 예기하지 아니한 사고로 피해를 입은 피보험자에게 수많은 보험계약자들이 낸 보험료로 축적된 기금에서 그 손해액의 전부 또는 일부를 지급하여 그 사고로 인한 고통에서 벗어나 다시 일어설 수 있도록 돕는 것이 보험의 원리이다.

보험윤리는 이러한 보험의 원리에 따라 위험을 관리하여 보험사고로 인한 피보험자에게 적정한 보험금을 지급하여 보험수요를 충족시켜 주고, 보험사기를 방지하도록 하는데 힘을 쏟는 것이다. 그리하여 보험사업자는 위험의 인수로부터 보험사고의 처리과정에 이르기까지 보험의 원리를 준수하고 도덕적 위험이 있는지 여부를 살피는 것이 중요하다. 보험자는 보험계약을 체결하여 위험을 인수할 때에 담보위험의 범위 등 보험약관의 내용에 대한 설명을 하여 주고, 보험계약자에게 고지의무를 비롯한 의무를 성실하게 이행하도록 촉구하는 것도 보험의 악용을 막는 첫걸음이 될 것이다.

보험윤리의 확립은 먼저 보험사업자가 보험계약의 법리에 따라 보험시장의 질서를 지키고 위험을 철저히 관리하는 데서부터 출발하여야 한다. 보험모집과정에서 보험설계사나 보험대리점의 관리를 허술하게 하여 보험계약고에만 관심을 두고, 보험사고가 발생한 후에 비로소 보험계약자의 고지의무위반 등의 문제를 제기하는 것은 보험에 대한 인식을 나쁘게 하는 요인이고, 이는 보험윤리에도 어긋난다.

4. 우리의 과제

오늘날 금융시장의 개방과 정보화로 금융 자유화와 국제화의 물결이 넘쳐나고, 자연환경의 오염으로 인한 기상의 이변과 자연재해가 늘고 있다. 보험사업자는 보험시장의 환경변화에 따라 보험상품을 개발하고 모집체계를 정비하여 소비자의 수요에 부응해야 하는 것이 기본적인 덕목이다.

보험은 피보험자가 보험사고로 이득을 얻을 수 있는 제도는 아니다. 물건보험의 경우에는 보험가액을 기준으로 보험사고로 인한 손해를 산정할 수 있으나, 상해보험의 경우에는 보험가액의 관념이 없다. 그리하여 우리 보험시장에서는 수개의 상해보험이 있는 경우에도 중복보험의 법리가 적용되지 않고, 보험금액의 한도도 설정하지 않고 있다. 고액의 상해보험을 이용하는 보험범죄의 빌미를 주고 있는 이러한 현상은 하루 속히 시정되어야 한다.

보험사기를 방지하고 보험질서를 바로 잡기 위해서도 상해보험의 경우 보험금액의 최고한도를 설정하고, 입원급부금 등 실손보상을 하는 부분에 대하여 중복보험의 법리를 원용할 수 있도록 제도화해야 한다. "위험이 있는 곳에 보험이 있고, 보험단체를 통해서 위험을 효율적으로 분산하여 뜻밖의 사고에 대비한다."는 보험의 원리를 살려야 한다. 위험을 지배하고 관리하는 인간의 심성이 올곧아야 한다는 윤리의식을 갖춰야 한다. 따라서 보험사업자나 보험감독당국은 보험의 원리를 살리면서 도덕적 위험을 차단하고, 건전한 보험시장의 환경을 조성하도록 힘써야 한다. 이것이 우리에게 주어진 과제이다.

보험사기, 재앙의 불씨이다

사람은 세상의 중심이고, 가장 귀한 존재이다. 무엇이 옳고 그른가를 가려 행할 수 있는 이성을 지닌 만물의 영장이다. 사람은 또한 이웃을 배려하면서 정직하고 떳떳하게 살고자 할 때 평화를 누리면서 살아갈 수 있다. 사람이 욕심을 부리고 자신을 속이면 스스로 나락으로 떨어진다.

병역의무를 제대로 치르지 않은 자들이 총리나 장관 등 높은 자리를 차지하고, 공직사회에서 뇌물이 오가는 풍토가 사라지지 않는 세상에서는 수단과 방법을 가리지 않고 한몫 챙기겠다는 사람이 생겨나게 마련이다. 불법적인 도박판이 일확천금을 노리는 사람을 유혹하고, 보험사기가 늘어나는 것도 사회윤리의 타락에서 오는 현상이다.

보험의 기능과 역기능

보험은 인간의 이성이 찾아낸 가장 훌륭한 제도이다. 사람의 삶에는 여러 가지 위험이 따르고 이를 혼자서 감당하기는 힘들다. 같은 위험에 놓여있는 사람들이 보험단체를 이루고 각자가 보험료를 내어 뜻밖의 사고로 피해를 입은 사람을 도와주는 것이 보험이다.

가입자들이 일정한 보험료를 내고 병원의 치료비를 보험공단에서 지급하는 국민건강보험이 없다면 많은 국민이 질병의 고통에서 헤어나기 어려울 것이고, 자동차보험이 없으면 자동차사고로 인한 피해자의 구제는 쉽지 않다.

여기서 우리는 보험이 얼마나 고마운 것인가를 느껴야 한다. 보험가입자들이 서로 돕고, 고통을 나누는 보험제도가 건전하게 자라면 사회안전망도 그만큼 튼튼해진다. 보험이 제 기능을 발휘할 수 있을 때 사회보장도 이루어질 수 있다.

보험계약은 위험단체를 전제로 대수의 법칙에 따라 각 보험계약자가 내는 보험료와 보험사고가 발생하면 받게 되는 보험금을 산정하게 된다. 이에 따라 보험계약자가 적은 보험료를 내고 큰 보험금을 노려 일부러 사고를 내고, 이를 보험사고로 위장하여 보험금을 타내려는 도덕적 위험(moral hazard)이 도사리고 있다. 이것이 보험의 역기능이고, 이를 방지하기 위한 노력을 기울여야 한다.

보험사기는 재앙의 불씨

사기는 남을 속여 자신의 욕심을 채우는 사악한 행위이다. 보험사기죄는 보험계약자 또는 피보험자 등이 보험자를 기망하여 보험사고를 가장하거나 손해액을 부풀려 보험금을 취득하는 죄로서 형사처벌을 받게 된다(형법 347조 1항).

보험사기는 보험금을 노린 피보험자의 살인, 방화, 교통사고의 유발 등 흉악한 범죄를 저지르고, 이를 우연히 발생한 사고로 위장하여 보험금을 타내는 행위 등과 연관되는 점에서 단순히 사람을 속여 재산상의 이득을 취하는 일반 사기죄보다도 국가와 사회에 미치는 해독은 더욱 심각하다.

금융감독원의 자료에 따르면 2010년도에 보험범죄 적발금액은 34,671억원, 혐의자 수는 54,268명으로 전년대비 금액기준 4.9%(162억원),

인원대비 1.3%(726명) 증가한 것으로 나타나고 있다. 그리고 우리나라의 보험범죄규모는 약 2.2조원으로 추정되고, 보험업계와 수사기관의 공조강화로 보험범죄 적발실적은 증가하고 있으나, 총보험범죄규모 중 적발실적은 15% 수준으로 알려지고 있다. 이러한 현상은 보험사기로 인한 보험금 누수가 얼마나 심각한가를 보여준다.

지난 11월 14일 본지의 보도(최광호기자)에서 나타난 태백시에서 병원 의사와 560여명의 주민이 가담한 의료보험사기사건은 참으로 끔찍하다. 인간의 양심이 무엇인가? '보험금을 타먹지 못하면 이는 바보'라는 웃지 못할 말을 어떻게 받아들여야 하는가? 거짓을 꾸미고 부정한 돈을 챙기는 것은 영혼을 병들게 하고 '재앙의 불씨'가 됨을 일깨워야 한다.

보험금은 봉이 아니라 사회의 안전망을 지탱해 주는 버팀목이다. 보험업계는 물론 국가와 사회가 보험사기를 철저히 가려 처벌하고 책임을 묻도록 해야 한다. 그리고 거짓과 위선을 떨쳐버리고 우리 사회의 도덕성 회복이 무엇보다도 긴요하다.

〈한국금융 2011.11.24. 11쪽〉

대산보험대상을 받고 … 감사의 말씀

대산 신용호 기념사업회 손봉호 이사장님, 대산보험대상 심사위원 여러분, 대산선생님의 유지를 이어가시는 신창재 회장님을 비롯한 가족 여러분과 이 자리에 함께 하신 모든 분께 하느님의 축복이 함께 하시기를 빕니다.

대산 신용호 어른께서는 일제강점의 피폐와 한국동란의 폐허로 말미암아 우리 민족이 가장 어려웠던 시절, 부존자원마저 모자란 암울한 현실 속에서 인력의 자원화만이 이 민족의 살 길임을 일찍이 깨달으시고 교육 · 보험입국을 일생의 업으로 삼아 오늘날 우리나라를 세계 10대 보험대국으로 키워 주셨습니다.

대산기념사업회가 제2회 대산보험대상 학술연구부문 수상자로 불민한 저를 선정하여 영광스러운 이 자리에 서게 하여 주셨음을 진심으로 감사드립니다. 저보다 먼저 이 땅에 보험문화를 일구어내신 선배교수님들에 앞서 제가 이 상을 받는 것이 송구스럽고 부끄러운 마음이 들기도 합니다. 보험과 관련된 저의 삶을 간단히 회고하고자 합니다.

1960년에 저는 서울대학교대학원에 들어가 은사이신 서돈각 선생님의 연구실에서 상법을 전공하면서 3개월 동안 보험사에서 일한 일이 있습니다. 이러한 인연으로 서돈각 선생님께서 저에게 "보험계약에서 피보험이익"이라는 제목으로 석사학위논문을 써보라고 지시하셨습니다. 이에 따라 보험관련서적을 읽으면서 논문준비를 하고 있을 때, 당시 저의 동료들이 "아무짝에도 소용없는 보험을 공부할 필요가 있느냐?"고 말하기도 했습니다. 그만큼 당시로서는 보험에 대한 인식도 좋지 않았고 이해도 없던 시기였습니다.

1960년대 이후 우리나라의 경제가 성장하면서 보험의 수요가 차츰 늘어나고, 1964년에 한국보험학회가 산학 협동으로 설립되어 저와 같은 초학자도 보험학술발표에 참여하기도 하고, 보험실무교육에서 보험계약법이나 책임보험 등의 강의를 맡기도 했습니다. 그리고 1976년에 생 · 손보협회에 보험분쟁심의위원회가 설치되어 저는 유일하게 양 협회의 심의위원으로 참여하여 보험관련분쟁사건을 다루게 되었습니다. 보험감독기관으로서 한국보험공사가 설립된 후에도 그 일을 계속하였고, 보험감독위원의 직무도 맡아 보험에 관련된 산 공부를 할 수 있었음은 커다란 행운이었습니다.

1978년 日本 보험학회에 참여하여 생산물책임보험에 대한 발표를 한 일이 있습니다. 그 발표가 끝난 후 東京海上의 한 실무자가 찾아와 "선생은 일본학자들에 비해서 실무감각이 뛰어나다."는 말을 하여 왔고, 분쟁심의에 참여하면서 실무를 익힌 결과가 나타나고 있는가 하고 생각한 일이 있었습니다.

저는 분쟁사건을 다룰 때에나 보험관련 글을 쓰면서 언제나 보험의 원리에 충실해야 한다는 원칙을 고집스럽게 주장했고, 이로 말미암아 보험회사의 어용교수라는 비난을 받기도 했습니다. 세상이 다 그러한데, 너무 원칙만을 강조하는 것은 맞지 않는다는 것이었습니다. 그때마다 저는 '어느 한쪽만이라도 원칙이 지켜지는 곳이 있어야 한다. 그렇지 않으면 더 큰 혼란을 가져올 수 있다.'고 대꾸하기도 했습니다.

보험은 인간의 경제생활을 위협하는 갖가지 위험을 같은 위험에 놓여 있는 수많은 사람들이 위험단체를 구성하여 이를 효율적으로 분산하여 공동으로 그 위험에 대비하고자 하는 경제제도로서 단체적인 구조를 지니고 있습니다. 그리고 보험계약은 보험자가 적은 보험료를 받고 우연한 사고인 보험사고가 생긴 때에 피보험자 또는 보험수익자에게 큰 보험금을 지급하는 특수한 계약이라는 점에서 이를 악용하는 도덕적 위험도 배제할 수 없습니다.

일찍이 독일의 보험학자 만네스가 말한 것처럼 "한 사람은 만인을 위하여, 만인은 한 사람을 위하여"(Eine für Alle, Alle für Einen) 존재하는 보험의 경제적 구조를 엿볼 수 있고, 보험계약자와 보험단체는 상호 보완적인 관계를 유지하여 우연한 사고로 인한 경제적 손실을 극복하여 삶의 안정을 추구하는 것이 보험의 본질이라 할 수 있습니다. 보험사업에 대하여 올바로 인식하고, 보험사기 또는 보험범죄를 차단하도록 힘써야 하는 것도 우리에게 주어진 또 하나의 과제라고 생각합니다.

이 자리를 빛내 주시는 내외귀빈 여러분!

저는 개인적으로 참으로 많은 복을 누리고, 수많은 분들의 도움을 받고 있음을 실감합니다. 저의 연구실을 거친 제자들이 현재 각 대학의 중진교수로서 또는 실무가로서 활동하는 모습은 저에게는 큰 보람이고, 자랑입니다. 그러면서 한편으로는 별로 베푼 일도 없이 제가 스승으로 대접받는 것은 과분하다고 느끼고 있습니다.

오늘 대산 신용호 기념사업회가 저에게 주신 이 영광스러운 보험대상은 보험과 보험법학을 연구하는 학자나 실무가들을 격려하는 의미가 크다고 생각합니다. 우리 사회에서 잘못된 보험의 인식이나 법리의 오해로 인한 왜곡된 판례를 바로 잡아 보험질서를 국제적인 틀에 맞추는 것은 보험학도의 역할이라 할 것입니다.

이 자리에서 저는 오늘의 이 수상의 뜻을 깊이 되새기고, 보험법리의 연구에 더욱 관심을 기울여 여러분의 기대에 보답하고자 최선을 다할 것을 약속드립니다. 그리고 대산보험대상의 기틀을 닦아주신 우리의 선각자 대산 선생님의 뜻이 계속 이어져, 산학협동으로 우리의 아름다운 보험문화가 꽃피우기를 기원하면서 이 자리에 함께 하신 여러분께 거듭 감사를 드립니다.

〈2007.10.11. 대산보험대상을 수상하고〉

8 독도 · 환경

독도는 한국 땅
– 일본 지식인의 양심에 호소함

●

골프장 건설을 더 이상 방치할 수 없다

●

속(俗)을 누가 성(聖)이라 했는가?

●

4대강은 굽이굽이 흘러야 한다

독도는 한국 땅 – 일본 지식인의 양심에 호소함

최근 일본이 중학교 교과서에 한국의 땅 독도를 자국의 영토라는 표시를 한다고 해서 떠들썩하다. 일본이 경제대국으로서 국제무대에서 차지하고 있는 비중을 생각할 때 참으로 부끄럽고 서글프다. 일본의 지식인들은 정부가 이성을 잃고 역사적으로도 한국의 영토임이 명백한 독도를 다케시마(竹島)라고 이름붙여 자기의 땅이라고 우겨대는 것을 어떻게 보고 있는가?

조선변란(청일전쟁) 상세지도에도 독도는 한반도와 마찬가지로 붉게 채색돼 조선의 영토임이 명시돼 있으나 울릉도가 마쓰시마라고 적힌데 비해 독도는 이름이 표시돼 있지 않다.

일본 동경대학 출신으로 귀화한 세종대 호사카 유지 교수는 일본사료를 근거로 독도는 한국의 영토임을 입증하고 있다. 그는 일본이 지난 19세기 미국과 오가사와라(小笠原) 군도의 영유권 분쟁 당시 "1854년 일본이 미국측에 울릉도와 독도가 조선 땅이라고 명기된 삼국접양지도(三國接壤之圖–1786년 일본 지리학자 작성)를 제시해 미국의 주장을 꺾었다."고 밝히고, 1894년에 작성된 신찬(新撰) 조선국전도에도 독도는 한국의 영토로서 뚜렷이 그려져 있다고 공개한 일이 있다.

일본은 명치유신 이후 서양의 문물을 받아들여 국력이 커지면서 침략의 야욕을 품고 한국에 진출했다. 1894년 청일전쟁, 1905년의 노일전쟁을 승리로 이끈 후 강압적으로 우리나라와 이른바 을사늑약을 맺어 한국의 주권을 빼앗는 만행을 저질렀다. 이것은 우리 역사상 치욕적인 일이었고, 일본은 이 틈을 타 1905년에 독도를 시마네현에 편입시켰다. 이를 두고 떳떳한 조처였다고 할 수 있는지 일본의 지식인들은 깊은 성찰이 있기를 바란다.

1945년 일본이 세계전쟁에서 패한 후 우리나라도 식민지배에서 벗어났고, 독도는 오늘까지 우리가 실효적으로 지배하고 있다. 그리고 19세기에 작성된 많은 지도에서도 엄연히 독도는 한국 땅으로 표시되어 역사적으로나 지리적으로 한국의 영토임을 부인할 수 없다. 그럼에도 일본이 독도를 자기 영토라고 주장하여 분쟁의 지역으로 삼아 빼앗으려는 것은 36년 동안이나 식민지배를 하고, 그로 말미암아 남북분단으로 고통받는 한국에 대해서 취할 수 있는 처사인가?

제2차 세계대전 이후 패전국 독일은 동서로 분단되어 고통을 당했으나, 일본은 미국의 도움으로 민주국가로 성장하여 경제대국으로 거듭나고, 그 대신 우리나라는 남북으로 쪼개져 아직도 긴장관계를 벗어나지 못하고 있다. 이것은 참으로 얄궂은 역사적 역설이고, 이를 남의 탓으로 돌려 푸념하고 싶지는 않다. 식민지배를 받은 것이나, 남북분단으로 국가적인 비극을 겪는 것도 우리 조상으로부터 이어 오는 죄업이기 때문이다. 그러나 조선을 무력으로 위협하여 갖가지 만행을 저지르고 식민통치로 고통을 준 일본은 이에 대하여 최소한 죄책감을 느끼는 것이 도리라 생각한다.

독일은 패전 후 잔혹한 역사적 사건(eines einschneidenden histor-ischen Ereignisses)을 낱낱이 밝히고, 히틀러의 만행으로 희생당한 유태인을 비롯한 이웃에 대하여 철저히 사과했다. 그리고 그에 대한 배상을 이행하여 세계의 모범적인 지도국가로 자리매김을 하고 있다. 그런데 일본은 어떠한가? 위안부문제, 강제징용 등 식민통치에서 겪은 이 민족의 고통을 외면하고 역사까지 왜곡하면서 거짓으로 맞서고 있지 않은가? 일본이 동양의 강대국으로서 이웃나라가 다 같이 믿고 존중할 때에 진정한 강대국으로 대우받을 수 있다. 일본 사람들은 개인적으로는 친절하고 정직하나, 정부의 각료들이 망언을 일삼는 일본이라는 나라는 믿을 수 없다는 평을 듣는 것은 동양, 나아가서 세계의 평화를 위해서도 결코 바람직하지 않다.

국가는 공동선의 실현을 그 목적으로 하는 정치공동체로서 정의의 요구와 부합시켜야 하는 각별한 의무가 있다(간추린 사회교리 168, 169). 국제관계에서 힘의 논리가 지배하는 냉혹한 현실이 있다 하더라도 지구촌의 세계화 현상에서 이웃 나라 사이에 상호신뢰와 협력이 없으면 평화를 누릴 수 없다. 국가 간의 공존은 진실, 정의, 적극적 연대, 자유와 같은 인간관계를 지배하여야 하는 가치들과 동일한 가치 위에 세워져야 한다(간추린 사회교리 433).

일본이 영토야욕을 버리지 않고 자라나는 세대에게 왜곡된 역사교육을 시행한다면 이는 평화를 해치고 재앙을 불러일으킬 것이다. 한국이 남북분단으로 통일을 이루지 못하고 국내적으로도 여러 가지 어려움을 겪고 있는 틈을 타서 '독도가 일본 영토인데 한국이 불법적으로 점거하고 있다'는 교육을 해서 누구에게 이익을 줄 것인지 음미하기를 일본 지식인의 양심에 호소하고자 한다. 일본이 진정 경제대국으로서 평화를 사랑하는 지도적인 국가로 거듭나기를 기원한다.

〈평화신문 2008.7.27. 10쪽〉

골프장 건설을 더 이상 방치할 수 없다

미국 프로골프에 진출한 한국의 남녀골퍼들이 엄청난 상금이 걸린 국제골프대회에서 우승을 하고 기뻐하는 모습은 흐뭇하다. 이에 따라 골프의 대중화정책을 추진하는 것을 나무랄 수는 없으나, 자연환경을 파괴하고 국토를 극도로 오염시키는 골프장 건설을 그대로 방치할 수는 없다.

골프장 면적이 국토의 0.2분% 차지

2001년에 운영 중인 전국 골프장이 총 143개소, 건설 중이거나 승인받은 것이 67개소로 그 면적이 약 220평방km로 남한 면적의 0.2%를 차지했다고 한다. 2005년 1월 1일 기준으로 골프장은 281개소(운영중 194, 건설중 73, 미착공 14)로 늘어나 그 면적은 점점 넓어지고 있다. 골프를 아무리 대중화한다 하더라도 가난한 사람들에게는 그림의 떡이고, 농약으로 범벅이 된 잔디 위를 거니는 것이 결코 국민건강에도 도움이 되지 않을 것이다. 그럼에도 불구하고 골프장을 허용하겠다고 나서는 지자체나 공공기관은 누구를 위한 것인지 묻지 않을 수 없다.

지난 10월 16일자로 수원교구 생명환경연합은 “안성시는, 행정심판에서 환경오염에 대한 우려를 불식하라.”라는 광고에서 ‘1. 한강유역환경청에서는, 현재의 골프장 건설계획이 산림훼손으로 인한 생태녹지축 파괴, 주변환경과의 심한 부조화, 자연생태계의 연속성 단절, 산사태 우려, 토사유출 등으로 인해, 이동저수지 및 송탄상수원보호구역수질오염에 악영향을 미칠 것으로 예상하고, 골프장 부적합 판단을 하였습니다.’라는 내용 등을 밝히고 있다. 이는 골프장 건설계획이 지역주민은 물론 환경에 얼마나 나쁜 영향을 주고 있는가를 보여 주는 단적인 예라 할 수 있다.

환경친화적 골프장 사실상 불가능

골프는 15세기에 스코트랜드에서 시작된 운동이다. 영국의 평평한 넓은 초지와 기후조건은 골프운동이 제격일 수 있다. 그러나 산간지대가 많고 네 계절이 뚜렷한 척박한 땅에서는 잔디가 제대로 자랄 수 없어 골프장 건설은 바람직스럽지 않다. 산을 깎아내려 자연을 파괴하고 잔디를 가꾸기 위하여 맹독성 약품을 살포하여 토양을 황폐화시키고 지하수를 오염시켜 생태계를 교란시키는 대량의 골프장 건설은 서서히 죽음의 길을 택하는 것이다.

정부는 환경친화적 골프장 건설만 허용할 방침이라 한다. 이는 그럴 듯한 정책이지만 환경이나 기후조건이 맞지 않는 나라에서는 가당치도 않은 일이고, 국민을 우롱하는 처사이다. 환경뉴스의 보도자료(2004.3.15)는 환경부의 발표에 의하면 2003년도에 우리나라 골프장의 2002년도 농약사용량(163개 골프장, 199톤)보다 26톤(13.1%) 증가된 225톤으로 집계되었다고 한다. 이는 골프장을 유지하기 위하여 얼마나 많은 농약을 살포하고 있는가를 보여주는 것이고, 환경친화적 골프장의 운영이 사실상 어렵다는 것을 입증하고 있다.

자연생태계 보존 위해 규제 강화를

최근 남미의 산사태로 인하여 수많은 부락이 매몰되고 귀중한 인명이 희생된 원인은 마구잡이로 벌목을 하여 자연을 파괴한 것이 원인이라 한다. 그리고 TIME(10.3자)지는 얼마 전 미국 남부를 강타한 허리케인 릿타와 카트리나로 인한 재앙도 부분적으로 인간에게 책임이 있음을 밝히고 있다. 이러한 사실은 인간의 이기심이 개발이라는 이름으로 자연을 파괴하고 생태계를 보존하지 않을 때, 우리에게 닥칠 재앙은 상상을 초월할 수 있음을 암시한다. 하느님께서 맡겨 주신 자연을 아름답게 가꾸어 후손에게 물려주도록 힘쓰는 것이 우리의 몫이다.

국제화시대에 우리나라에서도 골프장 운영은 필요하고 이를 전적으로 부인할 수는 없다. 그러나 골프장 건설로 인한 환경파괴와 토양이나 수질오염을 최소화하고, 자연생태계를 보존할 수 있도록 그 규제를 강화해야 한다. 이제 정부는 물론 지자체는 극심한 환경오염의 요인이 되는 골프장 건설로 인한 일시적 이익에 매달려 지역주민이나 환경단체와 마찰을 빚기보다는 맑고 쾌적한 환경조성에 힘써 진정 국민을 위한 정책을 이끌어주기를 고대한다.

〈평화신문 2005.10.23. 19쪽〉

속(俗)을 누가 성(聖)이라 했는가?

–박효종 교수의 중앙시평에 대한 반론–

박효종 교수는 "속(俗)을 성(聖)이라고 해서는 안된다"는 제목(4월 1일자 35면)으로 '4대강 사업에 대한 우려'를 나타낸 천주교주교단의 성명을 '가톨릭다움'을 훼손하는 이상한 일이 벌어졌고, "가톨릭의 일부 신부는 '하느님의 일'이 아닌 '카이사르의 일'에 적극 나서기 시작했다"고 꼬집었다. '카이사르의 것은 카이사르에게, 하느님의 것은 하느님께' 돌려야 한다(마태 22,21)는 성경말씀을 왜곡해 지난 군사정권하에서 교회의 사회참여를 비판하던 말을 다시 듣게 됨은 참으로 서글프다.

제2차 바티칸 공의회를 소집하신 요한 23세는 '자기 영혼의 완성과 세속 활동에 대한 참여 사이에 인위적인 대립을 일으켜서는 안 된다'고 가르친다(회칙: 어머니요 교사 255). 인간의 기본권과 구원을 위해 교회는 '정치질서에 관한 일에 대해서도 윤리적 판단을 내려야 한다'(사목헌장 76)는 점을 사회교리는 강조한다. 사람은 이 세상에서 살아야 하고, 성속은 바로 우리 안에 있다. 바른 길을 찾아 사는 것이 참된 삶의 가치다.

주교단의 4대강 사업에 대한 우려가 "목자도 '속'의 일을 '성'의 일로, '과학'의 영역을 '신앙'의 영역으로 착각하는 등 스스로 무지나 오류에 빠져"서 내린 것인가? 게다가 박교수는 "말을 보고 사슴이라고 하거나 고래를 보고 물고기라고 하는 어리석음에 비견할 만큼 신앙과 과학을 혼동하고 있다는 증거가 아니겠는가"라고 썼다.

누가 속(俗)을 성(聖)이라 하고, 4대강 사업을 신앙의 영역으로 끌어들이고 있는가? 주교단은 그 성명서 발표 전에 반대론자의 말은 물론 그 사업을 추진하는 정부쪽의 말도 함께 경청했음을 밝혔다. 4대강 사업이 여기저기에서 일으키는 문제도 직시하여 하느님의 창조질서에 따라 신중하게 대응할 것을 주문한 주교단의 의견을 이렇게 폄하할 수 있는지 묻지 않을 수 없다.

4대강 살리기를 올바로 한다면 누가 반대하겠는가? 사업비만 22조원 이상 드는 큰 국책사업이 타당한 것인지 환경영향평가 등 절차를 밟아서 추진해야 함은 기본적 상식이다. 정부가 국가적인 토목공사를 국가재정법시행령을 고쳐 편법을 동원하고 있음은 법치주의 이념에도 어긋난다.

환경보호는 인류의 과제다. 개발로 망가진 자연환경을 회복하기는 쉬운 일이 아니다. 4대강은 우리의 젖줄이다. 이를 개발하기 위하여는 보다 철저한 기초조사와 보를 쌓아서 생겨날 문제들을 하나하나 점검하여 그 일에 착수하는 것이 순리다. 이를 무시한 4대강 사업에 대한 주교단의 비판은 시대적 양심의 소리임을 일깨우고 싶다.

4대강 사업에 대한 가톨릭 주교단의 성명은 "교회가 절대 그르침 없이 신앙과 윤리문제를 판단하는 이른바 '무류지권(無謬之權)'을 행사하는 것"도 아니고, 이를 "과학이 아니라 신앙과 윤리의 영역"으로 주교단이 착각하여 내린 것도 아니다. 성속이원론이나 흑백논리로 선량한 사람들을 현혹시켜 사회를 분열시키는 일은 결코 논객이 취할 태도는 아니다.

〈중앙일보 2001. 4.〉

4대강은 굽이굽이 흘러야 한다

강은 굽이굽이 흘러 수초를 기르고 물고기의 서식지를 마련하고, 모래톱을 거치면서 물을 맑게 한다. 4대강은 우리의 젖줄이다. 이명박 정권이 들어서면서 한강, 낙동강, 금강, 영산강이 여기저기 파헤쳐져 몸살을 앓고 있고, 잘못하면 이 땅에 커다란 재앙을 잉태하고 있는지도 모른다.

강을 살리려고 정비하고 때로는 준설을 하기도 한다. 이를 위해서는 주변의 환경과 생태계를 살피면서 이루어져야 한다. 그래서 법은 각종 공사를 앞두고 타당성이 있느냐를 따지고 환경영향평가를 거치도록 요구하고 있다. 그러나 이 정부는 강바닥을 훑어내고 수중 보(堡)를 세우는 이른바 '4대강 살리기'라는 엄청난 국책사업을 그런 절차를 제대로 밟지 않고 졸속으로 밀어붙이고 있다. 이는 독선이고 오만이며 또한 법치주의 이념에도 어긋난다.

이에 환경단체를 비롯한 관련학계의 반발을 사고, 급기야는 불교를 비롯한 종교계까지 그 공사에 대한 반대의 목소리를 높이고 있다. 이에 따라 왜 종교가 과학의 문제인 토목공사에 대해서까지 간섭하느냐는 볼멘소리를 하고, 국론이 분열되어 수습의 실마리를 찾기 힘들다.

주지하는 바와 같이 한국천주교회주교단은 총회를 열어 4대강사업에 대한 전문가의 의견은 물론 찬성과 반대의 입장을 듣고, 정부가 추진하는 이 사업은 중단하는 것이 마땅하다는 반대의견을 공표했다. 물론 주교단의 결정이 절대적인 것이 아니라 하더라도 그 합의정신과 단체성은 존중되어야 한다. 주교단의 일원이 이에 어긋나는 의견을 가톨릭의 이름으로 언론에 흘린다든가 뜻있는 신자(?)들이 이에 동조하고 나서는 것은 바람직하지 않다.

교회가 왜 정치문제에 개입하느냐고 항변하고 있으나, '인간의 기본권과 영혼들의 구원을 위하여 정치질서에 대해서도 윤리적 판단을 내리는 것'이 교회의 소명이다(사목헌장 76항). 하물며 하느님의 창조질서를 거슬러 환경파괴와 자연재해를 우려하는 목소리가 높아도 교회가 침묵하는 것은 직무유기다. 지난 12월 16일 한국천주교주교회의 정평위는 보도자료를 통해서 "교회의 '4대강 사업' 반대가 세상의 참된 가치를 바탕으로 복음화하고 올바른 인간의 길을 제시해야 할 교회의 본연의 사명에 해당함을 다시 확인한다."라고 밝힌 것은 그 때문이다.

4대강 사업은 참으로 이 정권뿐 아니라 국민에 대해서도 애물단지이다. 야당의 반대로 예산의 확보가 힘들어 지난 연말 국회는 난장판에서 그 예산안과 이른바 4대강지원'친수법'이란 법을 포함하여 법률들을 무더기로 날치기 통과시켰다. 이는 참으로 개탄스러운 일이고, 우리나라의 격을 한없이 실추시킨 슬픈 현상이다. 절차의 윤리를 지키지 못한 법은 이성의 명령에 어긋나 무효이고, 이것은 재앙의 씨앗이다.

상생의 정치를 해야 할 민주공화국에서 국민의 여론을 무시하고 일방적으로 밀어붙이는 4대강 사업은 재고되어야 한다. 독일이나 일본이 강에 보를 싼 것이 문제되어 이를 원상으로 돌려야 한다는 논의가 제기되고 있는 이유도 면밀하게 검토하고, 울산의 태화강을 살린 교훈을 되새기는 것이 현명한 처사가 아닐까. 그리고 청계천 복원에 성공했다고 도취하지 말고 그 유지비용과 문제점이 없는가도 살피는 것이 마땅하다.

〈2011. 5.〉

9 선각자를 그리며

윤형중 마태오 신부의 가르침
- 윤신부의 일부 논설을 중심으로-

•

장준하 선생, 그 죽음의 진실은?

윤형중 마태오 신부의 가르침

- 윤신부의 일부 논설을 중심으로-

I. 머리말

윤형중 마태오 신부는 1903년 4월 29일 한말에 순교자 윤자호 바오로(1868년 순교)의 증손으로 윤병관과 고마리아의 2남으로 태어나셨다. 일제식민통치하에서 안법학교를 거쳐 1930년 용산 예수성심신학교를 졸업하고 사제로 서품되셔 처음 약현 본당 보좌신부로 사목하셨다. 1933년 1월 서울교구 출판부로 전임되신 후 주로 가톨릭청년, 경향잡지를 창간하고 그 편집장을 맡기도 하셨으며 해방 후에는 경향신문에도 관여하셔 출판 언론에서 선도적인 역할을 하셨다[1]. 그리고 1939년 일제하에서 조선천주교순교자현양회의 결성을 추진하는 등 순교정신을 기리고 신자들의 신앙의 터전을 굳건하게 하기 위하여 헌신적인 노력을 기울이신 한국가톨릭교회의 선각자라 할 수 있다.

윤형중 신부는 조선일보에 1933년 8월 26일부터 9월 5일자까지 '가톨리시즘은 현대문화에 잇서서 엇던 위치에 섯는가?' 등의 제목

1) 유홍렬 교수는 1963년 윤형중 신부님의 화갑을 맞이하여 '出版布教先驅者'라고 윤신부님을 기리고 있다. 가톨릭시보 1963년 5월 19일 375호.

으로 동년 8월 11-18일자까지 좌익문인 임화가 가톨릭 문화에 대한 비판적 글을 연재한 '현대문화에 대한 가톨리시즘의 성질'에 대하여 반론을 편 것[2]을 시작으로 가톨릭 교회와 교리에 어긋나는 논의에 대해서 호교론적인 입장에서 강력한 대응을 하셨다.

윤 신부는 일제치하에서부터 교회언론과 사회의 매체를 통해서 진리의 복음을 전파하고, 우리나라 천주교회의 기틀을 굳게 다지신 어른이시다. 그리고 1943년부터 1949년까지 명동에서 사순절 특강을 열어 방황하는 젊은이들을 바른 길로 인도하기도 했다[3]. 6·25 전쟁으로 인한 피폐된 상황에서 서울 수복 후에는 명동성당에서 지성인을 대상으로 하는 공개교리강좌를 거듭 개최하여 많은 때에는 천여명의 예비자신자들이 모여들었고, 수많은 지성인들이 천주교로 개종하기도 했다. 육당 최남선[4], 횡보 염상섭 선생이 그 대표적인 인물이다.

윤 신부의 교리강의는 명쾌하고 정곡을 찌르는 논리와 촌보도 양보없는 확신에 찬, 또박또박 따지듯이 펼쳐나가는 인생론과 교리해설에 듣는 이들로서 의심의 여지가 없을 정도로 가려운 데(궁금증과 의문)를 긁어 주는 것이었다[5]고 평가되었다.

윤 신부는 1952년에 사순절 강연내용을 엮어서 '종교의 근본문제'라는 책을 출간하고, 1953년에 '사말의 노래', 1954년에 '한 시간의 파적', 1957년부터 '상해 천주교 요리'(상, 중, 하) 3권과 1959년에 '진리의 증언'을 출간하였다. 그리고 윤형중 신부 유고집 '진실의 빛 속

---

2) 최기영, 가톨리시즘은 현대문화에 있어서 어떤 위치에 섰는가?(1), 교회와 역사 제297호, 2000, 12쪽 참조.
3) 정진석 추기경은 광복직후였던 중학교 2학년 때 변증법적 유물론을 배우고 신앙적 방황을 한 적이 있으나, 당시 명동 성당에서 하느님과 영혼의 존재 증명을 설파하는 윤형중 신부의 사순절 특강을 듣고 감동을 받았다고 한다. 동아닷컴 2006.2.23(목)
4) 六堂 崔 베드루 南善, 나는 왜 가톨릭에로 개종하였는가, 가톨릭시보 1955년 12월 25일자 5쪽 참조.
5) 이석현, 신념의 사람 윤형중 마태오 신부, 경향잡지 1991년 9월, 96쪽.

을'이 1989년에 출간되어 윤 신부의 생애와 사상, 유덕(遺德)을 엿볼 수 있다.

대원군의 천주교 박해가 끝나고 신앙의 자유를 얻었으나 100여년에 걸친 가혹한 박해로 한국교회는 자생력을 상실하고, 일제의 압력과 주로 프랑스 외방선교회의 성직자를 비롯한 외국인 사제의 지도를 받고 있는 조선천주교회는 그 기틀을 제대로 잡기 힘들었을 것이다. 이러한 시기에 태어나신 윤형중 신부는 1930년에 사제로 서품되시고, 한국천주교회의 초석을 굳건하게 닦아주시도록 하느님의 섭리로 이끌어 주신 어른이라고 감히 말씀드리고 싶다.

저는 6·25 전쟁 당시 해군사병으로 4년 동안 복무하다가 제대 후 1956년 대학에 입학하여 윤 신부의 저서 등을 읽고 신심을 키워나갔고, 사상계를 중심으로 한 윤 신부의 힘있는 논설에 감명을 받기도 했다. 그리고 1960년대 주교관에서 신부님을 몇 차례 뵈면서 저는 근엄하면서도 젊은이를 따뜻하게 맞이하여 주시는 자상하시고도 인자하신 할아버지 신부님으로 기억한다.

저는 신학을 공부한 사람도 아니고, 어려서 '사람이 무엇을 위하여 세상에 났느뇨?'라는 요리문답을 그 뜻도 잘 모르면서 외우고 자란 신자로서 윤 신부의 신학사상을 논할 자격은 없다. 다만 저는 이 기회에 윤 신부님의 훌륭한 인품을 다시 만날 수 있다는 생각으로 이 발표에 응하기는 했으나 역시 주제넘은 일이었다는 생각을 지울 수 없다. '종교의 근본문제'와 '진리의 증언' 등에 나타난 몇 가지 논설을 중심으로 윤형중 신부의 가르침을 살펴보기로 한다.

II. 윤형중 신부의 논설과 호교가

1. 신학과 호교론

신학은 하느님이 자신의 뜻을 인간에게 계시하였다는 사실에서 출발하여 하느님을 주제로 한 인간의 말 혹은 하느님에 관한 사변적 인식을 논하는 학문이다[6]. 천주교는 하느님이신 예수 그리스도께서 직접 세우신 교회이고, 교회가 가르치는 교리를 연구하는 것은 신학에 속한다고 할 수 있을 것이다.

윤 신부는 1956년에 출간한 '상해 천주교요리' 상권의 머리말에서 "신학교에서 4년은 전공하여야 되는 신학을 압축하고 또 압축하여 놓은 것이 문답식 '천주교 요리'이다. 신학에는 믿어야 할 교리를 취급하는 교리신학도 있고, 실천방면을 다루는 윤리신학도 있다. 몇해 전부터 가톨릭을 연구하려는 인사들에게 하느님의 존재, 영혼의 불멸성, 예수 그리스도의 신성(神性)을 논증하고, 곧 '천주교 요리문답'을 설명하여 나갔다"고 하시고[7], 그 요리문답을 상세하게 해설한 책을 세권으로 펴낸 것은 신학자의 모습이라 할 수 있다.

그러나 윤신부는 우리나라 교우들이나 예비자에게 '요리문답'과 친숙하게 하여 천주교를 제대로 이해하고 가르칠 수 있는 길잡이를 제공하고자 하는데 그 뜻을 두고 이 책을 펴낸 것으로 생각한다. 그것은 당시 '교부들의 신앙'과 같은 번역교리서가 있긴 했으나, "우리나라에서 참고할 만한 책이 없는 교리는 더 자세하게 설명하려고 하였다."[8]고 밝힌 것은 이를 말해 주고 있다고 보기 때문이다.

교회사에서 보면, 가톨릭교회가 창립되고 교부들의 활발한 선교활동으로 2세기 중반 무렵에는 교회공동체는 상당히 성장하게 되었으나 이질적인 문화권에서 권력자나 지식층은 그리스도교를 반박하고 지속적으로 박해하였다. 이러한 반교회적·반유일신론적 상황에 맞서 교회를 옹호하고 변론할 필요가 있었다. 그리하여 2세기 말에 교회 안팎에서 그리스도교를 공격하는 무리들에 대항하여 저술활동을 펼친 그리스도교 저술가를 호교가 또는 호교론자라고 한다[9]. 그

6) 한국가톨릭대사전, 5485쪽 이하 신학 참조.
7) 윤형중 지음, 상해 천주교요리(상)-믿을 교리 편-, 가톨릭출판사 2005, 4쪽.
8) 위의 책, 5쪽 참조.
9) 한국가톨릭대사전 9679쪽 호교가 참조.

렇다면 윤 신부는 박해시대를 거쳐 뿌리를 내리고 있는 가톨릭교회에 대한 왜곡된 인식을 바로 잡기 위한 호교가로서의 면모를 그의 저술활동을 통해서 찾을 수 있을 것이다.

2. 종교의 근본문제

윤 신부는 대동아전쟁 중인 1943년부터 6·25 전쟁이 일어나기 전인 1949년까지 매년 봄 사순절에 주일마다 사순절 강연을 맡으셨고, 1947년의 강연내용을 엮어낸 책이 '종교의 근본문제'이다[10]. 윤 신부는 이 책에서 종교의 근본문제는 하느님의 존재와 영혼의 존재임을 전제로 종교의 정의, 하느님 존재에 대한 규명, 영혼의 불멸성에 대하여 깊이 있게 다루고, 과학과 종교가 충돌하는가의 문제를 다루어 과학이 결코 종교를 뛰어넘을 수 없음을 밝혀 신앙인들에게 하느님을 믿고 영혼을 구하기 위하여 최선을 다해야 한다는 확신을 심어 주고 있다.

종교가 무엇이냐는 보는 관점에 따라 다르게 풀이할 수 있으나, 윤 신부는 '종교는 우주의 창조주 하느님을 공경하고 그의 법도와 계명을 지킴으로써 영원한 천국행복을 추구하는 것'이라고 정의하고, 그 첫째 목적은 하느님을 공경하는 것이고, 둘째 목적은 영혼을 구하는 것이라고 한다.

하느님의 존재에 대한 증명으로 세계적인 사실, 우주질서에 따른 인과율 등을 들고 수많은 학자들의 말을 인용하고 있다. 그리고 하느님을 누가 보았나라는 대목에서 종교박해 때에 관장이 순교자 김루치아에게 "너희가 하느님을 공경한다 하지만, 대체 하느님을 누

10) 이 책은 1952년에 간행되었는데, 그 머리말에서 "6·25 때에 황황히 겨우 몸만 빠져나왔다가 9·28 이후 서울에 돌아와 보니 그 동안 공산군이 주교관 구내를 점령하고 있었고, 따라서 모든 것이 아수라장이 되었음에도 불구하고, 모자라기 그지없는 이 책의 초고이지만 한 구석에 고스란히 보존되어 있은 것은 천주 성모마리아의 특은임을 확신하여 감사드린다."라고 적고 있다.

가 보았단 말이냐?" 할 때에 김 루치아의 "시골 백성이 어찌 나라님을 제 눈으로 보고서야 믿사오리까? 나라 일이 제대로 되어 감을 보면 나라님 계신 것을 어찌 알 수 없으리까?"라는 반문을 인용하고 있는데[11], 이는 어떠한 설명보다도 감명을 주고 있다고 느껴진다.

사람은 육체와 영혼이 결합된 신비스런 존재이다. 이 책에서는 영혼의 존재와 불멸성에 대하여도 심지어 외과의사나 생물학자의 실험의 내용까지 소개하고 물리학자이며 의학자인 마이어가 "내가 영혼불멸을 확신하는 것은 계시에 의한 것이 아니라 과학적 사실에 의한 것이다."라는 고백 등 수많은 학자들의 논의를 들고 있다. 그리고 불교의 윤회설에 대해서 비판하고, 상선벌악의 필연성은 바로 영혼의 불멸과 직결되는 문제라고 한다.

끝으로 제6장 과학과 종교의 문제에 대하여는 많은 지면을 할애하고 있다. 과학과 종교가 서로 충돌하는 것처럼 설명하는 주장을 들고 이는 과학자들의 하나의 가설에서 기인하는 것이고, 과학의 진리가 성서와 충돌할 이유가 없음을 가르치고 있다[12].

우리나라에서 서양의 중세 암흑시기는 가톨릭 교회에 그 책임이 있다고 역사를 왜곡하고 있다. 윤 신부는 중세기 가톨릭이 학문의 진보를 억압하였기 때문에 암흑시대를 이루었다고 가르치는 것은 잘못된 것임을 지적하고, 역사가 할람(Hallam)이 "만일 중세 가톨릭 수도자들의 지적 노동과 고서(古書)의 복사와 보존이 아니었다면 그리스와 로마의 예전 역사에 관한 우리들의 지식은 마치 이집트의 피라미드에 관한 그것에 못지 않을만큼 막연하였을 것이다."[13]라는 결론을 인용하고 잘못된 역사인식에 대하여도 지적하고 있다.

그리고 윤 신부는 가톨릭 신자와 천문학, 가톨릭 신자와 수학, 물리학, 화학 등 각 분야에서 수도자, 신부, 주교 등이 어떠한 공을 세웠는가를 소개하고 있는데, 이 많은 자료들을 어떻게 섭렵하셨을

11) 이 책 29쪽.
12) 이 책 217쪽.
13) 이 책, 225쪽.

까 놀랍기도 하다. 어떻든 사순절 강의에서 하느님의 계심과 영혼의 불사불멸에 관한 종교의 근본문제를 확신에 찬 어조로 말씀하시고 많은 사람들에게 올바른 믿음과 가톨릭신앙의 씨를 심어 주신 윤형중 신부의 은덕을 잊을 수 없을 것이다.

3. 민족문화와 가톨릭[14)]

1949년 안호상 문교부장관이 전국장학관 회의석상에서 '민주적 민족교육의 이념'이라는 주제로 "국민교육은 민족주의를 토대로 할 것이오, 국제주의, 보편주의, 세계주의를 배척함에 있다. 세계주의의 실례로 쏘련과 로마 가톨릭을 지적하고, 가톨릭이 민족의식, 국가의식을 말소시키려 하였다고 한다."(교육주보 36호)는 내용의 강연을 했다. 이에 대하여 윤 신부는 경향신문 1959년 4월 7-9일까지 3회에 걸쳐 '민족문화와 가톨릭-안 문교장관에 기함-'이라는 논설을 발표하여 안장관의 편견에 대하여 꼬집고, 타당한 민족주의는 인간의 본성에 박혀 있는 것으로서 하느님의 섭리에서 오는 것이고, 오지리 등 가톨릭국가에서 민족의식을 말살하고 있는지 묻고 있다.

또한 "민족의식을 없애버리기 위하여서는 각 민족의 말을 없애버려야 한다고 이를 위하여 모든 로마의 교회는 라틴어를 사용하게 했다."는 안장관의 말에 어떤 교황, 어떤 주교, 어떤 종교회의가 어떤 나라의 말을 없애자고 주장하였는지 지적할 것을 요구하고, 18세기 말에 들어온 한국가톨릭은 그때 한글을 채용하기 시작하여 일제말기에 조선 글을 압박하던 때에도 가톨릭교회에서 발행한 모든 종교서적과 기관지는 우리 말을 사용하였음을 일깨우고 있다.

안장관은 또 "중세기에 있어서 로마가 세계를 지배함으로써 학문은 교회학문에 한하고 말았으니 문화가 발달하지 못하고 철학에 있어서도 암흑을 연출하게 되었다. 르넷상스 이후 각국은 민족성을 자각함으로써 문화가 급속도로 발전하게 되었다."고 말한 것에 대

14) 윤형중 신부 논설집, 진리의 증언, 갑진문화사 1959, 143쪽 이하.

하여도 날카로운 질문을 던지고 가톨릭교회 내에서 생긴 대학과 문화 예술의 발전상 등을 소개하면서 안장관의 잘못된 견해에 대하여 하나하나 논거를 들어 반박하고 있다.

해방 이후 우리나라에서 서양 중세의 역사에 대한 왜곡과 가톨릭에 대한 몰이해로 잘못된 주장을 하고 있는 당시 문교부장관에 대하여 가톨릭적 견지에서 논박하여 그 시정을 촉구한 것은 우리에게 좋은 본보기를 보여 주신 것이다.

4. 대구 기독교부흥협회와 관련된 주장

1953년 봄부터 윤 신부는 대구 기독교부흥협회에서 나온 '그리스도를 찾은 신부'라는 삐라가 든 수십통의 편지를 받고, '나의 의견. 나의 주장-대구 기독교부흥협회에 기함-'[15]이란 글을 〈사상계 1954.3〉에 발표했다. 이 삐라에는 조세프 짜켈로라는 신부가 어찌하여 가톨릭을 버리고 프로테스탄트로 전향하였는지를 고백하는 그의 성명이 게재되어 있었다.

윤 신부는 세상에는 가톨릭을 이탈하는 신부들이 있다. 유다스의 배신, 루터의 파문 등 예를 들어 가톨릭을 이탈하는 소수의 신부들이 있다고 해서 '가톨릭이 이렇다'는 아무런 반증이 될 수 없음을 지적하고 짜켈로가 실제의 인물이라고 할 수 있느냐는 의문을 제기하고 있다. 그것은 그 삐라에 나타난 '짜켈로는 이태리출신으로 22세에 신부가 되었고, 2개월 후 시카고에 있는 새로 된 교회의 부주교로 파송받아 미국에 왔다.'라는 말은 상식에도 벗어난 짓이라고 지적하고 있다.

윤 신부는 '신앙만능의 허설(虛說)', '교황제의 유래', '교황의 직책', '성경과 성전'에 대하여 가톨릭의 정통교리와 관련하여 설명하고 짜켈로의 말이 요령부득에서 오는 망언이라고 꼬집고 있다. 그리고 그들의 말에 의하면 천주교는 '우상숭배교, 마리아숭배교, 구약만

15) 위의 책, 41쪽 이하.

지키는 교, 교황숭배교, 자유를 압제하는 교, 무식한 사람이나 믿는 교, 면죄부를 돈받고 팔아먹는 교, 부패한 교, 성경 읽음을 금하는 교' 등등 열거할 수 없고, 이런 편견이 사실이라면 천주교는 벌써 사멸하였을 것이나, 우리 교회의 근 2천년의 역사는 그리스도께서 친히 세우신 교회가 가톨릭교회일 수밖에 없음을 명백하게 보여주고 있다는 결론을 내리고 있다.

이 밖에도 윤 신부는 대구기독교부흥회에 부치는 글로서 성상공경과 우상숭배[16]〈경향신문 1958.3.25-27〉, 성경과 연옥[17]〈경향신문 1958.8.20-22〉이라는 논설을 발표하고 있다. 그리고 윤 신부는 수십년간 목사로 있다가 부산 피난생활 중 '교부들의 신앙'을 읽고 가톨릭에 귀정(歸正)한 서창제 선생에게 가톨릭 교리 중 어떤 것을 가장 만족하게 생각하느냐고 물었더니, "성모공경, 고해성사, 미사성제 다 좋지요. 그런데 가장 큰 위안을 준 것은 연옥교리입니다."라고 대답하였다[18]고 적고 있다.

5. 함석헌 선생과의 논박

무교회주의자인 함석헌 선생이 '한국기독교는 무엇을 하고 있는가?(사상계 1956. 1.)'라는 글을 통해 가톨릭을 포함하여 기독교 전반을 신랄하게 비판했다. 윤 신부는 이에 대해 '한국기독교의 실제와 항변–함석헌씨의 기독교는 무엇을 하고 있는가를 읽고–[19](사상계 1956. 2.)'라는 긴 글로서 하나하나 논박하였다. 이에 함석헌은 '할 말이 있다'(사상계 1956. 3.), 윤 신부는 '함석헌 선생에게 할 말이 있다'[20](사상계 1957. 5)로 응대하였으며, 함석헌은 '윤형중 신부에게는 할 말이 없다'(동 1957. 6.), 윤 신부는 '함석헌씨의 답변에 답변한

16) 위의 책, 68쪽 이하.
17) 위의 책, 78쪽 이하
18) 위의 책, 86쪽.
19) 위의 책, 153쪽.
20) 위의 책, 175쪽.

다'[21](동 1957. 7)는 논쟁이 이어져 장안의 화제를 일으켰음은 너무나 유명하다.

함 선생은 기독교는 천주교나 개신교 여러 교파를 구별할 것 없이 다 한데 넣은 교회를 두고 하는 말이라고 하고, 무엇을 하고 있냐는 말은 해방 후 십년 동안 교회가 걸어온 길을 역사적·사회적 입장에서 보고 하는 말임을 전제로 하면서 당시 사회의 부패상과 연관하여 교회에 대한 부정적인 시각을 드러내고 있다. 즉, 그는 기독교가 내붙이는 교리와 실지가 다르고, 겉과 속이 같지 않은 듯하고, 저마다 다른 예언을 하고, 교파싸움, 기복적인 성령운동, 교회당의 건립 등을 들어 교회에 대한 부정적인 측면을 부각시키고 있다.

이에 대하여 윤 신부는 교회는 초자연적인 사명을 띠고 있으나, 인간의 집단이므로 도덕적으로 부패하고 비행도 있게 된다는 점에서 자기반성과 냉혹한 비판이 있어야 함을 인정하면서 함 선생이 일부의 현상을 일반화하여 비판하는 것은 비판의 윤리에 어긋난다고 지적하고 있다. 그리고 교회는 그리스도의 몸(신비체)으로서 그 사명은 인간의 구령에 있는 것인데, 함 선생은 교회의 본질적 사명과 직접 관계가 없는 영역에서 교회가 제구실을 못하고 있다고 비판하고 있다고 지적한다.

함 선생은 기독교의 교파싸움의 추한 모습을 들고 있는데, 윤 신부는 루터의 종교분열 이후에 나타난 성서자유해석주의가 낳은 필연적 결과라고 한다. 그리고 함 선생이 천주교는 제국주의 국가와 비교하여 '다른 교파는 다 열교(裂敎)라는 것을 밤낮 선전해서만 유지돼 가는 통일이다'라고 하고 있으나 윤 신부는 그것은 피상적인 견해이고, 이 대립은 도리어 진리에 대한 태도에서 오는 것으로서 가톨릭은 진리에 있어서 대성을 주장하며 타협할 수 없다고 강조한다.

함 선생은 당시 나라는 궁핍하고 양심적으로는 돈벌 수 없는 상황에서 교회의 건립이 늘어나고 있는 현상을 꼬집고, "전당을 굉장

21) 위의 책, 187쪽.

하게 짓는 것은 종교가 먹을 것을 다 먹고 죽는 누에 모양으로 제 감옥을 쌓음이요, 제 묘혈을 팜이다. 내부에 생명이 있어 솟는 때에 종교는 성전의 필요를 느끼지 않는다.” 하고, 성당 없는 종교, 종교 아닌 종교는 지금 이 나라에 있나, 없나? 하고 무교회주의를 내세우고 있다.

이에 대하여 윤 신부는 교회는 본질적으로 성성과 인간성을 아울러 지닌 그리스도의 신비체로서 그리스도의 진리를 보존하여 온 것이 교회임을 강조하고, “구원의 모상 교회! 그 속에 상처받은 인간의 구원이 있기에 우리는 교회를 사랑한다. 교회에 대한 사랑이 없는 곳에 어찌 진정한 비판이 있을 것인가?”라고 맺고 있다.

함석헌 선생은 뜻하지 않았을 윤 신부의 비판에 대하여 사상계 3월호에 ‘할 말이 있다’라는 제하에서 “감옥보다 더 높은 돌담을 쌓아 놓고 고운 말로 꾀여 온 가엾은 심령들을 가두어 밤낮 쪽쪽 울리며 겉옷 속옷을 홀닥 다 빼어 나가지도 못하게 만들어 놓고 밖으로는 언광 좋게 영혼 구원한다는 종교성당”, “나는 모가지를 열네번 잘리면 잘렸지 신부 목사는 절대 아니된다. 되면… 껌껌한 방구석에 불을 켜 놓고 거기 절을 해야겠으니 그런 얼빠진 짓이 어디 있으며” 등 참으로 말로 표현하기 어려운 험구를 늘어놓고 있다.

이러한 독설은 가톨릭을 향한 것으로 볼 수 있고, 이에 대하여 윤 신부는 사상계 5월호 ‘함석헌 선생에게 할 말이 있다’라는 제하에서 당시 여당에서 교회에 대한 음해사실과 관련된 Y 신부, K 신부의 사건을 해명하고, 가톨릭의 굳건한 모습을 알리고 있다. 그리고 가톨릭을 향하여 욕설을 퍼붓고 있다 하더라도 ‘종교를 믿으려면 천주교 하나밖에 없다’는 평이 있고, “서양 근세의 문화는 결코 단순한 물질과 이욕 위에 성립된 것이 아니라 실로 그 기반에는 위대한 정신적 지대가 있음을 알아야 할지니…. 그 중에도 이천년 가까운 가톨릭의 정대강고(正大強固)한 지지력이 불가사의한 위신력(威神力)을 가함에 말미암았다”고 설파한 육당 최남선 선생의 개종기[22]를 인용하고 있다.

이후에도 사상계 6월호, 7월호에 함 선생과 윤 신부의 논박이 이어졌는데, 함 선생이 가톨릭에 대한 곡해에서 일부 사실을 침소봉대하고 잘못된 주장이 있음을 엿볼 수 있고, 윤 신부는 그리스도께서 세우신 가톨릭교회의 정통신앙을 바탕으로 잘못된 주장에 대하여 반론을 제기하고, 바른 신앙에로 회개할 것을 촉구하고 있다.

6. 사회악에의 항거

윤형중 신부는 1956년 자유당시대에 사상계잡지에 '우리는 사회악에 항쟁한다'(1956. 10)는 논설을 발표했다[23]. 윤 신부는 이 글에서 "양심, 선악, 윤리, 정의 등 이런 말을 하면 케케 묵은 도학자의 중얼거림처럼 하찮게 생각하는 분위기가 우리 민족의 크나큰 고질이다. 윤리와 양심을 거스르는 것은 역천(逆天)이고, 역천자는 망한다는 점은 과거 모든 민족의 역사가 이를 증명하고 있다"는 점을 밝히고 있다.

당자에게만 해를 끼치는 개인악보다도 사회에 해독을 끼치는 사회악은 더욱 중한 것이다. 사회악이 깊이 만연되면 그 사회는 멸망하고 만다는 점을 강조한다. 그리고 우리 사회에 만연하고 있는 사회악의 심각성을 개탄하면서 이 나라에 사회악을 조장하는 것은 정치악이고, 정의와 양심을 거슬려 나가는 정치를 정치악이라고 윤 신부는 정의한다.

윤 신부는 자유당 정권에서 저질러진 선거부정을 들고, 고위층인물들은 자유분위기가 보장되어 있고 아무 부정사건도 없다는 거짓말을 공공연하게 하고 있음을 지적하고, 공정선거를 감독하기 위하여 지방에 내려간 검사와의 대화에서 "왜 부정사실을 입건하지 않느냐?는 물음에 검사는 "상부의 지시가 있어야지요."라고 답하고 상

---

22) 최남선, 위 개종기 참조.
23) 윤형중, 앞의 책, 295쪽.

부는 검찰총장, 법무부장관임을 들고 "감투벗기 싫어서 그러는 것이겠지요."라고 대답했다고 한다. 그리고 휴전 전에 젊은 헌병을 만나 양심적으로 직무에 충실하도록 격려했는데, 그는 "… 그런 사정을 잘 모르십니다. 그렇게 양심적으로만 곧게 나가면 빨갱이로 몰릴 위험이 농후합니다."라고 말했다는 것을 알리고 있다. 이 얼마나 한심한 현상인가. 오늘날 우리의 상황은 이보다 나은 것인가?

윤 신부는 우리나라에 사회악이 제거되기 위하여 불가결의 조건으로 요구되는 것이 정치악의 제거이고, 이를 위하여는 부정을 고발하는 양심적 의사(義士)들이 속출해야 하며 선거 때마다 정의와 양심을 존중히 아는 사람을 선출하기로 국민이 총력을 집중해야 할 것임을 주문하고 있다. 오늘날 선거부정이 그래도 거의 자취를 감추고 있는 것은 그러한 노력의 열매라 할 수 있을 것이다.

"개인악, 사회악, 정치악 등 모든 죄악에 가장 힘있게 항쟁할 수 있는 것은 진정한 종교의 깊은 신앙이다. 물론 종교인 중에도 악을 행하는 사람이 없을 수 없지만 그것은 그의 신앙이 얕은 연고이다. 신앙이 깊이 박히면 저 가톨릭의 순교자들처럼 싯퍼런 칼날을 목에 받을지언정 정의와 양심을 버리지 않고 오히려 제 생명을 티끌처럼 내 버릴 것이다."라고 하여 윤 신부는 굳은 신앙이 사회악을 제거하는 데 힘이 있음을 강조하고 있다.

그리고 윤 신부는 장면 박사에 대한 회고에서 "죄악과 투쟁함에 있어서 장면 박사 이상으로 강력한 인물은 우리나라 정계에는 없다고 나는 단언하는 바다."[24]라고 적고 있다. 참된 신앙은 부정과 타협할 수는 없다. 오늘날 우리 신앙인들, 특히 지도적 지위에서 봉사하고 있는 가톨릭 신앙인은 윤 신부의 가르침을 명심하고 양심의 명령을 따르고 있는지 깊이 반성하면서 사회악을 제거하고 정치질서를 바로 잡는데 이바지해야 할 것이다.

또한 윤 신부는 이승만 독재에 시달리던 시기인 1957년에 '권력에

24) 윤형중 신부 유고집, 진실의 빛 속을, 가톨릭출판사, 1989, 235쪽.

대결하는 정의'(사상계 1957. 2)라는 논설을 발표했다[25]. 이 글에서 윤 신부는 바오로 사도의 말씀에 따라 '권력은 하느님께로부터 오는 것'(로마 13,1)이나 그 권력의 주체는 백성의 승인으로 결정된다는 입장을 밝히고, 권력을 부정하고 부당하게 남용하는 경우에 정의는 권력에 대결하게 된다고 강조하고 있다.

윤 신부는 이 글에서 나치스 당원들이 미모의 여성으로 하여금 신부관에서 신부를 불러 얼굴을 바짝 들이대고 종부성사를 요청하게 하고 이를 사진으로 찍어 악선전을 한 일, 일제시대 미국인 신부가 무전으로 군사정보를 빼냈다는 이른바 신의주 국제스파이사건을 조작하여 발표한 사례 등을 들고, 이 경우에도 교회는 침묵을 지켰으나 민심은 침묵하는 교회를 믿었음을 알리고 있다. 그리고 결론으로 정당한 권력에는 순종할 의무가 있으나, 권력을 남용하는 경우에는 정의편이 먼저 곤란을 받게 되고 결국에는 승리하게 된다는 점을 일깨우고 있다. 이러한 글은 권력의 남용에 대하여 경고하고, 국민에게 정의는 반드시 이긴다는 의식을 심어주기 위한 것이라 할 수 있다.

III. 맺는 말

8·15 해방 전후 혼란기에 가톨릭교회의 버팀목이셨던 윤형중 신부는 창립자이신 그리스도의 복음을 이 땅에 올바로 뿌리내리게 하기 위하여 모든 희생과 정성을 바치신 어른이시다. 저는 이 글을 준비하면서 1960년대 우리 교회가 매우 어려웠던 시기에 윤 신부님이 계시지 아니했으면 어찌 되었을까를 생각해 보기도 했다. 성령께서 이끄시는 교회는 인간의 약점 위에서 커다란 상처를 입으면서도 바르게 나아가고 있음을 다시 한 번 느끼기도 한다.

25) 윤형중, 진리의 증언, 314쪽 이하

윤 신부는 가톨릭 출판업무 등 맡으신 직무 외에 사순절 강연, 교리강좌를 꾸준히 열어 수많은 사람들에게 올바른 신앙을 심어 주고, 복음을 전하여 가톨릭교회로 이끌어 오늘의 한국교회의 초석을 닦아주셨다. 그리고 그렇게 바쁘신 가운데 안호상 문교부장관이나 함석헌 선생과 같이 역사를 왜곡하고 잘못된 논거로 교회를 비방 내지는 음해하는 논설에 대하여 정곡을 찔러 대응하신 윤 신부는 당시 한국을 대표하는 호교가였다고 할 수 있다.

윤 신부께서 일제하에서는 물론 해방 후에 어지러웠던 사회 현실 속에서 꿋꿋하게 교회를 지키고 바른 신앙으로 우리를 이끌어 주신 것에 거듭 감사드린다. 오늘 제가 살펴 본 것은 윤 신부께서 발표하신 글의 일부이고 그것도 제대로 소화하지 못하여 오히려 누를 끼친 것에 여러분의 이해가 있으시기를 빈다.

끝으로 우리는 아직도 사회악을 제거하지 못하고 혼미를 거듭하는 우리 사회에서 윤 신부님이 보여 주시고 가르치신 정신에 따라 올바른 신앙으로 양심을 지키고, 순교정신을 이어받아 세상의 소금과 빛(마태 5:13-14)으로서 역할을 하는 신앙인이 되기를 다짐해야 할 것이다.

〈윤형준 신부 30주기추모행사, 2009. 6. 15.〉

장준하 선생, 그 죽음의 진실은?

I. 머리말

"감추인 것은 드러나게 마련이고, 비밀은 알려지게 마련이다."(마태 10:26)라는 믿음을 갖고 저는 2000. 10. 17. 대통령소속 의문사진상규명위원회(이하 '위원회'라 함)가 출범하면서 위원장으로 취임하였습니다. 위원회는 박정희 정권의 3선개헌 발의 이후 권위주의적 통치에 항거하여 민주화운동을 하다가 의문의 죽음을 당한 의문사에 대한 진상을 규명하는 것을 그 목적으로 하였습니다.

위원회는 국정원, 검찰, 경찰, 기무사, 헌병대에서 파견한 조사관과 이른바 유가협 등에서 추천한 민간조사관이 한 조를 이뤄 장준하 선생의 약사봉 등산길에서의 추락사건을 비롯하여 85건의 의문사에 대한 진상규명에 착수하여 상당한 성과를 거두기도 했습니다. 그러나 거짓과 위선으로 점철된 우리 사회분위기에서 많은 증거가 인멸되고 당사자들이 양심고백을 하지 않는 상황에서 진실을 가리는 일이 한계가 있어 2기에 걸친 조사활동에도 소기의 성과를 다 거두지 못한 것은 참으로 유감입니다.

특히 저는 유족들의 퇴진요구와 위원회의 일부 위원들이 농성중인 유족에게 상근위원의 교체를 약속함으로써 그에 대한 책임을 지고 2002. 3. 20.에 퇴임했습니다. 이는 저 자신의 부덕의 소치이지만 어렵게 구성된 위원회의 활동이 이른바 일부 유족들에 의하여 지장을 초래했다는 사실은 하나의 부끄러움이 아닐 수 없습니다.

위원장의 임기도 채우지 못하고 중도하차한 사람으로서 장준하 선생님의 의문사에 대하여 증언하는 저의 심정은 착잡하기도 합니다. 저는 김용환을 직접 조사한 것이 아니고, 다만 위원장으로서 중요한 사건현장을 살펴보는 과정에서 약사봉 길을 김용환과 함께 하였음을 먼저 밝힙니다. 2001. 3. 23.에 위원회의 조사관들과 함께 약사봉 계곡을 미리 답사하고, 2001. 5. 31. 장선생의 실족사를 목격했다고 나선 이른바 유일한 목격자인 김용환과 함께 1975. 8. 17. 약사봉의 등산로를 따라 그 행적을 추적했습니다. 그리하여 저는 약사봉 길에서 김용환과 나눈 대화와 그날에 겪은 사실을 그대로 밝혀 사건의 진실에 접근할 수 있도록 하고자 합니다.

II. 장준하 선생의 죽음은 실족사일 수 없다

1. 의문사진상규명의 역사적 의미

2000. 1. 15. 법률 제6,170호로 제정 공포된 "의문사진상규명에 관한 특별법"은 박정희 정권에서 비롯된 권위주의 통치하에서 억울하게 죽고 그 사인이 밝혀지지 아니한 희생자들의 유족들이 422일이라는 농성 등 피나는 희생으로 이룩된 법률입니다. 이 법률은 우리나라에서 처음으로 권위주의적 정권에 의하여 저질러진 의문사의 진실을 밝혀 제한적이지만 역사적 청산을 할 수 있는 단초를 마련한 법이라 할 수 있습니다. 정부와 유족들이 서로의 한을 풀고 조사결과에 승복하고 역사적 진실을 밝히는 데 협조하였으면 국민의 화합과 민주발전에 크게 이바지할 수 있는 계기가 되었을 것으로 생각합니다.

그러나 관련당사자들이 진실을 외면하고 책임을 회피하려는 자세와 조사결과 사고사나 자살한 것으로 인정되는 경우 그 조사기조에 문제를 제기하고 집단적으로 항거하는 풍토에서는 진실을 가리는 것은 참으로 어려운 일입니다. 앞으로 과거사의 정리에 있어서도 객관적이고도 공정한 조사를 통해서 감성적이 아닌 이성적인 판단으로 그 잘잘못을 가려 우리와 우리 후손에게 역사적 교훈을 남겨주고, 이런 불행한 일이 되풀이하지 않도록 토대를 마련하는 것이 우리 민족의 긍지를 살리는 길이 될 것입니다.

2. 약사봉 계곡은 말없이

위원회에 그 진상규명을 요구한 죽음은 국민의 인권을 가장 소중히 여겨야 할 민주공화국에서 헌정질서를 무시하고 폭력정치를 일삼은 권위주의 체제하에서 생긴 비극적인 현상입니다. 장준하 선생은 일제의 강점하에서 상해임시정부의 광복군으로 활약하고, 해방조국의 남북분단으로 인한 민족의 아픔을 몸소 체험하면서 이승만이나 박정희 독재정권에 저항한 대표적인 지성인으로서 우리나라가 올바른 민주국가로서 성장하기를 염원한 참된 지도자였습니다. 특히 장준하는 사고 당시 박정희의 유신체제와 긴급조치에 저항하여 투옥 등으로 핍박을 받으면서도 그 뜻을 굽히지 않은 실천적 지도자라는 점에서 그의 죽음은 많은 의혹을 자아낸 사건이기도 합니다.

사고현장을 찾아본 분들은 하나같이 장선생의 죽음이 등산길에서의 실족사라는 사실은 믿을 수 없다고 보고 있으나, 당시 그 사건을 다룬 검찰은 장준하와 등반길을 같이 했다는 김용환의 증언에 따라 실족사로 결론을 내리고 사건을 종결했습니다. 김용환은 한결같이 장선생이 실족사임을 되뇌이고, 2004년 월간 조선 金成東 기자와의 인터뷰(2004. 8월호, 159쪽)에서도 다음과 같이 실족사가 진실이라고 주장하고 있습니다.

"아무리 누가 뭐래도 진실은 하나다. 張俊河 선생님은 약사봉 등반 중에 실족하셔서 추락하셨고, 그래서 돌아가셨다. 그걸 내가 현장에서 봤다. 무얼 더 얘기하라는 것인가."

이러한 상황에서 유일한 목격자라는 김용환의 주장이 과연 옳은가를 살펴보는 것이 하나의 과제라 할 것입니다. 이 사건의 의혹에 대하여는 전대열 "장준하 선생 죽음의 진상"(장준하의 생애와 사상 민족혼. 민주혼. 자유혼, 부록 4, 1995, 618쪽 이하)에서 자세히 기술되어 있어 이를 부연할 필요는 없습니다. 다만 저는 위원장으로서 위원회가 조사할 의문의 죽음에 대한 기록을 모두 검토하였고, 장준하 사건에 대하여는 1993년 "민주당 장준하 선생 사인규명조사위원회"가 작성한 조사활동보고서와 김용환의 증언녹취록 등 자료를 읽고 사건 현장을 살펴보는 것이 필요하다고 느꼈습니다.

저는 2001. 3. 23.에 조남관 검사(제1과장), 조사관 7명과 함께 당시 호림산악회 회장 김용덕씨의 안내를 받아 사고현장을 찾았습니다. 우리는 포천에서 점심을 들고, 경기도 포천군 이동면 약사봉 계곡을 따라 올라가다가 먼저 장 선생이 추락했다는 바위를 확인했습니다. 그 바위는 계곡에서 7, 8분 걸어 올라가면 찾을 수 있고, 장 선생이 누어계셨던 곳에는 1975. 9. 17. 사고가 난지 한달이 되는 날에 "고장준하선생추모동지일동"의 이름으로

"오호, 장준하 선생! 여기 말없는 골짝은 빼앗긴 민주주의의 쟁취……. 비록 말 못하는 돌뿌리 풀나무여, 먼 훗날 반드시 돌베게의 뜻을 옳게 증언하라."

는 글귀를 담아 세운 비가 있습니다.

바위 밑 비 앞에서 우리는 다같이 묵념을 바치고, 일부는 그 현장에서 산 위로 가는 길을 찾아 올라가기로 하고, 일부는 등산로를 따

라 정상에 올라 사고 지점으로 내려오기로 하였습니다. 등산로로 갈 팀은 다시 계곡으로 내려와 그 길을 따라 그 당시 산악회원들이 점심을 준비했다는 장소를 확인하고 김용환이 장선생을 찾아 함께 올랐다는 등산로를 따라 정상에 이르렀습니다. 그 등산로는 험하지 아니하고 조용한 길이었고, 정상에서 내려가는 길에서 김용환이 장선생이 준비해 오신 쌘드위치를 함께 들었다는 바위는 보이지 않았습니다.

산 위에서 사고지점을 향하여 내려가는 길, 김용환의 녹취록에서 "선생님은 펄쩍펄쩍 뛰어넘으면서 저보고 오라는 거여요."라고 밝힌 길은 없다고 느꼈고, 밑으로 뻗친 산등성이는 모두가 험준하여 쉽게 접근할 수 없었습니다. 그러나 우리는 사고지점을 향하여 내려갈 수 있는 길을 택하여 조심스럽게 내려가기로 하고, 저도 그 대열에 끼었습니다.

장선생이 사람이 맨몸으로 가기 힘든 길을 잡아 내려가셨다는 것은 있을 수 없다는 판단을 하면서도 김용환과 함께 현장을 검증하기 위하여는 75m 높이의 바위와 장선생이 실족하셨다는 16m 높이의 바위를 향하여 내려가 보고자 길을 잡았으나 너무 험난하여 저는 중도에서 포기했습니다. 밑으로 내려가던 조사관들도 사고지점까지 가지 못하고 결국 밑에서 그 바위를 거쳐 어렵게 올라온 조사관들과 함께 일행 모두가 산 위로 올라왔습니다. 그들은 모두가 사고지점에 장비 없이는 도저히 접근할 수 없다고 말하여 그 산세를 짐작할 수 있고, 따라서 김용환의 증언은 믿을 수 없다고 약사봉은 말없이 속삭이고 있었습니다.

3. 김용환과 함께 한 약사봉길

위원회는 유일한 목격자로 알려진 김용환에게 2001년 4월 초부터 약사봉 사고현장에 함께 가기를 요구했습니다. 그러나 김용환은 차일피일 미루고 5월에 들어서도 발목을 다쳤다는 등 이유를 들어 산에 가기가 힘들다는 구실을 대기도 하였으나, 결국 5월 31일에 약사봉의 현장검증을 하게 되었습니다.

5. 31.의 약사봉길에는 위원회의 직원 10여명과 전문산악인 3인을 초청하여 등반의 도움을 받기로 했습니다. 저는 약사봉 계곡에 흐르는 물길을 따라 김용환과 함께 했습니다. 김용환은 1975. 8. 17. 호림산악회의 약사봉 등반길에서 몇년만에 뵙는 장선생님을 모시고 함께 걸어가다가 일행과 함께 온 어린이가 계곡물에 빠져 그 수습을 하는 사이에 장선생님은 앞서 가셨다는 것입니다.

저는 김용환에게 어린이가 물에 빠진 지점이 어딘가 하고 확인을 구했습니다. 그 어린이가 빠졌다는 곳은 바로 장선생의 시신이 발견된 산 쪽으로 들어가는 초입 근방이었습니다. 당시 저는 육감적으로 아이가 빠져서 소란한 틈을 타서 누군가 장선생을 숲 속으로 유인한 것이 아닌가 하는 느낌이 들었습니다. 장선생이 김용환과 함께 걸어가셨다면 아이가 물에 빠진 것을 목격하셨을 것이고, 아이가 빠졌는데도 그것을 몰라라 하고 혼자 가실 분도 아니라고 생각했기 때문입니다.

아이가 물에 빠졌다는 곳과 등산회원들이 점심을 준비하던 곳은 상당한 거리가 있고, 그리 깊지도 않은 물에서 아이를 건져내어 수습을 하였다 하더라도 그 사이에 장선생이 김용환의 시야에서 벗어났다는 것도 믿을 수 없는 일입니다. 그래서 저는 김용환에게 장선생이 비호도 아니신데 그렇게 빨리 가실 수 있느냐고 반문하고, 등산로를 밟아 올라갔습니다. 등산로의 초입을 조금 지나 김용환은 장선생이 군인들과 얘기를 나누었다는 지점을 가리켰고, 정상을 거쳐 내리막길에서 저는 김용환에게 장선생과 함께 점심식사를 한 자리를 대라고 일렀습니다. 그러나 그는 그가 증언한 바위를 찾지 못하고 동리가 보이는 아래쪽까지 내려갔다 올라왔다 수차례 반복하며 허둥댔습니다.

사고 지점이 보이는 곳에서 김용환과 저는 자리를 잡아 앉았습니다.

"식사를 나눈 바위를 찾을 수 없죠."

"찾아야 하는데요."

"예, 그렇지요. 그러나 김선생, 오늘 하루 종일 왔다 갔다 해도 찾을 수 없을 것입니다. 그러니 우리 함께 장선생이 실족하셨다는 바위를 향해서 내려갑시다."

"아니 여기를 어떻게 내려갑니까? 위원장님, 아래에 가서 찾으면 안되겠습니까?"

"김선생이 '등성이도 넘고, 계곡이 험하지만 장선생님이 펄쩍펄쩍 뛰어넘으면서 따라오라고 하신 곳'이 아닙니까. 오늘은 제가 장선생 역할을 할 테니 그 길을 안내하시오."
라고 말하고, 대기하고 있던 산악인에게 김용환을 자일로 묶으라고 지시했습니다.

김용환은 저를 쳐다보며 노인에게 이럴 수 있느냐는 항의의 눈빛을 띠어, "김선생이 나보다 한 살 아래요. 오늘 나도 함께 묶일 것입니다."라고 말하고 우리 둘은 산악인의 자일에 묶여 함께 사고지점을 향하여 내려가기로 했습니다.

참으로 험한 길이고, 장선생이 김용환과 넘었다는 등성이를 찾을 수도 없었습니다. 1993년 민주당 조사위원회에서 김용환이 장선생이 추락했다고 지목한 75m 바위를 산악인에게 끌려 올라가 이 곳에 사람이 그대로 올라올 수 있느냐고 물었습니다. 김용환은 "절대로 없다."라고 말했습니다.

다시 한번 김용환에게 그 바위에 그대로 접근할 수 없음을 다짐하고, 장선생이 실족사한 장소로 확인된 바위를 향하여 내려갔습니다. 그곳도 산악인의 도움 없이는 도저히 접근할 수 없는 가파른 길이었습니다. 가까스로 바위에 올라 저는 김용환에게 저 밑이 장선생이 떨어진 곳은 맞느냐고 물었습니다. 김용환은 그것도 내려가 보아야 알겠다는 것이었습니다. 그것은 산 위에서 내려오면서 쉽게 접근할 수 없는 바위이고, 그 바위에서 김용환과 저는 미끄러지기도 한 위험한 바위이니 '여기서 자기는 먼저 내려가고, 장선생이 뒤따라오시다가 실족하셨다'는 말을 하기도 힘들었을 것입니다.

산악인들의 도움을 받아 16m 높이의 바위에서 어렵사리 내려왔습니다. 김용환은 그 장소가 장선생이 실족한 곳이 아니라는 것입니다. 검찰에서 실족사한 장소로 지목했고, 장선생이 붙들었다는 소나무가 중턱에 있으며, "… 장준하 선생이 원통히 숨진 곳, …"라는 비가 세워진 곳인데도 그 장소가 사고지점이 아니라는 것입니다. 저는 김용환에게 그러면 사고지점을 찾아보라고 했습니다.

김용환은 발목을 다쳐 산에 올 수 없다고 하던 사람인데, 여기저기 헤매면서 허둥대는 모습은 참으로 안쓰러웠습니다. 그 후에도 그는 사고지점을 찾겠다고 나섰지만 자신의 말을 합리화할 수 있는 곳을 발견하지 못했습니다. 사고현장에서 위로 바라보면 산등성이도 쉽게 넘을 수 있을 것으로 짐작되나, 막상 위에서 내려와 보니 자신이 설명한 상황은 하나도 맞지 않는다는 것을 알게 된 그로서 그 바위에서 자신이 먼저 내려오고 뒤이어 오시던 장선생이 실족했다는 주장이 설득력이 없다는 사실을 그는 누구보다도 잘 알고 있었을 것으로 생각합니다.

해가 저물어 검증작업을 마치고 돌아오면서 작은 식당에 들려 저녁을 먹는 자리에서 저는 김용환에게 "이제 진실을 털어놓아 주시기 바란다."는 말을 건넸습니다. 김용환은 그래도 "실족사가 진실이고, 자신은 거짓말을 하지 않는다."라고 대꾸하여, "1975. 8. 17.에는 아마 천지신명께서 장선생을 모셔가기 위하여 산등성이를 낮게 하여 껑충껑충 뛸 수 있도록 조화를 부리신 모양이군요."하고 말했습니다.

4. 김용환 주장의 허구

김용환은 스스로 장선생의 등산길에 동행하여 약사봉에서 실족하여 돌아가신 장면을 목격했다는 유일한 증인으로 자처하고, 줄곧

"장준하 선생님은 실족사한 것이 진실이다."라는 말을 되풀이하고 있습니다. 당시 이 사건을 수사한 검찰과 일부 언론을 제외하고는 김용환의 증언을 믿지 않고 있습니다. 이미 1993년 민주당 사인규명조사위원회의 조사활동, 전대열씨의 문제제기 등에서 사고현장의 상황이나 장선생의 시신의 모습에서 추락사를 인정할 수 없음을 밝히고 있습니다.

저는 2001. 5. 31. 김용환과 함께 약사봉 계곡을 거쳐 산 위에서 사고현장으로 함께 내려오면서 '김용환은 그 전에 이 산에 오른 일이 없다.'는 심증을 가졌습니다. 장선생과 함께 점심을 들었다는 장소를 찾지 못하고 허둥대는 모습이나, 자일을 타고 내려와 사고현장이 아니라고 부인하는 모습은 바로 이를 뒷받침하는 것으로 판단할 수 있습니다. 그리고 김용환이 위원회의 사고현장검증에서 저와 나눈 대화에서 엿볼 수 있는 것처럼 자신이 전에 증언한 사실에 대하여 부합하는 증거를 제시하지 못하고, 다른 장소를 찾겠다고 나선 것은 그의 증언이 거짓이라고 단정할 수밖에 없습니다.

장준하 선생이 등반길에서 내려오다가 바위에서 미끄러져 떨어지셨다는 것이 성립하기 위하여는 적어도 그 길에 접근할 수 있어야 합니다. 사람이 다니기에는 너무나도 험난한 산 길에서 등성이를 펄쩍펄쩍 뛰어 넘으면서 따라오라고 하셨다든가 자신이 먼저 내려오고 뒤따라오시던 선생님이 떨어졌다는 설명은 성립할 수 없습니다. 등산로가 없는데 등산길에서 실족하였다는 말은 허구임이 명백합니다.

1975년 8월 장선생님의 장례를 치른 후에 찾아온 김용환이 장선생의 죽음에 대하여 목격자라고 증언한 것은 산에 오르지도 않고 누군가 일러준 각본에 따라 거짓증언을 한 것으로 저는 추정합니다. 그리고 김용환은 장선생이 75m 또는 16m 높이의 낭떠러지에서 추락하셨다면 어떻게 그 사체가 깨끗할 수 있느냐고 물으면 "10층 아파트에서 떨어진 사람이 멀쩡하게 사는 경우는 어떻게 설명합니까. 과학적으로는 10층 아파트에서 떨어지면 죽어야 하잖아요."라고 대답하고 있습니다.

물론 기적은 있을 수 있습니다. 그러나 장선생의 사체를 사고현장에서 검시한 심구복 박사는 '사망원인이 오른쪽 귀 뒤쪽에 예리한 흉기에 찔린 듯한 후두부 함몰에 기인한 것이다.'라고 진단한 것으로 알려지고, 또 장 선생님 댁에서 은밀하게 사체를 검안한 조철구 박사와 다른 두 분 의사는 "두개골 함몰 골절 이외에 등 뒤 오른쪽에 상부에서 하부로 향한 빗살 모양의 찰과상을 확인하고 우측 둔부(엉덩이)상 외면에 주사바늘 자국이 확인되었다."고 말한 것으로 민주당 조사보고서에 기록되어 있습니다.

위원회의 조사기간 중에는 장선생의 사체를 검안한 의사분들이 모두 고인이 되셔서 그 분들의 증언은 들을 수는 없었으나, 김준엽 선생님을 찾아뵙고 그 당시의 상황에 대한 말씀을 들으면서 그 사실을 어떻게 공식화할 수 있을까를 생각해 보기도 했습니다. 이러한 사실은 누군가 장선생을 예리한 물체로 머리 뒤에서 가격하고 주사를 놓아 죽인 다음 끌어다가 바위 밑에 누이고 바위에서 떨어진 것으로 위장한 사건이라 할 수 있을 것이고, 김용환은 앞뒤가 맞지 않는 말로 그 진실을 외면하고 있는 것으로 볼 수 있습니다.

III. 맺는 말

1975년 장준하 선생이 비운에 가신 때는 유신체제와 긴급조치로 국민을 억압하면서 자신의 권력을 유지하고자 안간 힘을 쏟은 박정희가 국내외적으로 많은 위기의식을 느끼고 있던 시기입니다. 이러한 시기에 장선생은 유신정권에 정면으로 도전하고 100만인 서명운동을 벌이는 등 실천적이고 가장 영향력이 있는 재야지도자였다는 점에서 박 정권에게는 눈의 가시였을 것입니다.

민주국가는 법이 지배하는 나라이고, 정치권력은 공동선을 실현하여 모든 국민이 평화롭고 사람답게 살도록 이끄는 것이 기본적인 소임입니다. 그러나 박정희 정권은 구테타로 정권을 잡고, 남북분단 상황을 교묘하게 이용하면서 법을 폭력의 수단으로 악용한 대표적인 정권이라 할 수 있습니다. 수많은 공안사건을 만들어냈을 뿐 아니라 이른바 인혁당재건위원회 사건은 조작된 것이라는 주장이 강하게 제기되었음에도 1975. 4. 8. 대법원의 상고기각으로 형이 확정되자 다음날 새벽에 그 사건 관련자 8명에 대한 사형을 집행하는 만행을 저질렀습니다. 이는 재판살인의 표본이고, 당시 검찰이나 법원은 사법정의를 외면하고 폭력정권의 하수인으로 전락했음을 의미합니다.

이러한 시대적 아픔에서 민족의 긍지를 살리고자 유신독재에 맞서 저항하신 장선생은 박정희 정권이 감당하기 힘든 분이고, 이를 제거하기 위한 음모가 있었을 것으로 보는 것은 박 정권이 저지른 여러 가지 만행과 관련하여 쉽게 추론할 수 있을 것입니다. 저는 1985. 8. 17. 장준하 선생의 죽음은 바로 박 정권에 의해서 저질러진 살인행위를 약사봉 등반길에서 실족하여 사망한 이른바 사고사로 가장한 것이라고 봅니다. 당시 검찰이 장선생의 사체를 부검도 하지 아니한 채 추락사로 처리하여 빨리 사건을 종결한 것은 하나의 직무유기라 할 수 있고, 그에 대한 의문을 제기한 기자를 구속한 것도 떳떳치 못한 그들의 행태를 드러낸 것입니다.

2002. 10. 15. 의문사진상규명위원회 활동보고서 56쪽은 장준하 사건(진정 제14호)에 관하여 진상규명불능으로 결정하고 다음과 같이 밝히고 있습니다.

"중앙정보부는 1975. 2. 21. 장준하가 자택에서 개헌운동 촉구하는 등의 반유신 활동을 계속하자 일거수일투족을 미행하고 도청하는 등 지속적으로 감시하였다.

사체를 제일 먼저 목격한 김ㅇㅇ은 여러 차례 실지조사에서 장준하가 군인과 커피를 나눠 마신 장소, 장준하와 샌드위치를 나눠 먹었다는 장소, 산행경로, 추락지점에 이르는 경로, 추락 당시 상황이나 사체의 발견 장소에 관한 진술을 번복하였다.
사체는 귀 뒤쪽 두개골 함몰골절상 외 다른 골절상이 확인되지 않았으며, 시신의 모습이 깨끗하였다라는 목격자들의 진술로 보아 75m 높이에서 추락하였다는 것은 믿기 어렵다."

저는 위원회 위원장으로서 각 사건에 대한 조사보고서 등을 검토하면서 사건처리방향에 대하여 늘 고심하여 왔습니다. 장준하 사건에 대하여는 당시 제1상임위원이었던 김형태 변호사에게 김용환을 직접 심문하여 그 거짓을 벗겨보도록 하고 사건을 종결하는 것이 어떨까 하는 의견을 내기도 하였습니다. 그리고 사고현장의 정황과 목격자라는 김용환의 거듭되는 진술번복 및 사고 당시에 사체를 검안한 의사들의 기록과 국정원이 제시한 장준하에 대하여 사고 당일 앞뒤로 2, 3일의 기록이 인멸된 것 등을 정황증거로 내세워

"장준하는 약사봉 등반길에서의 실족사가 아니라 당시 정권에 의하여 저질러진 계획적인 살인으로 보는 것이 합당하다."

라고 결론을 내리고, 의문사특별법 제25조 제1항과 제2항에 의하여 김용환 등 관련자 몇 분을 검찰총장에게 고발하여 수사를 요청하는 방안을 모색하려고 했습니다. 그러나 저는 중도에서 퇴임하여 그 소임을 다하지 못하여 송구한 마음 가눌 길 없습니다.

우리나라는 일제에 빌붙어 자신의 영달을 누리던 자들이 해방 후에도 그대로 자리를 차지하고 썩은 정권에 붙어 감투를 쓰고 나라를 어지럽히는데 기여했거나 방관한 자들이 계속해서 행세를 하는 서글픈 현상을 지니고 있습니다. 그리하여 수단과 방법을 가리지 않고 자신의 욕심을 채우려는 자들이 거짓을 일삼고 진실을 외면하

고 있습니다.

이제 이 땅에 장준하 선생이 평생을 바쳐 염원하시던 인간의 존엄과 가치가 존중되는 참된 민주국가로 발전하여 평화통일을 이룩하기 위하여서도 정직한 사회풍토가 조성되어야 합니다. 공직자는 국민에 대한 봉사자로서 진실을 추구하고, 어떠한 희생을 치르더라도 억지가 통할 수 없는 사회, 법과 원칙이 지켜지는 사회로 이끌어야 합니다. 우리 모두가 지난날의 잘못을 참회하고 서로 용서하고 화해함으로써 민족의 긍지를 살릴 수 있는 날이 하루 속히 찾아오기를 기원합니다.

광복 60년, 장준하 선생이 비운에 가신지 30년, 아직도 끔찍한 죄를 범한 자들이 양심고백을 하지 않고 책임을 회피하려고 숨기고 있습니다. "감추인 것은 드러나게 마련이고, 비밀은 알려지게 마련이다."(마태 10:26)라는 성구를 다시 한번 상기하면서 관련당사자들이 좀더 솔직하게 양심고백을 하고 죄의 굴레에서 벗어나기를 고대합니다. 장준하 선생님의 올곧은 삶이 우리의 등불이 되기를 바라면서 장준하 선생님의 영원한 안식을 빕니다.

〈나남신서 · 1127 동북아 질서의 재편과 한민족의 선택, 부록, 2005.12.〉

10 아들 사제와의 이별

나는 죄인입니다 – 아들 종인 치릴로 사제를 보내고

•

삶 안에 떠오르는 상념들…

•

누구에게나 삶은 가볍지 않다

나는 죄인입니다

아들 종인 치릴로 사제를 보내고

2012. 10. 23.(화) 10:50경 분다 수녀로부터 '종인 신부가 오륜대 수녀원에 가서 미사를 드리기로 약속하고 갈 수 없다는 전화를 했다고 전하면서 아무래도 종인이가 아픈 것 같다는 것이다. 전화를 해도 받지 않으니 오빠가 확인해 보라'는 전화를 받았다.

의정부교구청 사제관 은총의 집에 전화를 걸었다. 치릴로 신부가 있느냐고 물었다. 부산에 간다고 하다가 몸이 아파 의정부 성모병원으로 갔다는 대답이다. 옥수동 성당에서 열리는 기쁨과 희망 사목연구소의 세미나에 참가하고 좀 일찍 나와 의정부로 가기로 마음을 정했다.

한 만옥 신부님으로부터 전화가 왔다. 종인이 변원에 입원했으니 급히 와달라는 것이다. 점심을 간단히 먹고 떠나겠다고 생각하는데 성모병원 원목실의 이정우 신부님으로부터 또 전화가 걸려와 치릴로 신부가 수술에 들어갔다는 전갈이다. 밥 한술을 국에 말아 먹고 집을 나서려고 할 때에 아내 소피아가 들어왔다. 옥수동 성당으로 가느냐고 묻는다. 종인이 의정부 성모병원에 입원했다고 전갈이 와서 옥수동 행사에는 가지 못한다는 말을 남기고 전철역으로 달렸다.

큰딸에게 전화를 걸었다. 시간이 있느냐? 신부가 입원했다는 의

정부 성모병원으로 오라고 말하고, 나도 전철로 가니 거기서 만나자고 전했다. 노량진에서 양주가는 전철에 몸을 싣고 묵주기도를 바치며 성모님께 의탁했다. 누시아와 베드로에게 종인이 입원하여 의정부로 가고 있는 중이라고 알렸다. 창동을 지날 때에 요윗다가 방금 의정부역에 도착했단다. 오후 2시가 좀 지나 역에서 딸을 만나 마을버스를 타고 성모병원으로 향했다.

성모병원에 도착하여 이정우 신부를 만났다. 수술 중이니 수술실 앞에서 기다리면 그 앞으로 나와 중환자실로 옮기게 된다고 한다. 요윗다에게 그 앞에서 기다리라고 말하고, 수술상황을 알리는 1층 전광판 앞으로 갔다. 종인의 수술종료를 확인하고 3층으로 올라가 치릴로가 나오기를 기다리는데 동생 수녀가 전화를 걸어 지금 오고 있는 중이냐고 물었다. 수술실 앞에서 종인이를 기다리고 있다고 말했다.

중환자실로 옮겼으니 그리로 오란다. 우리는 중환자실을 찾아갔다. 분다와 다른 두분의 수녀가 환자를 바라보고, 간호사의 손길이 분주하다. 산소 마스크를 쓰고 힘겹게 호흡을 하는 아들의 모습이 나를 짓누른다. 혈압의 수치가 너무 낮다고 걱정을 하고 있다. 주사액이 여러 개 걸려 있고, 종인은 의식이 없는 것같다. 종인아 아버지와 누나가 왔다고 말하니 눈을 뜨고 바라볼 뿐 한 마디 말도 못한다. 마취가 풀리면 되겠지 생각했다.

한참 동안 종인을 바라보면서 주님께 호소했다. 혈압의 수치가 좀 오른다. 조금씩 나아지는 것이 아닌가 생각되기도 했다. 담당의사가 잠시 나오라는 분부다. 컴퓨터 앞에서 종인의 상태에 대한 설명을 해 주었다. 오늘 수술은 고환쪽의 고름을 제거하는 것이었는데, 그보다 더 심각한 것은 패혈전이 심하고 암세포가 몸전체에 퍼졌고 말기현상이라는 것이다.

그 몸을 가지고 사제로서 제 소임을 하기 위하여 움직였다는 사실, 그리고 절대로 아버지에게 알리면 안된다고 말했다는 것이 내 마음을 헤집는다. 그 고통을 혼자 감당하면서 견딘 아들의 모습이 나를 짓누른다. 의사는 환자의 상태를 설명하면서 당장 호흡이 곤란하니 인공호흡기를 달고, 목을 뚫는 절관수술을 하는 것이 좋겠다는 것이다. 거기에 아버지의 동의가 필요하다는 것이다.

나는 연명치료를 위한 그런 수술은 반대한다고 말했다. 의사는 '환자가 아직 젊지 않아요.' 나는 누구보다도 그 신부를 살리고 싶다. 그러나 선생이 보여준 환자의 몸상태는 치유가능성은 보이지 않고 하느님께 맡기는 방법밖에 없지 않느냐? 환자가 사제이기 때문에 원목신부님과 상의해서 답을 주겠다고 하고 원목실로 갔다.

신부님을 뵙고, 그 사정을 말씀드리고, 조언을 구했다. 신부님은 당신 자신이라면 저도 반대합니다. 아버님의 뜻이 그러하다면 그렇게 하시지요 하셨다. 환자실로 갔다. 혈압이 오르내리고 내가 처음 들어올 때보다는 호전된 것으로 보인다. 60, 70 이하이던 혈압이 80을 넘고 있어 오늘 밤은 넘길 수 있으려니 생각했다. 원목 신부님이 종부성사를 주시려고 병실로 오셨다. 함께 기도하고 이마와 양손에 성유를 바르고 성사를 마쳤다.

원목 수녀님이 우리가 살필 테니 아버님은 집으로 가라고 권한다. 이렇게 서서 계시면 아버님이 병나신다고 걱정이다. 요윗다에게 종인을 살피라고 이르고 분다 수녀와 함께 병원을 떠나기로 하고, 치릴로 신부에게 "신부, 하느님께 맡기고 성모님께 의탁하면서 힘내자"라는 말을 남기고 병실에서 나왔다. 그 때 누시아한테 전화가 왔다. 병원으로 오고 있단다. 분다 수녀에게 혼자 가라고 이르고 나는 아이들이 오면 같이 돌아가겠다고 했다.

어느덧 7시가 넘어가고 요윗다에게 먼저 식당에 가서 저녁을 들고오라고 일렀다. 누시아가 병실로 들어섰다. 동생의 모습을 보고 어떻게 이런 모습으로 있느냐고 운다. 딸들이 함께 울고 있는데 내 가슴은 더 절이다. 소리내어 울지 말라고 타이르고 눈물을 삼켰다. 혈압을 살피니 처음 내가 병실에 들어올 때보다는 높은 것 같고 맥

박수가 150이 된다는 간호사의 말에 오늘 내일까지는 견딜 수 있겠다고 생각했다.

종서가 왔다. 어떻게 이렇게 될 때까지 몰랐을까 하고 망연자실하고 있다. 동창 신부님 한 분이 들어와 동창신부들이 살필 테니 아버지는 가시란다. 추교윤 신부님이 왔다. 간단한 인사를 나누고 우리는 돌아오기로 했다. 누시아는 신부를 혼자 남겨 두고 어떻게 떠나냐고 또 운다. 추 신부가 여기 병실이고 다른 환자들이 있다고 타이른다.

누시아 차로 종서와 함께 병원을 떠났다. 차는 막히고 우리 셋은 별로 말도 하지 못하고 기도하면서 왔다. 내 핸드 폰이 울린다. 요윗다는 신부님들이 많이 오셔서 환자를 중환자실에서 1인실로 옮기기로 했다고 전한다. 더 나빠지지는 않았구나 안도하고 눈물을 삼켰다. 신반포역 앞에서 내렸다. 나는 전철을 타고 동작역에서 급행으로 갈아타고 종서는 버스로 남현동으로 가기로 했다.

가양역에 가까이 다달았을 때 또 전화소리가 울린다. 큰 딸의 울먹이는 소리가 들린다. 종인이가 …, 바로 추 신부가 주교님이 오셔서 임종을 지켜 보셨단다. 밤 열시가 가까웠다. 누시아에게 전화로 알렸다. 누시아와 같이 병원으로 다시 돌아가기로 하고 집으로 돌아왔다. 소피아는 누워 있었다. 신부가 이미 운명했다고 의정부로 다시 간다고 했다. 소피아가 차를 타고 함께 가자고 한다.

누시아에게 우리는 우리 차로 간다고 알리고 종서와 함께 오라고 일렀다. 급히 검정 옷과 넥타이만 챙기고 그대로 지하실로 내려가 차에 올랐다. 의정부 성모병원을 네비에 치고 소피아가 운전하고 떠났다. 네비의 지시대로 순환도로를 거쳐 동부간선도로를 따라 의정부를 향해 달렸다. 그 밤 중에도 차는 막힌다.

24일 새벽 1시가 좀 지나 병원에 도착했다. 신부님들이 벌써 시체를 수습하여 제의를 입히고 손에 묵주를 들고 누어 있는 치릴로를 맞이했다. 억장이 무너진다. 아버지가 도착하는 것을 기다렸단다.

주교좌 성당으로 운구를 한다고 준비하고 있었다. 누시아가 도착했다. 누시아의 애틋한 울음 소리가 들린다. 여기 병실이니 소리내지 말라고 하고 신부님들이 치릴로를 병실 밖으로 나가 의정부 2동 주교관 성당으로 옮겨갔다. 우리 차는 추 신부가 운전하고, 누시아 차는 다른 신부님이 운전하여 성당으로 향했다. 종서에게는 의정부 2동 성당으로 직접 오도록 일렀다.

성당에 들어가니 신부님들이 모여 치릴로 신부를 유리관에 안치할 준비를 하고 있었다. 아들의 모습을 바라보며 참으로 평화로운 모습에 위안이 되었다. 그 고통 속에서 어렵게 숨을 쉬는 아들에게 마지막 말을 남기고 떠난지 세 시간 만에 다시 만나 비록 죽음의 시체로 마주하고 있지만, 그렇게도 평온하고 미소띤 얼굴로 아버지에게 속삭이고 있구나, 나자로를 살리신 예수님, 이 아이도 살려 벌떡 일어나게 해 주셨으면 하는 간절한 기도를 드리고 하느님께 감사드리면서 치릴로의 안식을 기원했다.

투명한 유리관에 안치하고 동창 신부님들이 미사를 봉헌했다. 성체를 모시고 연도를 마치니 벌써 새벽 2시 반이다. 누시아와 종서 내외는 집으로 돌아가기로 하고 나는 소피아, 요윗다와 함께 사제관 옆의 손님 방에서 쉬기로 했다. 나는 침대를 차지하고 아내와 딸은 거실에서 자기로 했다.

혼자 침대에 누어 잠을 청하지만 눈물이 가린다. 종인은 우리 집 막내이고, 그 애의 어미가 두 달 이상 서울대 병원에서 입원하고 수술을 받고 헤어나지 못하고 마지막 임종할 때에 막내 아들을 부등켜 안고 눈물을 흘리면서 '종인아 아빠와 누나와 형이 있으니 힘내라'고 하던 생각이 떠 오른다. 그애 어미가 있으면 같이 부등켜 안고 울 수 있을텐데라는 생각이 들면서 하염없이 눈물이 흐르다 잠이 들었다.

어두움이 가시기 전에 성당으로 갔다. 젊은 두 신부님이 빈소를 지키고 있었다. 성체를 향하여 조배를 하고 제대 앞 관에 누워 있는 종인의 얼굴을 들여다 보았다. 미소짓는 평온한 얼굴로 나를 맞이했다. 곧 일어나 나를 안을 것같은 느낌이다. 신부 종인아 아빠가 왔어. 왜 말이 없어. 이럴 수도 있는 거야. 갖가지 상념으로 눈물이 또 흐른다. 신자들이 들어오고 있다. 조용히 자리에 앉아 잠시 기도하고 쉬는 방으로 들어갔다.

아침 여섯시가 좀 지나 성당으로 다시 갔다. 미사가 이미 시작되었다. 미사에 참여하고 성체를 모셨다. 누군가 영정사진을 가지고 들어와 정리하고 있다. 이제 빈소는 완전히 차려진 것같다. 신자들이 연도를 바치고 있는데, 아침 밥이 준비되었다고 알려 왔다. 식사를 마치고 밖으로 나와 나는 오늘(10. 24.) 정평위에서 주최하는 '젊은이들을 위한 정의와 평화교육' 세미나에서 토론을 맡았으니 명동성당으로 가겠다는 뜻을 밝혔다.

분다 수녀가 몇몇 수녀님들과 함께 돌아왔다. 맹재영 신부님은 나에게 명동에 가서는 안된다고 말씀하신다. 9시가 좀 지나 정평위의 김 셀마 수녀에게 전화를 걸었다. 세미나에 참석할 수 없고, 이미 보낸 토론 원고에서 강조하고 싶었던 말을 사회자인 박정우 신부님이 말씀을 해 주시면 좋겠다는 뜻을 전하고 그대로 머물기로 했다.

아홉시 반에 이기헌 주교님과 사제들이 미사를 봉헌했다. 성체를 주교님으로부터 받아 모셨다. 하루에 두 번까지 성체를 모실 수 있다고 해서 다시 모신 것이다. 계속 미사와 연도가 이어지고 나를 알고 있는 수녀, 신부님들이 찾아와 위로의 말을 전해 준다. '감사합니다.' 인사를 하고 말을 이으려고 하면 눈물이 앞선다. 울지 않겠다고 마음 속으로 다짐을 거듭 해도 소용이 없다. 종서가 돌아왔고, 원녕, 유정 손자손녀가 애미와 함께 나타났다.

나는 분다 수녀를 불러 종서 내외와 원녕에게 치릴로 신부를 보내면서 고백성사를 보고 성체를 모시도록 이르라고 당부했다. 한동안 성당에 나가지 않아 나와 치릴로 신부가 마음아파 했기 때문이다. 아이들이 고모 수녀의 말에 따른다고 해서 주교좌 성당의 주임신부님께 청하여 아이들 셋이 모두 고백성사를 보았다. 내 마음이 가벼워지고 하느님께 감사드렸다. 치릴로 신부의 죽음이 그 형과 형수, 조카가 하느님을 찾아 신심을 기를 수 있는 계기가 되기를 기원한다.

손님은 계속 찾아든다. 시골에서 나의 형제와 친족들이 찾아오고 사당동 성당신자, 등촌3동 성당에서 수녀님과 연령회원들을 비롯해서 성직자, 수도자와 신자들이 끊임없이 찾아와 연도와 미사가 이어졌다. 오후 2시가 넘어 함세웅 신부님, 안충석 신부님이 그 멀리까지 찾아주셨고, 이 덕우 변호사도 빈소를 찾았다. 주장건 회장 내외분, 주경은 교장이 찾아와 놀랐다.

저녁에는 종인 신부의 은사이신 백운철 신부님이 오셔 신학생 때의 말씀을 잠시 나누었고, 박 기호 신부님이 오셔 여러 사제분들이 미사를 봉헌하고 연도가 이어졌다. 박정우 신부님이 정평위 세미나를 마치고 찾아주셨고, 박종국 교수, 박춘노 목사, 허덕회 박사, 이은환 부장이 함께 나타나, 어떻게 알고 왔느냐고 물었다. 함 신부님이 알려 주셨다는 것이다. 또 진영록 사장 내외가 찾아와 부의금을 나에게 전해주었다.

박정우 신부님이 미사를 봉헌하신다고 해서 성당으로 들어갔다. 10여명의 신부님들이 또 공동으로 미사를 봉헌했고, 여전히 연도가 이어졌다. 11시 가까이 나는 쉬려고 방으로 들어갔다. 침대에 누어 잠을 청했다. 갖가지 상념이 들지만 성모님과 하느님께 누운채로 기도들이면서 잠들었다.

10. 25.(목) 오늘이 장례날이다. 새벽 다섯시 전에 성당을 찾았다. 서 신부님과 자매 한분이 기도하고 있었다. 영정 앞에서 절을 하고, 관 속의 종인을 보고 인사했다. 아빠가 참으로 죄인이다. 아들이 이렇게 될 때까지 살피지 못했다는 자책감을 억누를 수 없다. 치릴로 신부는 여전히 평화로운 모습으로 누워 있다. 관 위로 머리를 맞대

면서 우리 신부에게 속삭였다. '신부, 미안해. 하느님 나라에서 엄마를 만나 기쁘게 살아. 나는 너를 가슴에 안고 살께. 나자로를 살리신 예수님이 우리 종인을 일으켜 주시면 얼마나 좋을까. 하느님, 사제 치릴로에게 자비를 베푸소서'.

아침부터 연도가 이어졌다. 한 사제의 죽음을 두고 우리 신앙공동체의 구성원들이 바치는 기도 소리가 참으로 아름답다고 느껴졌다. 하느님의 손길이 우리와 함께 하신다는 믿음이 깊어진다. 잠 자리 때문에 뿔뿔이 흩어진 가족들이 모여 들고 문산의 형수가 왔다. 어제 밤에 도착하여 마지막 미사에 참여하고 여관에 들어간 것이 새벽 3시경이란다. 노인양반이 여기까지 무엇하려 오셨느냐고 말했다.

아침 7시에 모두 식사를 하고 9시 입관예절을 위하여 성당으로 들어갔다. 성직자와 수도자, 신자들이 연도를 바치면서 시간을 기다린다. 9시가 되어 입관예절이 시작되었다. 유리관에서 신부의 시체를 끌어내어 무덤에 들 관에 옮기는 예식이다. 제의를 입은채로 그대로 염을 하고 관 속에 안치한다. 나와 아이들은 그 모습을 바라보며 하염없이 눈시울을 적셨다. 거의 마무리가 되고 얼굴을 가리기 전에 마지막 하직을 했다. 나는 얼굴을 쓰다듬고 종인의 입술에 입을 맞대었다. 요윗다, 누시아, 종서도 얼굴을 만지면서 볼에 키스를 하고 몇몇 사람들이 얼굴을 만지면서 작별을 아쉬워했다.

9시 45분에 주교님이 오셔 마지막 입관예절을 하면서 유족과 동창신부님들이 시체에 성수를 뿌리면서 치릴로 신부의 영생을 기원했다. 진행자가 나에게 흰 보를 주면서 신부의 얼굴을 가리라고 한다. 나는 무릎을 꿇고 종인의 이마에 잎술을 대고 나서 그 흰 보로 얼굴을 가렸다. 바로 관뚜껑이 덮이고, 동창 신부님들이 운구하여 대성당으로 옮겼다. 대성당 입구까지 장례에 참여하려는 신자들이 가득차서 사람들 사이를 헤치면서 성당으로 올라갔다.

주교님의 영접절차를 거쳐 제대 앞 중앙에 관을 안치하고 영결미사가 진행되었다. 성직자와 수도자들이 거의 성당을 메우고 신자들이 들어설 자리가 별로 없을만큼 가득 찼다. 주교님의 강론에서 치릴로 신부는 차를 가지지 않은 몇 안되는 신부의 하나이고, 소박하고 검소하며 자기 소임에 대한 열정이 강한 신부였다고 회상해 주셨다.

미사에 이어 동창신부 한 분이 치릴로 신부의 고통에 보다 관심을 기울이지 못한 것이 한으로 남는다는 말씀을 하고 자신들이 죄인이라고 하면서, '어머님을 몹시 그리워한 사제 양 치릴로를 성모님께서 감싸주십시오.'라는 기도로 마무리지었다. 이어서 우리 종서가 형으로서 그렇게 병고에 시달리는 것을 알지 못한 것을 부끄럽다면서 주교님을 비롯한 성직자, 수도자, 신자 여러분께 감사드린다는 인사로서 추모식도 마쳤다.

나와 종서는 리무진 운구차로 종인 신부와 함께 울대리(길음동 성당 묘지)로 갔고, 버스 세 대로 성직자, 수도자 신자들은 장지로 향했다. 새벽에 이슬방울이 떨어져 비가 오면 어떻게 하나 걱정이었는데 날씨가 화창하여 고맙다. 이 안토니오 신부님묘와 나란히 묘지가 마련되었고, 황토색 흙이 아주 좋아 보였다. 이 주교님의 묘지 축성으로 시작하여 모든 이들의 기도와 애도 속에서 안장을 마쳤다.

10월 27일 열시에 고양동 성당에서 이 안토니오 신부님의 5주기 미사와 치릴로 신부의 삼우제 미사를 종인의 동창신부님들과 불광동의 김민수 신부님이 공동으로 봉헌해 주셨고, 신자들의 위령기도가 이어졌다. 참으로 고맙다. 그리고 세차게 내리는 빗속에서 묘지까지 찾아오셔서 참배해 주신 동창신부님들께 머리 숙여 인사드린다.

아들 양종인 치릴로 사제의 죽음을 통해서 많은 기도와 성원을 아끼지 않으신 이기헌 주교님, 한만옥 총대리신부님, 맹제영 사목실장신부님, 추교윤 신부님 그리고 동창신부님을 비롯한 성직자, 수도자와 신자 여러분께 진심으로 감사드린다. 하느님의 크신 사랑으로 치릴로 신부와 죽은 믿는 자의 영혼이 평화와 안식을 누리기를 빌면서 천상의 모후이신 성모님께 의탁한다.

나는 큰 죄인이다. 종인의 어미를 먼저 보내고, 또 자랑스러운 사제 아들의 고통을 잘 헤아리지 못하고 있다가 먼저 하늘나라로 보냈다. 종인은 엄마를 잃고, 할머니와 누나, 특히 누시아는 동생을 돌보겠다고 모처럼 자리잡아 나가던 학교 교사를 그만두었다. 종인은 엄마가 있을 때는 늘 엄마의 손을 잡고 나들이를 했다. 그리고 할머니와 두 누나, 형의 사랑을 듬뿍 받으면서 고등학교과정을 마치고 사제의 길을 향하여 신학교에 입학했다.

2000년에 사제로 서품되어 5년 남짓 봉사하다가 몸이 아파 휴양을 하기도 하고, 다시 소임을 맡아 마지막으로 상장례학교장 신부로 봉사하였다. 우리 종인은 당료가 있고 몸이 약해서 늘 걱정이었다. 근자에 와서 치릴로 신부에게 병원에 가서 보다 면밀한 진단을 받아보라고 권하면 지금 몸이 많이 회복되었고, 나아지고 있다고 말하곤 했다. 지난 10월 2일 분다 수녀의 연락을 받고 장평리 수녀원으로 우리 신부를 찾아갔다. 신부가 지팡이를 짚고 나왔다. 점심을 먹고 원장수녀님이 운전하여 여주 수원관구로 갔다.

고모 수녀와 마주 앉아 얘기를 나누면서 병원에 가서 진단을 받아보라고 타일렀다. 고모 수녀가 아버지보다 더 힘이 없어 보이면 어떻게 하느냐고 제발 고집을 꺾고 병원을 찾아보라고 일렀다. 그때도 자기 몸은 좋아지고 있고, 너무 걱정하지 말라고 한다. 한 달간 휴가를 얻었으니 쉬면서 몸을 다스리겠다고 했다. 그 후 몇 차례 전화를 할 때도 몸이 괜찮다고 하여 건강을 잘 챙기라고만 말했다.

이것이 우리 신부와의 마지막 상면이고, 대화였다. 한 만옥 신부님의 연락을 받고 의정부로 가서 성모병원 중환자실에서 수술 후 이미 의식이 없는 치릴로 신부를 대면하게 되었다. 큰 딸 요윗다는 소리내어 운다. 울지 말라고 하면서 내 눈에도 눈물이 흐른다. 마음을 진정하며 아들의 손을 잡고 '하느님 저희를 불쌍히 여기소서. 우리 치릴로를 보호해 주소서'라고 마음 속 깊은 데서 소리쳤다.

이제 나의 아들은 우리 곁을 떠났다. 그러나 그 아이는 나와 함께 있다. 언제나 기도 속에서 만난다. 모든 성인의 통공으로 하느님 앞에 함께 하고 있다. 인자하신 성모님, 치릴로 사제를 품어 주시고 저의 잘못을 용서하도록 이끌어 주소서. 서로 다시 만날 날을 기약하면서.

〈2012. 10. 27. 삼우제 미사와 묘지를 참배하고 나서, 아버지 양 승규 시몬〉

삶 안에 떠오르는 상념들…

『우리가 살아가면서 우리의 의지대로 되는 것이 과연 몇 가지나 있을까?』 하는 생각을 해 보았다. 물론 삶에서의 중요한 순간에 판단하고 결단을 내리는 일에 있어서 의지의 힘은 가장 큰 것이라는 것은 내 삶의 체험 안에서도 의심의 여지를 남기지 않는다. 또 우리의 삶을 스스로가 계획하고 실천하는 데에 있어서도 의지가 가장 중요한 역할을 한다는 것도 분명한 사실일 것이다. 그런데 크게 보면 우리의 삶은 어느 정도 우리의 의지로 개척해 나갈 수 있다고도 하지만, 그 과정 안에서 경험하는 일들 중에서는 우리의 의지대로 되지 못하는 일이 많이 있다는 생각이 든다.

우리는 우리의 삶 자체도 우리의 의지대로 시작하지 못했다. 나는 내가 태어나기 전에 내가 태어나고 싶은 나라 혹은 내가 원하는 부모·형제를 선택하지도 못했고 내가 세상에 태어날지 태어나지 않을지도 선택하지 못했다. 살아가면서 내게 다가오는 만남도 마찬가지라고 생각한다. 우리는 우리의 미래에 나갈 진로를 선택할 수 있는 자유와 충분한 가능성을 가지고 있다. 상급학교에 진학할 수도 있고 사회로 나갈 수도 있고, 성직을 받아들이고 사제직에로 나갈 수도 있고 평신도로서 열심히 살아갈 수도 있다. 이 모든 선택은 각자의 자유에 맡겨져 있음은 분명한 사실이다.

그러나 어떤 것을 선택하더라도 그 길에서 경험하게 되는 만남은 자신의 자유와 의지 밖의 영역에 있는 듯이 보인다. 아니 분명 그러한 만남은 자신의 의지와 상관없이 이루어진다. 어떤 면에서 만남은 우리에게 선물로서 주어졌다고 볼 수 있다. 그래서 어쩌면 그러한 선물로서 주어지는 만남이 소중한 것인지도 모르겠다.

「만나는 것」과 「보는 것」의 차이가 무엇인가? 이것은 내가 중학교에 다니던 시절 3학년때 담임선생님께서 우리들에게 던지셨던 질문이었다. 그 당시 담임선생님께서는 이 질문에 대한 답을 가르쳐 주시지 않았고, 그것의 해답을 찾는 것을 우리들의 몫으로 남겨 주셨다. 나는 이 질문의 해답이 될 수 있는 포인트를 '인격과 인격의 관계'라는 측면에 두었다. 단순히 바라보는 것 안에는 인격적인 관계가 없거나 아주 부족하다고 생각한다.

그러나 만남에는 나와 너의 인격이 서로 대면하면서 관계를 맺어 나간다. 서로간의 인격의 교류는 서로에게 특별한 의미를 부여한다. 그래서 만남은 우리 삶에서 큰 비중을 차지하는 것이라고 생각한다. 이것들 이외에도 만남이라는 주제로 이야기하자면 많은 이야기를 할 수 있을 것이다. "사람은 사회적 동물이기 때문에 혼자서는 살아 갈 수 없는 존재이다" "만남은 세상에 태어난 인간에게 있어서 피할 수 없는 숙명이다" 등등…

이쯤에서 만남이라는 주제에 대한 이야기는 접어두고 만남과 동전의 양면처럼 붙어 다니는 이별이라는 주제에 대하여 떠오르는 상념들을 정리해 보고자 한다.

삶 안에서 만남이 그렇듯이 이별이라는 것도 때로는 우리의 의지와는 무관하게 다가오는 어떤 것으로 체험되곤 한다. 이별은 우리에게 마음 아픈 기억을 남기면서도 다른 한편으로는 내면의 성장을 우리에게 선물로 주곤 한다. 우리는 살아가면서 이별에 대하여 많은 이야기를 한다. "만남이 있으면 헤어짐이 있고 헤어짐이 있으면 반드시 다시 만날 날이 있다" "너와 몸은 헤어지더라도 마음은 항상 함께 있다" 등등…

이별도 여러 가지가 있을 수 있다. 우리 인간에게 숙명처럼 다가 오는 죽음으로 말미암아 경험하게 되는 이별이 있을 수 있고, 의견·사상 등의 불일치로 말미암아 서로 갈라서게 되면서 경험하게 되는 이별이 있을 수 있고, 서로가 방문할 수 없는 지역에 살고 있기 때문에 서로가 만날 수 없는 상황이 만들어내는 이별도 있다. 옛날부터 문학작품에서 사랑 못지 않게 자주 등장하는 소재가 이별이라는 점을 생각해 본다면 인간의 삶에 있어서 이별은 무시할 수 없는 커다란 부분임을 알 수 있을 것이다. 또한 이별은 아주 중요한 것이라고 생각한다. 왜냐하면 이별이 아름다울 때 그 만남이 소중하고 아름다운 기억으로 남을 수 있기 때문이다.

인간의 삶에서 이별은 슬픔을 가져다 주는 행사이다. 그러나 우리가 이별-그것이 죽음을 통한 것이라고 하더라도-이 가져다 주는 슬픔을 극복할 수 있는 것은 다시 새로운 만남을 가질 수 있다는 희망이 있기 때문이다. 우리는 이별을 마음 아파 하지만 이별의 상처 이면에 있는 희망을 바라볼 수 있는 존재이다.

나와 우리 공동체는 지난 겨울 소중한 동료 장진영 스테파노와 이별의 시간을 가졌다. 그러나 그와의 이별은 아름다운 것이었다고 생각한다. 우리는 소중한 동료를 가슴에 묻었고 그도 우리를 소중한 기억으로 간직한 채 하늘나라로 갔음을 믿기 때문이다. 이제 그와의 만남과 이별을 소중한 추억으로 간직하고자 한다.

가끔 진영이에게 마음 속으로 이야기하곤 한다. 우리 모두가 함께 지냈던 기억을 소중하게 간직해 달라고…….

양종인 치릴로(대학원 2) 장진영(짱가) 스테파노 추모문집. 1995. 5. 25
서울대교구 대신학교 강학관자치회

* 이 글은 아들 치릴로 신부의 삼우제 미사에서 동창신부님이 양신부가 동료 신학생을 추모하면서 쓴 글이라고 소개해 주셨다.

누구에게나 삶은 가볍지 않다

사제 치릴로. 2주 전 세상을 떠난 마흔 살의 젊은 가톨릭 사제입니다. 그는 선종 당일 오전, 부산에 일정이 있다며 지팡이를 짚고 경기도 양주시의 사제관을 나서려고 했습니다. 그러나 그가 몹시 아파 보였기에 동료 신부들이 강제로 병원에 데려갔습니다. 그는 그 몇 주 전부터 지팡이에 의지해 겨우 걸어 다녔습니다. 그런 상태에서도 승용차가 없었던 그는 언제나처럼 미사에 필요한 제의와 책 등을 담은 무거운 배낭을 메고 지팡이를 짚고 출퇴근하며, 그를 부르는 곳마다 가서 미사를 드리고 강의를 했습니다.

그는 병원에 들어간 지 12시간 만에 세상을 떠났습니다. 이미 폐암 말기에다 온몸엔 암세포와 염증이 퍼져 있었습니다. 이를 가족도 동료들도 아무도 몰랐습니다. 그는 그때까지 태연하게 평소와 똑같은 일상을 살았기 때문입니다. 하지만 되돌아보니 그가 안부를 챙겼던 말들 속에 이미 그는 자신의 병을 알고 있었다는 흔적들을 발견하게 되었습니다.

늦둥이 막내였던 사제 치릴로는 원래 약했습니다. 고등학교에 입학하자마자 폐결핵에 걸려 3년 내내 독한 약으로 버텼습니다. 그래도 입원했을 때를 빼곤 학교에 빠지지 않았고, 사제의 길을 꿈꾸며 일요일마다 예비신학생 모임에 꼬박꼬박 나갔습니다. 일찍이 엄마가 돌아가시고 누나의 부실한 병 수발에도 아프다고 징징거리거나 게으름을 피울 줄 몰랐습니다. 평생을 여러 지병에 시달리면서도 그는 참 부지런히 살았습니다.

사제 치릴로는 자신의 위태로운 육체를 아꼈고, 어떤 상황에서든 희망적인 면을 발견할 줄 알았습니다. 징병 신체검사에서 1급을 받았을 때, 가족들은 황당했지만 자신은 홀로 흐뭇해하면서 입대 후엔 군대를 사랑하게 되어 군종신부를 꿈꾸었습니다.

그는 골동품 같은 구형 폴더폰과 T-머니 교통카드를 들고 무거운 배낭을 메고 낡은 등산화를 신고 자신을 필요로 하는 곳은 어디든 찾아다녔습니다. 수년째 매주 양주 집에서 한때 요양했던 경기도 용인시 장평리 수녀원까지 100㎞도 넘는 길을 전철과 버스를 몇 번씩 갈아타고 가서 미사를 드렸습니다. 지팡이를 짚고도 그 일을 거르지 않았습니다. 말수가 적고 감정 표현이 무뎠던 그의 빈소에 전국 각지에서 몰려든 문상객을 보고서야 그가 얼마나 부지런히 살았는지 느낄 수 있었습니다.

의정부교구 상장례학교장이었던 사제 양종인 치릴로는 생전에도 가슴 한편을 무지근하게 눌렀던 막내 동생입니다. 겁도 많고, 세상사에 미숙해 보여 걱정했던 그가 어떻게 이렇게 큰 병 앞에서 그토록 무심하고 태연했는지 이해할 수 없었습니다. 그는 아픔을 호소하거나 도움을 청하지도 않고, 다만 그 무서운 병마저도 일상처럼 순응하면서, 생명의 마지막 한 방울마저 소진된 순간까지 자신의 일상을 꼭 붙들고 우직하게 살다 갔습니다. 마치 '일상생활의 수호'가 자신의 임무인 양 말입니다.

동생의 상을 치르고 마주 선 일상엔 '삶에 대한 가벼움'이 넘치고 있었습니다. 수능을 앞두고 또 수험생이 아파트에서 몸을 던져 목숨을 끊었고, 연탄불을 피워놓고 자살하려던 남자가 낸 불로 아파트 주민들이 대피하는 소동이 벌어졌습니다. TV를 틀면 수많은 연예인들이 "한때 자살을 생각했었다"는 말을 토크쇼 하듯 쉽게 하는 모습을 빈번하게 보아야 했습니다. 왜 이렇게 죽음이 가벼운 것인지…. 이런 모습들에 오히려 비현실적인 세상을 보는 느낌이었습니다.

경제협력개발기구(OECD) 자문관인 수전 오코너 박사는 한국의 정신건강시스템 전반을 다룬 평가 보고서에서 한국은 세계 최고 수준의 자살률, 알코올 남용과 도박, 인터넷 중독, 학교폭력 등 '정신적 고통이 만연한 나라'라고 진단했습니다. 자살을 한 손에 대안으로 쥐고, 병원에서 치료한다고 그 고통이 나을까요? 누구나 삶의 고통을 말끔하게 끊어낼 수 있는 방법은 없을 겁니다. 그저 이즈음에 죽음에 이르는 병과도 다투지 않고 고통마저도 자기 삶으로 끌어안고 마지막 순간까지 일상을 놓지 않았던 치릴로 신부와 같은 삶도 있었다는 이야기를 들려주고 싶었습니다.

* 이 글은 치릴로 신부의 누나가 동생을 먼저 보내고 "중앙일보 2012년 11월 8일" [양선희의 시시각각]에 실은 글을 그대로 옮겼다.

■ 양 승 규

서울대학교 법과대학 졸업
서울대학교 대학원 수료(법학석사, 법학박사)
Wien대학교 · Southern Methodist대학교에서 수학
서울대학교 교수
보험감독위원
대통령소속 의문사진상규명위원회 위원장
세종대학교 총장
현 : 서울대학교 명예교수

〈저서 · 역서〉
한국법학교육(공역, 서울대학교 법학연구소 1967)
보험자대위에 관한 연구(삼영사, 1975)
개정 상사법사례연구(삼영사, 1982)
판례교재 보험법 · 해상법(법문사, 1982)
자동차보험과 소비자(콕커렐 · 디킨슨 저 : 감역서 경세원, 1986)
국제항공운송법(마테 저 : 역서. 법문사, 1987)
상식이 통해야 사회가 바로선다(삼지원, 1993)
어음법 • 수표법(삼지원, 1994)
상법요론(공저, 삼영사, 1999)
상법의 논점(삼지원, 2000)
보험법의 법리(삼지원, 2000)
보험판례연구(삼지원, 2000)
생명보험사 공개의 법리(자유기업원, 2000)
보험법(제5판)(삼지원, 2002)
그래도 희망을…(삼지원, 2003)
해상보험법(공저, 삼지원, 2007)

저자와의
협의하에
인지생략

늙은 법학자의 세상걱정

2013년 5월 2일 초판 인쇄
2013년 5월 7일 초판 발행

저 자 양 승 규
발행인 고 덕 환
조 판 다 섯 고 래

110-102
발행처 서울특별시 광진구 아차산로 335
도서출판 三 知 院
등 록 1978년 6월 2일 제2-254호(윤)
전 화 737-1052 · 734-8979 FAX 739-2386

정가 13,000원
ISBN 978-89-7490-019-9-93360